MW00905906

선교의 꽃 5편
예수님과 걷는 길
묵상집 1-4

Blossoms Volume 5
Journey With Jesus Books 1-4

예수님과 걷는 길, 비전, 꿈, 묵상과 회상

예수님과 걷는 길 2편, 침묵기도와 묵상

예수님과 걷는 길 3편, 영적인 여정에서 위험한 함정들

예수님과 걷는 길 4편, 복음의 능력

이영희 지음
Yong Hui V. McDonald

『선교의 꽃 5편, 예수님과 걷는 길 묵상집 1-4』
(Blossoms Volume 5, Journey With Jesus Books 1-4)
지은이: 이영회 (Yong Hui V. McDonald)
그린이: Charles Polks, Mario Muñoz, Alaina Mangeri Gobb,
Mannie D. Serna, Anthony Perez, 박영득,
© 2015 Transformation Project Prison Ministry
  (변화 프로젝트 교도소 문서 선교)

영어 초판발행/ 2015년 7월 1일
한국어 초판발행/ 2015년 9월 1일

표지 그린이: Mario Muñoz, 박영득, Anthony Perez
표지 디자인: 르넷 맥크레인 (Lynette McClain)
발행처: 아도라 (Adora Productions)
ISBN: 9ISBN: 978-1515054016
홈페이지: www.tppmonline.org
이메일: tppm.ministry@gmail.com
      Transformation Project Prison Ministry
      변화 프로젝트 교도소 문서 선교
      P.O. Box 220, Brighton, CO 80601
한국 연락처: 이본 목사, 변화 프로젝트 교도소 문서 선교 지부장
      교정선교 변화 프로젝트
      인천시 남동구 구월3동 1388-15
      우편번호 405-840
Cell: 010-2210-2504
교회전화: 070-8278-2504
이메일: leeborn777@hanmail.net
홈페이지: http//blog.daum.net/leeborn777
(본문의 성경구절은 대한성서공회의 개역개정판을 따랐습니다.)

(아도라는 스페인어로 Adora이고 영어로는 Adoration으로서 하나님을 깊은 사랑과 존경으로서 경배한다는 뜻으로 사용이 되었습니다. 아도라의 목적은 문서를 통하여 예수님의 사랑의 이야기를 땅끝까지 전하여 사람들의 영적인 성장과 치유를 추진하는 것입니다.)

이 책을 당신께 바칩니다

　이 책은 내가 가장 소중하게 생각하며 사랑하는 하나님 아버지, 예수님, 성령님과, 주님을 알기 원하는 모든 사람들을 위해서 바칩니다.

감사의 글

이 책이 출판될 수 있도록 수고하시고 편집을 도와주신 김성민, 박슬기, 박영득, 박선미, 김해선 목사, 김승인 목사, 전숙회, 김옥순, 김성숙, 홍영학, 임문순, 김경회, 강은아, Rita Finney, 장영자, 한명옥, 이순덕 그리고 아름다운 표지와 삽화를 그려주신 박영득, Charles Polks, Mario Muñoz, Alaina Mangeri Gobb, Mannie D. Serna, Anthony Perez, Lynette McClain에게 진심으로 감사를 드립니다. 놀라운 은혜와 기적을 보여주시며 교도소 선교와 문서 선교의 문을 열어주신 하나님께 깊은 감사를 드립니다. 마지막으로 모든 영광을 예수님께 돌립니다. 그분이 아니셨다면 이 책은 쓰여지지 않았을 것입니다.

차례

일러스트레이터: Charles Polks
표지그림: 박영득

예수님과 걷는 길 2편, 침묵기도와 묵상 / 81

서문

일러스트레이터: Mario Muñoz, Mannie D. Serna,
Alaina Mangeri Gobb, 박영득
표지그림: 박영득

일러스트레이터: Mario Muñoz, 박영득
표지그림: Mario Muñoz, Lynette McClain

일러스트레이터: Anthony Perez, 박영득

표지그림: Anthony Perez, Lynette McClain

부록

감사의 글

처음 『예수님과 걷는 길』이 발행되기까지는 지인들의 도움이 컸다. 하루는 동생과 전화로 이야기 하는 중 그의 믿음생활이 흔들리는 것을 듣고 『예수님과 걷는 길』을 한국말로 번역하여 보내주었다. 동생은 이 책을 읽고 큰 도움을 받았다고 했다. 또 나의 어머니의 지인들도 이 책을 읽으시고는 선교 헌금을 주셔서 그 헌금이 초석이 되어 이 책을 2001년 영어로 출판하게 되었고 또 후에 스페인어와 한국어로도 출판이 되었다.

이 책은 내 능력이 아닌 하나님께서 그 나라를 확장하시는 도구로 사용하시면서 『예수님과 걷는 길』이 미국에서 5만권도 넘게 발행된 것뿐만 아니라 교도소와 집 없는 사람들에게 선교할 문을 열어 주셨다. 모든 영광을 하나님께 돌린다.

예수님과 걷는 길

비전, 꿈, 묵상과 회상

Journey With Jesus
Visions, Dreams, Meditations, and Reflections

이영희 지음
Yong Hui V. McDonald

아도라

서문

한국에서 태어나고 자라서 신학공부를 한 나는 예수님에 대한 흔들리지 않는 믿음이 있다고 믿었다. 그러나 아이러니컬하게도 1979년에 미국에 와서 신학 대학을 졸업하였고 목회자의 사모가 되어 삶을 사는 동안 오히려 믿음을 잃고 방황하다가 하나님의 은혜로 다시 예수님에 대한 사랑을 되찾은 사람이다.

1997년에 하나님께서 나에게 사역을 하라고 부르셨을 때 나는 너무 하기 싫어서 1년간 눈물을 흘렸다. 하지만 『예수님과 걷는 길』을 쓰면서 주님의 그 놀라운 사랑을 느끼고 어려운 환경과 반대를 물리치면서 그 길을 기꺼이 가게 되었다.

『예수님과 걷는 길』은 1998년과 1999년에 기도하며 묵상 중에 얻은 말씀들을 기록한 것이다. 그 과정에서 예수님의 깊은 사랑을 느끼게 되었고 하나님께서는 신학대학원에 진학하여 공부할 수 있는 길도 열어주셨다.

나의 개인적인 경험을 적은 것이지만 시간이 지날수록 하나님께서 이것을 책으로 내어 많은 사람들이 읽을 수 있도록 하라는 마음을 주셨다.

지극히 사적인 이야기였고 많은 사람들과 공유하는 것이 내키지 않았기에 즉각적인 순종은 하지 못했다. 그런데도 하나님은 나에게 계속 책을 출판 할 것을 말씀하셨다. 그때 하나님께 왜 이 책을 출판해야 하는지 이유를 물었다.

"너 혼자 간직하라고 들려준 것이 아니다. 내가 너를 어떻게 구덩이에서 건져내었는지 많은 사람들에게 말해주어라."

"구덩이라뇨? 어떤 구덩이를 말씀하시는 거예요?"

그때 내 마음속에 뭔가를 보여주셨다. 깊은 우물이 있었고 한 방울의 물도 없이 바짝 말라 있었다. 그 밑바닥에 인형이 하나 놓여있었는데 예수님은 큰 두 손으로 그 인형을 꺼내서 손바닥

위에 놓으신 후 코로 호흡을 불어넣으니 그 인형은 생명이 있는 여자아이로 변했다.

"네가 그 인형같이 생명이 없었는데 내가 너에게 생명을 주었다."

그제서야 나는 예수님께서 나를 구덩이에서 건져내시고 나에게 생명을 주신 분이란 것을 이해하게 되었다. 나는 감사와 경배로 내 마음이 가득해지는 것을 느꼈다. 이 세상에 어느 누구도 예수님 같이 나를 돌보시며 사랑하시는 분이 없다는 것을 느끼며 다시 한 번 하나님께 감사를 드린다.

1부

예수님과 걷는 길
비전, 꿈, 묵상과 회상

1. 여정

1998년 어느 날 새벽 5시쯤 글레스고 교회에 도착한 나는 자리에 앉아 찬송을 부르기 시작했다. 말씀묵상과 기도하기 전에 찬송으로 시작하는 것은 나에게 매우 유익한 습관이었다. 마음을 열고 하나님께서 창조하신 가장 아름다운 악기인 목소리로 찬양을 하고 있노라면 가슴이 뜨거워지고 그분의 임재하심을 느낄 수 있는 귀한 시간이기 때문이다.

"하나님 오늘은 어떤 말씀을 주실 건가요?"

"호세아를 펴보렴."

마음속에 울려 퍼지는 하나님의 말씀을 들으며 호세아를 펴서 읽은 후 나는 마가복음을 읽으면서 예수님께서 나의 삶을 어떻게 인도하셨는지 직접 느껴보고 싶다는 열망에 사로잡혔다. 매일 묵상을 하다 보니 예수님과의 친밀함이 가깝게 와 닿으면서 점점 더 알고 싶고 많은 시간을 함께 하고 싶어졌다. 마치 우리가 사랑에 빠지게 되면 느끼는 감정과 흡사했다. 좀 더 가까이 좀 더 오래 좀 더 많이 알기를 원했다.

말씀을 읽은 후 좋아하는 찬송가를 들으면서 나는 조용히 눈을 감았다. 내가 예수님과 함께 산 속을 걸어가는 상상을 하고 있는데 놀랍게도 내 눈앞에는 눈부시도록 흰 옷을 입으신 예수님 곁에서 7,8세 정도 되어 보이는 소녀가 춤을 추기도 하고 날아갈 듯 가벼운 발걸음으로 걸어 가고 있는 모습이 펼쳐졌다. 깊은 산 속 평화롭고 고요한 그 곳에는 밝은 햇살이 내리쬐고 콧

등 위를 살랑거리는 잔잔한 바람이 나뭇가지들을 흔들고 지나갔다. 소녀는 예수님을 찬양하는 노래를 부르며 그 얼굴이 맑게 빛났고 그 광경을 지켜보시는 예수님의 얼굴 또한 기쁨으로 가득 찬 미소를 짓고 계셨다. 멀리서 보기만 해도 마음이 벅차 오르고 그 평안으로 흠뻑 빠져 들고 싶어지는 완전한 그림이었다. 나는 깨달았다. 예수님 곁에서 흰 옷을 입고 찬양하고 있는 소녀가 바로 나라는 것을.

2. 가시밭길

그러나 그 완벽해 보이는 그림은 오래 가지 않았다. 아름다운 숲길은 거친 가시밭길로 이어졌고 가시에 찔린 소녀의 흰 옷은 더러워지고 피로 얼룩져갔다.

날은 점점 어두워지고 추위와 배고픔에 고통스러워하는 소녀의 귓가에 늑대의 울음소리가 들리자 두려움으로 그 걸음걸이가 느려지면서도 예수님의 손을 잡지 않는 게 이상하게 보였다. 마침내 절망에 빠진 소녀는 그 자리에 쓰러져 정신을 잃고 말았다.

자신의 엄마가 크고 사나운 늑대에게 공격을 받아 상처받고 쓰러지는 모습이 보였다. 아무리 비명을 지르고 발버둥 쳐도 엄마와 소녀의 사이에는 크고 두꺼운 유리가 가로막혀 들리지 않고 아무런 도움을 줄 수가 없었다. 지나가는 사람들이 간혹 보였지만 아무도 도와주지 않았고 다들 무심코 지나가는 상황에서 소녀가 할 수 있는 것은 힘껏 두드리고 소리를 지르는 일뿐이었다. 위험하고 끔찍한 상황에서 그녀가 미처 생각하지 못한 것이 기억났다.

"예수님, 도와주세요!" 있는 힘껏 부르짖었다.

그때 소녀를 흔들어 깨우는 손길이 느껴지며 눈을 떴다. 예수님이셨다. 이름을 부르시는 예수님의 음성을 듣자 마음이 따뜻해지며 안도감에 긴장이 풀린 소녀는 그 손에 이끌리어 부드러운 달빛이 흐르는 숲으로 걸어갔다.

걷다가 지친 소녀를 예수님께서는 가슴에 안고 맑은 물이 흐르는 시냇가로 가셔서 더러워진 발을 씻겨주셨다. 천천히 부드러운 손길로 지치고 부르튼 발을 시원한 시냇물로 씻겨주시는 동안 소녀의 눈에서는 눈물이 흘러내렸다. 어디에서도 누구에게도 받아보지 못한 관심과 사랑을 느끼며 두려움과 외로움이 흔적도 없이 녹아 내리는 게 느껴졌다.

사랑이 가득한 눈빛으로 바라보시던 예수님은 소녀의 눈물을 닦아주셨다. 예수님도 눈물을 흘리셨고 그 눈물방울이 소녀의 옷에 떨어졌을 때 얼룩지고 더러웠던 그 옷이 다시 새하얗게 변했으며 가시밭길을 헤맬 때 찢어지고 다쳤던 모든 곳에 예수님

의 손길이 닿을 때마다 흐르던 피는 멈추고 상처에는 새 살이 돋아서 흔적조차 없어졌다.

모든 상처를 낮게 하시고 눈물을 닦아주시는 예수님의 사랑과 능력을 직접 눈으로 본 소녀는 흔들릴 수 없는 믿음을 갖게 되었다. 주린 배를 채워주시고 목마름을 해결해주시는 예수님 곁에서 소녀는 근심걱정을 내려놓고 다시 마음의 평

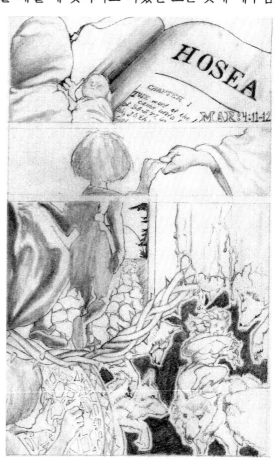

화를 찾았다. 예수님은 소녀의 손을 잡으시며 말씀하셨다.

"항상 나의 손을 잡아라. 사랑하는 내 딸아, 나는 너와 같이 걷기를 원한다."

"예수님, 밤이 되면 너무 무서워요. 아버지가 술을 드시고 엄마를 괴롭힐 때 제가 할 수 있는 게 아무것도 없어요. 아버지가 술을 끊을 수만 있다면 엄마도, 저도 이 끔찍한 상황에서 벗어날 수 있을

것 같은데 그렇게 해주실 순 없나요?"

"너의 아버지는 내 말에 귀 기울이지 않는구나. 안타깝지만 본인이 선택한 길이란다."

"예수님, 저는 제게 왜 이런 일들이 벌어지는지 잘 모르겠어요. 가시밭길의 연속이에요… 제가 길을 잘못 들어선 건가요?"

"그렇지 않아. 모든 사람들에게는 각자 통과해야하는 가시밭길들이 존재한단다. 그 중에는 오랫동안 그 길을 가야 하는 사람들도 있지."

"왜 사람들이 그런 고통의 길을 걸어야 하나요?"

"타락한 세상이기 때문이다. 앞으로 살아가면서 많은 어려움과 고통의 골짜기를 지나게 될 거야. 가시밭과 독사가 우글거리는 그 길을 나 역시도 걸어보았기에 네가 겪는 그 아픔이 어떤 건지 잘 알고 있단다. 그러나 사람들이 그 길을 걸어야만 얻을

수 있는 유익도 있음을 기억해라. 그 고통을 통해서만 다른 사람들의 고통을 이해 할 수 있게 되고 어떻게 다른 사람들을 도울 수 있다는 것을 배우게 된다."

"아...예수님도 똑같은 고통을 당해보셨군요."

예수님의 손바닥에 난 큰 구멍을 가만히 만져보며 물었다. 그 못 자국은 상상했던 것 보다 더 크고 참혹했다.

"사랑하는 딸아, 내가 너와 다른 사람들이 다음 세상에서는 고통 없는 삶을 살게 하기 위해 기꺼이 고통을 감수하고 죽음을 받아들였다. 한 가지만 기억해라. 어떤 상황에서도 나와 잡은 손을 놓지 말고 항상 같이 걸으렴. 내 손을 잡고 걸어가면 반드시 천국에 갈 수 있다."

소녀는 예수님의 손을 잡고 다시 걷기 시작했다. 낮에는 가시밭길이지만 예수님과 함께 걸었고 밤이면 늑대에게 공격당하는 엄마의 꿈을 꾸며 두려움에 사로잡혀 울었다. 상반되는 밤낮이 반복되면서 소녀는 자신이 두 사람의 삶을 살아가고 있는 것처럼 느껴졌다. 밤의 삶이 사라지면 좋겠다는 생각을 하면서도 계속 걸어 나갔다.

3. 꽃

하루는 길을 가다가 여자아이들이 손에 꽃을 들고 춤추는 것을 보았다.

"예수님, 저기 좀 보세요. 저 아이들은 모두 꽃을 가지고 있어요. 저런 꽃은 어디서 구할 수 있죠?"

"저 꽃은 부모님에게 받는 거란다."

"저도 꽃이 갖고 싶어요. 예수님! 저만 꽃이 없어서 놀림 받고 외톨이가 된 기분이에요. 꽃이 없으면 아무도 끼워주지 않는다구요."

"걱정마라. 나의 꽃밭에 도착하면 지금까지 받지 못했던 그 꽃을 내가 너에게 줄 거란다."

"정말요? 예수님께서 주실 수 있나요?"

"물론이지. 그러나 네가 기억할 것은 이 세상의 꽃은 곧 시들고 마르지만 내가 주는 꽃은 영원한 아름다움을 가졌다는 것이다. 그러니 믿고 기다려라."

예수님의 놀라운 약속을 들은 소녀는 기쁨에 가득 차서 힘껏 달리기도하고 걷기도 하며 길을 재촉했다. 계속 이어진 그 길 위에는 꽃을 든 아이들이 지나갔고 처음에는 담담하게 지나치던 소녀의 마음이 시간이 갈수록 흔들리기 시작했다. 소녀를 향해 손짓하며 부르는 달콤한 음성을 듣자 더 이상 가던 길을 계속 해서 갈 마음이 생기지 않았다. 꽃을 든 아이들의 곁으로 달려 나가는 순간 자신이 예수님의 손을 놓았다는 것도 까맣게 잊었다.

"자 오른발은 이렇게 하고 빙글빙글 돌아봐. 너 정말 춤을 잘 추는구나."

춤추는 법을 배우고 아이들의 칭찬에 소녀는 금새 빠져들어 갔다. 마치 예전부터 잘 알고 지내던 친구들처럼 느껴지자 소녀는 이 아이들은 분명히 예수님을 알거라는 생각이 들었다.

"얘들아 너희도 예수님을 알지?"

"누구? 그게 누군데?"

예상과는 달리 아무도 예수님을 아는 아이들은 없었다. 소녀는 의아하게 생각했지만 그런 대화로 인해 함께 노는 분위기가 깨지는 것이 두려워서 더 이상의 질문은 하지 않기로 했다.

"야, 넌 왜 빈손이야? 꽃이 없으니 우리 틈에 낄 수 없어." 갑

자기 한 아이의 비난이 시작되자 나머지 아이들도 웅성거리며 손가락질을 하기 시작했다. 얼굴이 빨개진 소녀는 도망치듯 그 자리를 황급히 빠져나와서 울음을 터트렸다.

기다리면 꽃을 주신다던 예수님의 약속을 마냥 기다릴 수 없었기에 직접 찾아 나서기로 했다. 한참을 헤매다가 결국 아름다운 꽃 한 송이를 발견한 소녀는 꺾으려고 손을 내미는 순간 뱀에게 물리고 말았다. 깜짝 놀라서 가시밭길을 향해 정신없이 달려가기 시작했다. 손과 발 그리고 온 몸의 근육이 뻣뻣해지는 것을 느끼면서도 달릴 수밖에 없었다. 모든 것이 잘못되어가고 있었다.

설상가상으로 소녀의 동생이 그 가시밭길에서 늑대의 공격으로 혼자 외롭게 죽어가는 모습을 보게 되었다. 그 엄청난 충격을 견디지 못한 소녀는 울부짖으며 동생의 비참한 죽음에 몸부림치느라 자신의 몸에 독이 퍼지고 있다는 사실을 잊고 있었다. 결국 정신을 잃고 쓰러진 그녀는 누군가 자기의 목을 조르는 느낌에 숨을 쉴 수가 없었지만 도저히 혼자 깨어날 수가 없었다.

4. 사랑

"예수님, 도와주세요!"

다급하게 소리치는 순간 경직되던 온 몸이 풀리고 눈을 떠보니 예수님의 품안에 안겨있었다.

"사랑하는 딸아, 내가 너에게 꽃을 준다고 약속하지 않았니?"

"죄송해요. 하지만..."

예수님은 소녀의 이마를 쓰다듬으시면서 말씀하셨다. "언제 어디서나 늘 깨어서 조심하고 내 손을 잡아라. 내가 반드시 너를 도와 줄 것이다."

그제서야 안정을 되찾은 소녀는 예수님과 함께 잔디밭에 앉아서 호수위에 비친 아름다운 산을 바라보았다.

"예수님, 어딜 가나 뱀들이 우글거리고 저를 공격해요."

"그 뱀들은 악한 영이다. 사단은 너 뿐만 아니라 세상 사람들을 공격하고 상처를 입게 만들지."

"악한 영이요?"

"눈으로 볼 수 있는 것이 전부가 아니란다. 너는 이제 영의 세계에 대해 배워야 한다. 뱀에게 물리거나 목이 조이는 듯한 느낌이 들 때는 정말로 악한 영이 너를 공격하는 것이지. 딸아, 이 세상의 삶을 살아가는 동안은 끊임없이 사단과 싸워야 하고 오직 나의 이름을 의지할 때 승리할 수 있단다. 항상 나와 함께 걷는다면 싸워 이기는 법을 배울 수 있어."

"정말요? 그렇다면 반드시 예수님과 함께 걸을래요. 다시는 사단에게 공격받고 싶지 않아요."

예수님께서는 사랑이 넘치는 눈빛으로 소녀를 바라보시며 말씀을 이어가셨다. "기억해라. 그 모든 것은 나를 통해서만 가능한 일임을..."

"이 세상에서 오직 예수님만이 저를 도우실 수 있다는 걸 깨달았어요. 오랫동안 저는 쓸모없는 존재라고 생각했거든요. 그저 외롭고 고통스러울 뿐 아무런 희망이 없었는데 예수님을 만나고 소망을 가지게 되었어요." 예수님의 손을 더욱 꼭 잡던 소녀는 흠칫 놀라며 걸음을 멈추었다.

"이 상처가 원래 이렇게 컸나요? 오늘따라 더 크고 처참하게 느껴져요. 왜 저희를 위해서 이런 엄청난 고통을 당하신건지 알고 싶어요."

예수님은 손의 못 자국을 들여다보신 후 소녀를 보고 말씀하셨다.

"이 못 자국은 너를 위하여 내가 십자가에 못 박혀 고통을 당하고 너를 위하여 내가 죽었다는 것을 증거 하는 것이다. 네가 죄 사함을 받고 구원을 얻어 나와 함께 내 아버지 집에서 영생의 삶을 살아갈 수 있다는 의미다."

예수님의 말씀을 들으며 소녀는 처음으로 자신의 영적인 상태를 돌아보게 되었다. 그 누구도 다가오고 싶지 않을 정도로 더러운 누더기를 입고 서 있었다.

"예수님, 저의 죄를 용서해주세요."

"걱정하지 마라. 이젠 내가 부활하여 너와 동행하고 있지 않니."

예수님의 손에서 몇 방울의 피가 소녀의 얼룩진 옷에 떨어지는 순간 다시 눈처럼 흰 옷으로 변했다. 그 사랑을 알게 된 소녀의 마음은 기쁨으로 가득차 올랐다. 주홍 같은 죄와 더럽혀진 양심과 죄책감을 씻어주실 수 있는 유일한 분이 예수님이라는 확신이 서자 모든 삶의 문제가 해결된 것 같은 홀가분함이 마음의 평안을 가져왔다. 소녀의 입에서는 감사와 찬양이 저절로 흘러나오고 있었다.

예수님과 함께하는 시간이 길어질수록 자신의 죄를 위해서 피 흘리시고 구원하셨다는 것에 대한 믿음이 깊어만 갔다. 사막의 내리쬐는 태양도 더 이상 고통스럽지 않았고 조금 더 많이 예수님에 대해 알고 싶은 마음, 조금 더 오래 같이 있고 싶은 마음들이 커져만 갔다. 마치 사랑에 빠진 사람처럼 그 시간

이 영원히 멈춰버렸으면 좋겠다고 생각했다.

더위에 지칠 무렵이면 그늘로 인도하시고 배고픔과 갈증을 느낄 때면 신기하게도 아무 말 하지 않았음에도 예수님께서는 빵과 음료를 주셨다. 손짓, 눈빛 하나하나가 사랑으로 가득 차신 예수님 곁에 동행한다는 것은 소녀에게 있어서 더할 나위 없는 기쁨이 되었다.

"보아라. 내가 너의 죄를 씻어주고 눈물을 닦아 주었다. 나의 피와 죽음으로서 씻어주었다. 나는 이제 영원히 살아서 너를 내 아버지의 집으로 안전히 갈 수 있도록 도와 줄 거야."

"감사해요. 근데 한 가지 맘에 걸리는 게 있어요."

"네 동생일 말이냐?"

"아, 어떻게 아세요? 그 애는 꽃 한 송이도 없이 외롭게 길에서 고통 받다가 죽었어요. 저는 이제 도와줄 수도 없고 자꾸 그 애의 눈물이 생각나서 가슴이 아파요."

"그 애는 이미 천국에서 행복하게 잘 지내고 있단다. 널 위해 기도하며 기다리고 있으니 걱정하지 마라."

"정말요?"

뜻밖의 말씀에 큰 위로를 받은 소녀는 가벼워진 발걸음으로 다시 길을 걷기 시작했다.

5. 용서

숲으로 난 길을 지나 어느 동네로 들어설 때 몇 명의 아이들이 모여 놀다가 소녀를 보고는 꽃 한 송이를 건네주었다. 누군가에 꽃을 받았다는 사실만으로도 흥분한 소녀는 그 가시가 자신의 손을 찌르고 피나게 한다는 것을 미처 깨닫지 못하고 있었다.

"내 사랑하는 딸아, 그 꽃을 버려라. 손에 흐르는 피가 보이지 않니?"

슬픈 예수님의 목소리를 들으며 그제서야 그 꽃의 가시가 찌르고 있음을 보게 된 소녀는 놀랐지만 즉시 버릴 수는 없었다.

"그렇지만 제가 처음 받은 꽃이에요. 가지고 갈래요."

"때가 되면 너에게 가시 없는 꽃을 줄 거야."

"언제요? 그 때가 언제인가요?" 소녀는 다급하게 물었다.

"나의 꽃밭에 도착할 때, 그 때에는 원하는 만큼의 꽃을 가질 수 있게 될 거야."

"그럼 그 꽃밭에 도착할 때까지만 들고 갈래요."

"그렇게 피가 나고 아픈데도 들고 가겠니?"

"이상해요. 꽉 쥔 것도 아닌데 왜 피가 나죠?"

"그건 네 맘속에서 뭔가를 내려놓지 못하고 계속 간직하며 용서하지 못할 때 그것이 너를 아프게 하고 네 삶을 더욱 고통스럽게 만들뿐이란다. 용서하고 잊어라."

소녀는 걸음을 멈추고 생각했다. 그동안 자신의 마음을 아프게 한 많은 사람들과 일들을 하나도 잊지 않고 가슴 한구석에 방을 만들어 차곡차곡 쌓아놓고 시간이 날 때마다 꺼내어 스스로에게 상처를 주고 있었던 사실을 기억해냈다.

"그들을...용서하겠어요. 예수님께서 저를 용서하신 것처럼."

놀랍게도 그 말을 마치자마자 등에서 무거운 바위가 떨어져 나간 것 같은 홀가분함을 느낄 수가 있었다. 분노와 슬픔이 빠져나간 그 빈자리에는 평안과 감사로 채워지기 시작했다. 예수님과 다시 길을 걸으면서 소녀는 다시 물어 보았다.

"이 길은 참 멀고 험하고 끝이 없네요. 견딜만 하다 싶으면 또다시 가시밭길이 나타나고 뱀이 나오고 해가 지면 늑대의 울음소리가 두려움에 떨게 해요."

"삶이란 그런 것이다. 내가 널 위해 목숨을 내놓았던 이유는 바로 다시는 그런 고통을 겪지 않게 하려 함이었다. 앞으로도 너는 죽음의 골짜기들을 통과해야하고 숨이 턱 끝까지 차는 그런 고통에 신음할 것이다. 그 길을 걸을 때 너는 과연 내가 존재하는지, 너의 눈물과 한숨을 듣고 있는지, 너의 부르짖음 따위엔 관심 없다고도 느낄 순간이 올 것이다."

"한 두 번이 아니었어요."

"그럼에도 불구하고 반드시 기억하고 믿어야 할 것은 내가 항상 너와 함께 하고 있다는 것이다. 네가 눈물과 슬픔으로 길을 걸어갈 때 내가 함께 한다는 것을 느끼지 못할 때가 있다. 그러나 네가 기억할 것은 네가 고통을 당할 때 내가 눈물을 흘리며 너의 고통을 느낀다는 것이다. 나의 손을 꼭 잡고 걸어라. 그리하면 네가 어떤 상황에 있든지 나의 은혜가 너에게 족하다는 것을 알게 되고 나는 너에게 평안을 줄 것이다.”

소녀는 잡은 손에 힘을 주며 예수님의 얼굴을 물끄러미 쳐다보았다.

“고난은 제 삶에서 무슨 의미죠?”

“너의 고난은 내 아버지 집에 도착할 때 네 머리의 면류관에 달릴 보석들이란다. 네가 고통을 받은 만큼 그 보석들도 많아지지.”

6. 사막

“얼른 아버지 집으로 갔으면 좋겠어요.” 소녀는 말했다.

“그 곳에 도착하기 전에 네가 가야 할 길들이 많이 있다. 나에 대한 찬양이 그치지 않을 정도로 아름다운 길이 있을 것이며 불평과 원망 가득한 마음이 이어지는 험한 길도 나타나겠지만 나를 떠나지 마라. 그리하면 모든 어려운 환경들을 극복해 나갈 수 있을 것이다. 뿐만 아니라 길에서 만나는 고통 속에 있는 사람들을 도와줄 수 있단다.”

“제가요? 다른 사람을 도울 수 있게 된다구요? 전 언제나 제가 이 세상에서 제일 불행한 인간이라고 생각했기 때문에 다른 사람들의 고통에 대해 생각해 본적이 없어요.”

“안타까운 일이다. 수많은 사람들이 도움을 필요로 하고 있단다. 누구든지 나를 믿는 자는 용서받고 구원받을 수 있다는 것을 알려줘야 한다. 다시는 고통 없는 삶을 살기 위해서는 오직 그 길 하나 뿐이란 걸 깨닫게 해줘야 한다. 나를 모르는 자들은 이 사막에서 갈증과 배고픔으로 고통 받다가 죽어간단다. 내가 너에게 충분한 빵과 물을 주어 그들을 먹이게 할 것이다. 저기를 보아라.”

예수님의 손가락이 가리키는 끝에는 주린 사람들이 힘없이 사막의 길을 가며 죽어가는 모습이 보였다. 그중 많은 사람들은 뱀에게 물려 고통 받고 있었다.

"사랑하는 딸아, 너는 나의 이름으로 저들을 먹이고 사단에게 고통 받는 영혼들을 내 이름으로 기도할 때 도와줄 수 있게 될 것이다. 내가 너를 도울거야."

"하지만 전에는 제게 꽃을 주신다고 하셨잖아요?"

"이 일을 하게 된다면 물론 그 꽃을 받는 일이 늦어질 수도 있을 거야. 그러나 그렇게 된다면 나중에 받는 네 꽃은 백배가 될 거다."

소녀는 잠시 생각에 잠겼다.

"예수님, 저는 하루라도 빨리 꽃을 받고 싶어요. 잘 아시잖아요. 꽃이 없다면 저는 가는 곳마다 놀림 받고 어울릴 수 없게 된다구요."

7. 화관

예수님은 더 이상 아무 말씀하지 않으시고 어디론가 발걸음을 옮기셨다. 도착해보니 그 어디서도 볼 수 없었던 아름다운 꽃들이 가득한 꽃밭이었다. 보는 것만으로도 감동하여 할 말을 잊은 소녀의 품에 한 다발의 꽃을 안겨주시고 아름다운 흰 꽃 화관을 머리에 씌워주셨다. 소녀는 공주가 된것 같았고 예수님의 사랑을 더욱 느꼈다. 예수님께서는 기꺼이 그 값을 지불하셨다.

이렇게 아름다운 꽃을 많이 가질 수 있게 되는 날이 올 줄 알았다면 소녀는 그동안 아이들의 놀림에 절망하고 상처받지 않았을 것이라고 생각했다. 소녀의 그 기도에 응답해 주실 것을 믿지 못했던 자신이 부끄러워졌다.

예수님과 동행하며 걷는 동안 필요한 모든 것을 가장 좋은 때에 알맞은 것으로 공급해주시는 그 사랑 속에서 그녀는 성장해나갔고 결혼 할 나이가 되었다. 그래도 언제나 예수님 앞에서는 옷자락 나풀거리며 꽃밭에서 뛰놀던 소녀 그대로였다.

시간이 흐르고 그녀는 결혼했다. 지금껏 만나 본 사람 중에 가장 그녀를 사랑하고 아껴주는 남자를 만나서 따뜻한 가정을 꾸리고 보니 세상을 보는 눈이 달라지고 있음을 느꼈다.

8. 집

그녀의 남편은 예수님을 사랑하고 같이 동행하는 삶을 선택한 사람이었다. 예수님이 삶에서 가장 중요한 분이며 소중한 존재라는 것을 누구보다도 잘 알고 있다고 자부하는 그녀였지만 막상 남편이 그 일에 앞장서서 헌신하는 사람이 되자 이상하게도 마음이 점점 불편해짐을 느꼈다.

"얘야, 남편을 도와주어라. 그는 세상과 선한 싸움을 하는 용사이니 기도로 응원하고 도와야 한다."

예수님 말씀에 순종하기 위해 노력했지만 자발적이지 않았고 기쁘지 않았다. '좋은 일이라는 건 알지만 내 남편이 꼭 그 일을 할 필요는 없지 않을까. 그가 다른 일을 한다면 얼마나 좋을까…'

그래도 그런 그녀에게 하나님께서는 두 아이들과 사랑이 넘치는 가정을 선물로 주셨다. 아이들을 사랑하는 남편을 보며 어릴 적 사랑받지 못했던 본인의 불행한 시절을 보상받고 그 상처가 치유되는 걸 느낀 그녀는 적어도 그것에 대해서는 항상 감사했다.

그러던 어느 날 가족들과 즐거운 피크닉을 마치고 돌아오던 길에 한적하고 아름다운 집들이 모여 있는 동네를 지나게 되었다. 잘 정돈되고 멋진 집들을 보는 순간 그녀는 탄성을 질렀다.

"와 멋지다. 내가 꿈꾸던 바로 그런 집이야!"

지금껏 살아오면서 한 번도 그런 집을 갖고 싶다는 생각을 가져본 적이 없었는데 그날은 그 집들이 온통 그녀의 마음을 사로잡아버렸다. 그럴수록 예수님과 동행하며 천국으로 향하는 그길이 점점 지루하고 멀게 느껴졌다. 모두들 자기들의 집을 짓고 즐기며 살아가고 있는 모습을 보며 과연 자기가 선택한 길이 옳은 것인지, 중요한 뭔가를 잊고 살아가는 것은 아닌지 자꾸 의문을 가지게 되었다.

"여보, 우리도 이제 우리 집을 짓는 게 어때요? 모두들 그렇게 살고 있잖아요."

남편을 설득하기 시작했지만 그는 배고픈 이들을 돕는 것이 더 우선이라며 그녀의 제안을 거절했다. 언제나 영적인 일에 우선순위를 두고 집중하는 남편을 보면서 서운한 마음도 들고 지나치다는 느낌을 지울 수 가 없었다.

지금까지 최선을 다해 가시밭길을 지나왔고 가정을 이루었으니 이제는 자신도 그 정도는 누릴 자격이 있다고 생각했다. 집을 지어야겠다는 생각이 들기 시작하자 그 열망은 걷잡을 수 없을 만큼 커져만 갔다. 남편의 도움 없이도 혼자 힘으로 해 낼 수 있다는 자신감이 생기자 예수님께 묻는 과정도 불필요하게 생각되었다.

예수님과 잡았던 그 손을 과감히 뿌리치고 건축업자들과 만나기 시작했다. 어디에 숨어있었을까 싶을 정도로 그녀의 열정을 대단했다. 하루 24시간이 모자를 정도로 열심히 부지런히 업자들을 만나고 부지를 보러 다니고 집을 짓는 일에 집중했다. 피곤한 줄도 모르고 끼니를 잊은 적도 많았다. 예수님과 함께 하는 시간은 차차 잊혀져 갔고 그 기억마저 희미해 질 무렵 땅 위에는 그녀가 꿈꾸던 드림하우스들이 그 모습을 드러내기 시작했다.

"아 멋지다. 믿어지지 않아. 정말 내가 이 일을 해냈다니..."

그 정도의 실력이라면 큰 이변이 없는 한 노후대책으로도 손색이 없어 보였다. 처음에는 무모한 도전처럼 보였지만 성실하게 열정을 가지고 일을 추진하다 보니 당연한 결과처럼 여겨졌다.

꿈을 가지고 노력하면 세상에는 불가능한 것이 없다고 그녀는 만나는 사람들에게 말했다. 다들 그녀의 용기와 이제 곧 열매 맺을 그 업적에 대해 부러움과 찬사를 보냈다.

준공일을 앞 둔 어느 날 테라스에 앉아 차를 마시던 그녀는 무심코 하늘을 바라보았다. 참으로 오랜만에 느껴보는 여유였다. 코끝을 스치던 바람이 점점 거세지더니 저 멀리 먹구름이 몰려오는 것이 보였다. 테이블위의 신문이 휙 날라가 버리고 시야의 나뭇잎들이 정신없이 흔들리기 시작했다.

"바람이 제법 세게 부네. 일기예보에 무슨 말이 있었나?"

그것은 시작에 불과했다. 그렇게 시작된 바람은 엄청난 풍속의 태풍이 되어 마을을 강타했고 새로 지은 그녀의 집들을 휩쓸어버렸다. 결과는 처참했다. 지붕이 날아가고 구조물이 휘어버리고 아름답게 꾸며놓은 앞마당들을 쑥대밭으로 만들었다.

눈앞에 벌어진 놀라운 광경을 직접 눈으로 확인하면서도 믿을 수가 없었다. 그렇게 열심히 노력했는데 한순간에 태풍으로 그동안의 노고가 사라지는 것을 보고 몹시 실망했지만 이를 악물고 다시 맘을 단단히 먹기로 했다.

실의에 빠진 건축업자들을 다시 불러 모아 다독거리며 무너진 현장으로 달려갔다. 바람에 대해 취약했던 부분을 보완하고 문제점에 대해 논의를 한 후 충분히 검토 후에 집을 짓기 시작했다.

굳은 결심을 보이며 재기하는 모습에 주변의 지인들은 경제적으로 도움을 주었고 입주자들 역시 그녀에게 한 번 더 기회를 주기로 결정했다. 발 빠른 대처로 다시 사람들의 신임을 얻었고 밤낮 쉬지 않고 일을 한 결과 생각보다 앞당겨진 날짜에 완성할 수 있게 되었다.

그런 날들이 계속되는 가운데 그녀는 가끔씩 가슴 한구석이 무거워지는 느낌을 지울 수가 없었다. 그런 생각이 들 때마다 피곤해서 그런 것이 아닐까, 이번 일만 마무리되면 좀 휴식을 취해야겠다고 다짐했다. 그동안 함께 보내는 시간이 줄어든 가족과도 좋은 곳으로 여행을 가리라 생각했다. 그런 생각을 하다 보니 마음속의 어둠이 사라지고 다시 희망이 샘솟는 듯 했다. 역시나 피곤하고 지쳐서 생긴 스트레스였다고 스스로 위로하며 입주날짜를 손꼽아 기다렸다.

이제 어지간한 바람에는 끄떡도 하지 않을 자신이 있었다. 단지를 조성하는 나무들도 뿌리 깊게 심어졌고 비록 장식품이었지만 풍향계도 단지입구에서 돌아가고 있었다. 이만하면 모든 준비가 끝난 듯 보였다.

그러나 인생은 계획대로 흘러가지 않았고 생각지도 않았던 부분에서 문제가 발생했다. 며칠간 집중호우가 쏟아지더니 홍수가 나서 집들이 물에 잠긴 것이다. 한 번도 사용하지 않은 집기들과 자재들은 진 흙창에 잠겨서 못쓰게 되었고 미처 보험에 들지 못한 상태여서 어떤 보상도 받을 길이 없었다. 이번에는 도무지 앞이 보이지 않았다. 아무리 긍정적으로 생각하려 해도 엄청난 금전적인 손실을 막을 방법이 없었고 장밋빛 미래를 꿈꾸던 상황에서 하루아침에 빚더미 위에 앉은 사람으로 전락하였다.

캄캄한 절망 속에서 나올 방법이 없었다. 찬사를 보내던 사람들은 욕심이 지나쳤다고 하고 입주 하지 못한 사람들은 날마다 연락하고 돈을 내놓으라며 아우성이었다. 지옥이 따로 없었다. 이대로는 맘대로 죽을 수도 없고 살아서도 죽은 것과 다름없는 절망의 상태였다.

마음의 평안은 잃은 지 오래였다. 어디서부터 무엇이 왜 어떻게 잘못된 것인지 궁금했다. 다른 사람들은 다들 자기 집 짓고 잘만 살고 있는데 왜 자신에게만 그런 문제가 생기는지 알 수 없었다. 눈물 없이는 하루도 보낼 수 없었고 숨조차 쉬기 어려운 상황에서 그녀는 누군가를 떠올렸다.

바로 예수님이었다. 그 분과 함께 손을 잡고 걸을 때에는 아무 부족함이 없었고 마음이 평안과 감사로 가득했었음을 기억해냈다. 어느 날 집을 짓기로 결심하고 미래의 풍족한 삶에 초점을 맞추는 순간 예수님께로 향하던 삶의 중심이 옮겨졌고 멀어졌던 것이다.

"예...수님...!"

그녀는 차마 입이 떨어지지 않았지만 그 이름을 불러보았다. "예수님! 어디 계세요?"

아무 소리도 들리지 않았다. 다급한 상황에서 부를 때마다 응답하시고 도와주시던 그 분이 침묵하고 계셨다.

"예수님, 저 좀 도와주세요. 제발."

자신이 처한 상황 못지않게 예수님의 침묵은 그녀를 두려움에 떨게 만들었다. 그동안 자신의 잘못보다도 지금 당장 응답하시지 않는 예수님에 대한 서운함이 더 컸다. 어쩌면 정말 살아계신 분이 아닐지도 모른다는 생각마저 들었다. 예수님이 멀리 계신 것 같은 느낌이 들었다.

"예수님, 당신의 도움이 필요해요. 어디에 계세요? 살아 계시다면 대답해주세요. 제 목소리가 안 들리시나요? 제 눈물은요?"

온 힘을 다해 부르짖었다. 지쳐 잠든 그녀는 울다 자다를 반복하다가 문득 떠올랐다. 지금까지 걸어 온 길을 기억해내고 예수님의 손을 놓았던 그 자리로 돌아간다면 다시 만날 수 있지 않을까.

9. 되돌아 가는 길

그녀는 길을 다시 찾아서 돌아가며 만나는 사람마다 붙잡고 물어보았다.

"혹시 예수님 보셨어요?"

아무도 본 사람이 없다고 했다. 그렇게 한참을 걷다가 낯익은 길을 발견하였다. 걸음을 재촉하여 걸어간 그 길의 끝에 그 분이 서 계셨다.

예수님께서는 인자하고 익숙한 미소로 그녀를 맞이하셨다.

"잘 다녀왔니?"

"용서해주세요...제가 예수님을..."

"기다렸다. 네가 돌아오기를."

"제가 어떻게 예수님을 떠났는지 이제 알 수 있겠어요. 성경 읽는 것을 소홀히 했어요. 성경 말씀을 암송한 것만 가지고 예수님을 배우려 했던 것이 저의 잘못이었어요. 성경말씀을 항상 읽으며 묵상하고 예수님에 대해 배우는 것이 얼마나 중요하다는 것을 배웠어요. 예수님의 손을 놓은 후에는 눈에 보이는 것을 더 사랑하게 되었어요..."

뭔가 하고 싶은 말이 많아서 계속 변명과 넋두리를 늘어놓는 동안 예수님께서는 어디서 나셨는지 깨끗하고 향기로운 물로 그녀의 발을 씻겨 주기 시작하셨다.

부드러운 손길을 느끼며 그녀는 뜨거운 눈물과 함께 밀려오는 안도감에 온 몸의 긴장이 풀리는 듯 했다. 어느 새 발을 씻기신 후에 그녀의 눈물로 얼룩진 얼굴에 손을 대시자 눈물은 마르고 미소가 얼굴에 번졌다.

"내 사랑하는 딸아, 나는 너를 사랑한다!"

"네, 예수님, 저도 사랑해요."

"지금 우리가 걷고 있는 이 길은 그저 잠깐 거쳐 가는 곳이란 걸 잊지마라. 내 아버지 집으로 가는 길일뿐이야. 그리고 그동안 해야 할 일들이 있단다."

"해야 할 일이요?"

"기억나니? 사막을 걸어가던 죽어가는 많은 사람들."

"아, 그 주리고 목마른 사람들이요? 아무 도움도 못 받던 사람들 기억나요."

"내가 그들의 죄를 위하여 십자가에 죽었으므로 나를 믿는 자마다 구원을 얻으며 그리하면 나의 아버지 집에서 영원히 살 수 있다는 것을 알려 줘야 한단다."

"제 남편은 이미 그런 일을 하고 있어요. 그러니 저는 가족의 생계를 위해 뭔가를 해야 하지 않을까요? 아이들이 아직 어리잖아요."

"너는 먼저 그의 나라와 그의 의를 구하라 그리하면 이 모든 것을 너에게 더하시리라. 네가 나의 일을 우선순위에 두고 일한다면 너의 필요한 것을 어찌 내가 채워주지 않겠니?"

"그 일을 안 하겠다는 말이 아니구요. 조금만 기다려주시면 안될까요? 모든 일에는 다 때가 있는 거라서 시기를 놓치면 아예 다시는 기회가 안 올지도 몰라요. 얼른 해놓고 다시 와서 오래오래 시키시는 일을 할게요."

"그동안 네가 잊고 산 것이 참 많구나. 이 세상에서의 안락한 삶을 위해 시간을 다 쓴다면 천국에 네가 살 곳은 마련할 수 없단다. 그러나 네가 나의 일을 하며 많은 열매를 맺는 것은 바로 천국에 아름다운 집을 짓는 일이지. 무엇이 중요한지 잘 생각해 보렴. 시간이 많지 않다."

그녀는 고개를 숙인 채 생각에 잠겼다.

"나를 위해 일하는 자들이 시험을 많이 받고 있다. 세상일에만 관심이 있고 눈에 보이지 않는 하늘나라의 일에는 눈과 귀를 닫고 미루기만 하는구나. 너처럼."

부드러운 음성이었지만 그 말씀은 그녀의 마음에 날카로운 비수처럼 와서 박혔다. 돈 버는 재미를 알게 된 이후부터 영적인 일은 시시하고 의미 없는 일처럼 느껴진 것이 사실이었다.

10. 아픈 사람들

예수님의 일을 할 마음의 준비가 되어있지 않은 것을 아시고 그녀에게 말씀하셨다.

"하루의 10%를 기도하는 시간으로 하나님께 드려라."

하루 24시간 중 10%를 기도하는 일은 생각보다 쉽지 않았다. 매일 일정한 시간을 하나님께 드리면서 기도하는 일이 어색하게 느껴졌고 집중하기도 어려웠다. 기도하려고 무릎을 꿇으면 자꾸만 해야 할 일들이 생각나고 마음은 분주한 일상을 향해서 달려 나가고 있었다.

기도의 내용도 문제였다. 처음에는 무슨 말로 어떻게 기도를 해야 할지 도무지 알 수가 없었다. 했던 말을 계속 반복하고 과연 이런 것도 기도라고 할 수 있을까 싶을 정도로 미숙했다. 그러나 매일 기도해 나가며 예수님께서 성령님을 통해 어떻게 성

도들을 도우시는지 알게 되었다.

기도는 자신의 의지와 노력만으로 가능한 일이 아니었다. 성령님께서 아침에 찬송으로 깨워주시고 음성을 들려주시며 그녀가 계속 기도할 수 있도록 도와주셨다.

어느 날 예수님께서 그녀의 손을 잡고 여러 곳을 다니시면서 처참한 광경들을 보여주셨다. 수많은 사람들이 악한 영의 공격을 받으며 영적으로 죽어가는 모습이었다. 여기저기 고통 받으며 신음하는 소리로 가득 찬 그 곳에는 의사와 간호사가 있었지만 환자 수에 비해 턱없이 부족한 인원이었다. 아무리 소리 질러도 미처 의사의 손길이 닿지 않는 곳에 방치된 사람들도 꽤 여럿 있었다.

"제가 아플 때 예수님께서 고쳐주신 것처럼 이 사람들도 도와주시면 안돼요?"

"병을 고칠 수 있는 능력을 이미 나의 일꾼들에게 주었다. 더 많은 손길들이 필요하다. 다 죽어가고 있는 저들이 보이니?"

"저러다 다들 죽을 것 같아요."

"이 세상은 잠시 스쳐 지나가는 길일뿐이다. 세상에서 아무리 튼튼한 집을 짓는다 해도 영원한 집이 될 수는 없어. 아직도 깨닫지 못하겠느냐. 나는 네가 내 일을 하길 원한다. 그리하면 너의 필요한 모든 것을 내가 채울 것이다."

"제가요? 저는 할 수 없어요. 제게 기도하라고 하셨으니 대신 더 많은 일꾼을 보내달라고 기도 열심히 할게요."

펄쩍 뛰며 팔을 내젓는 그녀의 얼굴을 조용히 바라보시던 예수님께서 말씀하셨다.

"내 사랑하는 딸아, 너는 네가 해야 할 영적인 싸움을 누군가 대신 해주기를 바라고 있구나. 이미 많은 형제 자매들이 그 일들을 감당하고 있다는 것을 기억해라. 하나님의 전신갑주를 입고 선한 싸움을 해야 한다. 날마다 말씀과 기도로 영적인 성장을 해야만 사단과 싸워 이길 수 있으며 다른 영적으로 부상당한 사람을 도울 수가 있단다."

"자신이 없어요..."

"네 힘으로 하려 하니까 자신 없고 힘이 드는 거란다. 나는 이제부터 너에게 하나씩 알려주고 가르칠 것이다. 사단의 존재와 그에 맞서 싸우는 방법과 다른 사람을 돕는 법을 배우게 될 것이다. 그렇게 하지 않으면 여전히 너는 상처받고 피 흘리며 패배할 수밖에 없는 연약한 존재일 뿐이지. 네가 다른 부상자를 도울수록 너는 점점 영적으로 강해질 것이며 너에게 필요한 모든 것과 능력을 줄 것이다."

"어떤 능력을 주실 건가요?"

"성경말씀이 바로 능력이다. 나의 말씀은 부상당한 자의 약이란다. 말씀의 갑옷을 입고 전쟁터에 나가는 순간 너의 안에 거하시는 성령님과 함께 동행하는 거야. 성령님께서 사람들의 마음의 문을 열어 인도하실 것이다. 성

령님께서 사람들에게 죄를 깨우쳐주고 사단의 권세에서 풀려날 수 있도록 죄의 쇠사슬을 끊을 것이다. 네가 할 일은 성령님께서 일을 하실 수 있도록 하나님의 복음을 전하는 것이다. 성령님께서 부상당한 자들을 고칠 수 있도록."

"제 힘과 지혜로 가능한 일이 아니었군요."

"물론이지. 내가 너에게 바라는 것은 다름 아닌 자원하는 마음이다. 내 죽음의 의미를 잘 생각해보렴. 그들이 죄를 용서받고 구원받게 하기 위함이었다. 그러니 넌 내가 무엇을 하였는지 전하기만 하면 된다. 나와 동행하며 그 일들에 대해 하나씩 배우고 행하기만 하면 된다."

"예수님, 이제야 무슨 말씀을 하시는지 알 것 같아요. 근데 제가 돈을 벌어서 그 돈으로 주님의 일을 하는 분들을 물질적으로 후원해 드리는 건 어떨까요?"

"그런 걱정도 네 몫이 아니다. 내 일꾼은 내가 책임진단다. 자 이제 선택의 순간이 왔다. 한 사람이 두 주인을 섬기지 못할 것이니 하나님과 돈을 겸하여 섬기지 못한다."

세상의 달콤한 돈의 맛을 본 그녀였지만 예수님이 세상에서 가장 중요하고 능력 있는 분이시라는 걸 너무나도 잘 알고 있기에 무릎을 꿇고 말았다.

"저를 받아주세요. 순종하겠어요."

"이제야 네가 이해를 하는구나. 네가 나의 일에 충성할 때 하늘나라에서 상을 받는다는 것을 잊지 말아라."

"예수님, 이제부터 제가 어떻게 해야 하는지 알려주세요."

"먼저 중요한 것은 말씀의 전신갑주를 입고 하나님의 힘을 의지하고 영적인 성장을 위하여 훈련을 받아야 한다. 매일 5시간씩 말씀을 읽고 묵상하며 나에 대해서 배워라. 성령님께서 너의 길을 한 걸음씩 인도하시며 가르치실 것이다. 나의 음성에 귀 기울여라. 너의 기도가 곧 나와 하는 대화가 될 것이며 그 기도는 나를 기쁘게 한단다. 내 아들딸들이 기도하는 것만큼 나를 기쁘게 하는 것은 없다. 내 말이 너의 안에 거할 때 너의 기도는 응답될 것이다."

"제가 훈련을 받는 동안 어디 계실 건가요?"

"항상 너와 함께 할 것이다. 너의 마음과 뜻과 정성과 힘을 다하여 하나님을 사랑하면 승리의 삶을 살 수 있을 것이다. 자기 목숨을 얻는 자는 잃을 것이요. 나를 위하여 자기 목숨을 잃는 자는 얻으리라."

11. 옷

계속되는 예수님의 말씀에 귀 기울이던 그녀는 갑자기 마음이 답답해지고 무거워짐을 느꼈다. 지난 날 예수님의 손을 놓고 하고 싶은 대로 하면 살았던 시간들이 떠올랐던 것이다.

"과연 저 같은 죄인이 남을 도울 수 있을까요? 예수님께선 제가 어떤 사람인지 다 알고 계시잖아요..."

예수님은 머리를 쓰다듬으시면서 자상한 눈으로 그녀를 바라보셨다.

"너의 죄가 주홍 같을지라도 눈과 같이 희어질 것이다. 내가 십자가에서 피 흘려 죽음을 당했을 때 너의 모든 죄는 죽었단다. 내가 부활할 때 너의 영도 나와 같이 부활하여 의의 옷을 입고 하나님 앞에서 거룩하다 칭함을 얻었다."

"하지만 아직 제가 용서받은 것 같은 기분이 들지 않아요."

고개를 떨구고 서 있는 그녀의 시야에 못 자국난 손바닥이 들어왔다. 그 구멍 난 손바닥에서 선홍빛 피 한 방울이 그녀의 옷 위에 떨어지는 순간 얼룩지고 더럽던 그녀의 옷은 눈부신 흰 색으로 변하며 마음의 어두움까지도 몰아내어 버렸다. 그야말로 기적의 순간이었다. 살아있는 예수님 말씀의 능력, 보혈의 능력을 직접 체험한 것이다.

"예수님, 정말 놀라워요. 보세요. 예수님의 보혈로 모든 게 깨끗해졌어요."

"네가 다른 사람들에게 복음을 전해야 하는 그 이유를 이제 알겠니? 이 세상 사람들은 사단의 거짓말에 속아서 영원히 그 죄에서 벗어 날 길은 없다고 믿으며 고통의 길을 걷고 있는 거야."

"제가 그랬던 것처럼요?"

"응. 사단은 결코 만만한 존재가 아니다. 내 도움 없이 이길 수 있는 사람은 아무도 없다. 그러나 나의 말로서 그들은 죄와 고통으로부터 자유함을 얻을 수 있고 승리하는 삶을 살 수 있다는 것을 깨닫기 원한다. 사람들에게 내가 그들의 죄를 위하여 죽었으므로 그들은 죄의 짐을 더 이상 지지 않아도 된다고 전하는 것이 네가 할 일이다."

죄로부터 자유함을 얻은 그녀의 발걸음은 날아갈 듯 가벼웠고 그 기쁨을 다른 이들과도 나누고 싶은 마음이 충만했지만 역시 자신감은 생기지 않았다.

"하지만..."

"또 앞선 걱정을 하고 있구나. 네가 무슨 말을 해야 할 지는 내가 가르칠 것이다."

"이왕이면 말을 잘하는 사람이 그 일을 하면 **훨씬 좋을** 텐데 왜 저처럼 말도 잘 못하는 사람을 선택하셨나요? 모국어는 잊어버리고 영어도 능숙하지는 않아요....그리고 또…"

"모세의 이야기를 읽고 또 읽어라. 내 말이 믿어질 때까지 모세의 이야기를 읽어라."

출애굽기에서 모세가 어떻게 핑계를 대고 하나님께서는 무슨 말씀을 하셨는지 반복해서 읽으며 어떻게 하나님께서 도우시는지 깨닫게 되었다. 한편으로는 그 대단한 믿음의 사람 모세 또한 처음에는 자신과 별다르지 않은 연약한 사람이었다는 게 위로가 되기도 했다. 결국 모세가 이스라엘 백성을 구해낸 것은 하나님의 능력이었지 능수능란한 말솜씨로 된 것은 아니었다.

"저를 구원하신 것, 죄를 사하신 것, 이 모든 걸 가능케 하는 것은 예수님의 능력이셨다는 걸 또 잊었어요. 저를 예수님의 도구로 써 주세요."

12. 잔치

다시 길을 걸어가기 시작했다. 길 위에는 생각보다 많은 부상자들이 있었고 그것을 보며 그녀는 또 근심하기 시작했다.

"예수님, 아무리 생각해봐도 저는 너무 부족해서 못할 것 같아요."

"나의 사랑하는 딸아, 나는 네가 부족하다고 느끼기 때문에 나의 일을 하라고 부르는 것이란다. 내가 일꾼으로 고용할 수 있는 사람들은 자신의 지혜와 지식과 자기 힘을 의지하지 않고 나를 의지하는 사람들이다. 너는 내가 당나귀를 통하여서도 사람들에게 말할 수 있다는 것을 알고 있지 않니? 나 없이 너 스스로 하나님의 일을 할 수 있다고 생각할 수 있을 때, 너는 아무 결과도 내지 못하고 오히려 은혜에서 멀어질 것이란 것을 기억해라. 나는 포도나무요. 너는 가지니라. 가지가 나무에 붙어있지 않으면 열매를 맺지 못한다. 성령님께서 너를 통해서 역사 하시지 않으면 너는 열매를 맺을 수 없다. 어떤 일이 있을 때마다 어떤 환경에서든지 나를 의지하라. 그리하면 내가 너에게 기적을 보이며 그들의 마음의 문을 열고 구원할 것이다. 나를 사랑하며 나와 항상 같이 동행하라."

예수님과 함께 시간을 보내는 것은 이 세상의 어떤 즐거움과도 비교할 수 없었다. 예수님을 바라보기만 해도 마음의 평안과 기쁨이 흘러 넘쳤다. 왜 여태까지 조금 더 가까이 걷지 않았는지 후회가 될 정도였다. 한참을 걷다 보니 커다란 교회가 보였다.

"자 들어가 보자."

맛있는 음식이 가득 차려진 잔치가 벌어졌고 많은 주의 종들이 그 곳에서 음식을 나눠먹고 어떻게 하늘나라의 일을 해야 하는 가에 대해서 배우고 있었다. 그들은 식사가 끝나고 교회를 떠날 때 음식을 가지고 나갔다. 그런데 각자 같은 양이 아닌, 누군가는 아주 큰 빵과 큰 물동이를 들고 나가고 어떤 이는 아주 작은 분량의 빵과 물병을 들고 나가는 것이었다. 그들이 음식을 갖고 나가는 목적은 나가서 배고프고 목마른 자들을 돕기 위해서였지만 양이 다른 이유가 궁금했다.

"왜 어떤 사람은 음식을 많이 가지고 나가고 어떤 사람은 조금만 가져가나요?"

"내가 너에게 그것을 보여주려고 이곳에 데리고 왔단다. 나의 아버지는 세상에서 가장 큰 빵 공장을 경영하며 세상에서 가장 깊은 생수가 나는 강을 가지고 계신단다. 나의 일꾼 중에 큰 빵과 큰 물동이를 가지고 나가는 자들은 나의 말씀을 배우며 성령님의 인도하심에 순종하여 많은 사람들을 하나님께로 돌아오게 하는 자란다. 음식을 조금만 가지고 나가는 자들은 그 정도의 양만큼만 나와 시간을 보내는 자들이지. 그들은 세상과 자기 취미에 빠져서 나에게  기도할 시간도 없는 자들이다. 말씀도 배우지 않고 기도하지 않으므로 그 영혼은 주리고 목마르며 그들의 양떼 역시 똑같이 굶주림 속에서 죽어 가는 상태에 있다. 나를 따라오너라. 내가 너에게 더 보여줄 것이 있단다."

교회 밖으로 나와서 길을 걷다 보니 분주하게 빵을 굽고 땀흘리며 우물을 파는 사람들이 모여 있었다. 선한 인상을 가진 그들은 쉬지 않고 일하고 있었으나 어딘가 지친 기색이 역력했다.

"저들은 누구인가요?"

"내 일을 하라고 부른 사람들이지."

"그런데 왜 다들 저렇게 지쳐 있죠?"

"나의 말을 경청하지 않아서 그런 거란다. 내 양떼를 먹이라고 불렀지, 그 먹일 빵을 만들라고 부른 게 아닌데 스스로의 지혜와 능력에 의지하며 직접 빵을 만드느라 고생들을 하고 있구나."

한쪽에서는 근심에 가득 찬 얼굴로 빵공장 사장이 그늘에 앉아있었다. 다가 온 사람들과 나누는 대화를 들어보니 밀가루가 다 떨어져가고 더이상 돈이 없어서 빵을 만들 수 없다는 이야기였다.

불평을 하는 사람의 말도 들려왔다.

"하나님도 무심하시지. 이렇게 선한 일을 하려는 우리에게 어째서 이런 일들이 벌어지게 놔두시는 거지?"

"이런 식이라면 곧 빵공장 문을 닫아야하고 그럼 우리가 먹여야 하는 저들은 다 굶어죽게 생겼으니 어쩌면 좋지?"

"우물도 다 말라간다구요."

예수님께서는 안타까운 표정으로 그들을 바라보셨다. "사랑하는 딸아, 나의 일을 하는 모든 사람들이 꼭 기억해야 할 것들이 있다. 나의 능력을 인정하고 기도하면 모든 것은 내가 공급해준다는 사실이다. 내가 주는 빵과 물만이 사람들의 영적인 성장을 가능하게 하고 영원히 살 수 있게 해주는 거란다. 선한 의도만 가지고 가능한 일이 아님을 깨달아야 한다."

"좀 더 자세히 말씀해주세요. 저는 선한 의도로 하는 일은 다 기뻐하실 거라 생각 했거든요."

예수님께서는 풀밭에 자리 잡고 앉으셨다. 그녀도 그 옆에 앉아서 경청하기 시작했다.

"나의 일을 하는 자일수록 더 많은 시간을 기도하고 나의 음성에 귀 기울여야만 열매를 맺을 수 있다. 그들이 하고 있는 일이 선하고 하나님의 일이라 할지라도 그 일 자체를 나보다 더 사랑한다면 그것은 내가 원하는 일이 아니다. 나와 동행하며 내가 베푼 잔치에 와서 먹고 마셔야 살 수 있음을 모르기 때문이다. 이제 일을 시작하는 너는 반드시 명심해라. 그 어떤 일도 나보다 사랑하지 말고 내 손을 놓지 말아라."

"너무 쉽고 간단해서 더 어렵게 느껴지기도 하지만 저는 지금 예수님의 손을 잡고 가는 것만으로도 정말 행복해요. 그게 다라면 얼마든지 할 수 있을 것 같아요."

"진리는 언제나 복잡하지 않고 너를 자유케 한다."

그녀는 찬송을 부르며 예수님의 손을 잡고 숲길을 걸어갔다. 예수님이 인생의 전부인 그녀의 삶은 더 이상 바랄 것이 없었다.

"너는 나의 증인이다. 나와 함께 잔치에 가자."

13. 보석들

다시 찬송을 부르며 걷는데 주머니에서 달그닥 소리가 났다. 그녀는 주머니에 손을 넣고 뭔가를 꺼냈다. 얼마 전 예수님께서 주신 보석들과 길에 가다가 발견한 돌들이었다.

찬란한 빛을 발하는 보석을 볼 때마다 기뻤고 시냇가 쉴 때면 꺼내서 만지작거리면 피곤이 풀리며 마음속까지 빛나는 느낌이었다. 그랬던 보석중의 하나가, 꺼내보니 웬일인지 빛을 잃어버리고 뿌연 돌처럼 변해있었다.

당황한 그녀는 손수건으로 닦아보고 물로도 씻어 보았지만 다시는 그 영롱한 빛을 되찾지 못했다. 절망감에 그녀는 주저앉아 울기 시작했다.

"예수님, 제 보석이 잘못된 것 같아요. 이 아이가 생명을 잃어가요."

그녀는 다시 정신없이 보석표면을 닦으며 온갖 노력을 했지만 헛수고였다.

"다시 빛나게 할 수만 있다면 무엇이든 할 수 있어요. 제가 어떻게 하면 되죠?"

그녀는 너무 실망한 나머지 땅에 앉아 통곡을 하기 시작했다. 예수님은 그녀를 슬픈 눈으로 바라보셨다.

"나의 사랑하는 딸아! 내가 너의 문제를 해결할 수 있는 능력이 있다고 믿느냐?"

그녀는 잠시 생각에 잠겼다. 지금까지 자신에게 베풀어주시고 보여주신 기적들을 떠올렸다.

"네! 물론이에요."

"이제 네가 지니고 있는 모든 보석들을 다 나에게 주어라. 영적인 전투를 하러 나갈 때 그것들은 너의 발목을 잡게 될 거야."

"이것 말고 나머지도 다요?"

그녀는 본능적으로 주머니에 남아있던 보석과 돌들을 다 움켜쥐었다.

"예수님, 저는 이미 제 삶을 전부 주님께 드렸어요. 그걸로 부족하세요? 저를 맘껏 쓰시라니까요. 이 보석들은 그거와는 상관없어요."

"아니 너는 아직 모든 것을 내려놓지 않았다. 나는 전부를 원해. 그 보석들을 꺼내서 잘 보렴. 그것들이 무엇인지."

예수님께서 말씀을 마치시자 그녀는 주머니에서 보석과 돌들을 다 꺼내어 살펴보기 시작했다. 그 보

석하나하나에는 재정문제, 가족의 문제, 하나님 일에 대한 걱정 등 그녀의 근심거리와 해결해야 할 문제들이 적혀있었다.

한숨을 내쉬며 그 돌들을 예수님께 전해드렸고 돌이 하나씩 옮겨질 때마다 그녀의 마음은 다시 빛나기 시작했다. 그것들을 건네 받으신 예수님께서는 본인의 주머니에 넣으시며 말씀하셨다.

"내가 이제 이 문제들을 내 아버지께 해결해달라고 기도할 것이다."

그녀는 마음이 가벼워졌다. 모든 문제들을 예수님께 드린 것이다. 그러나 그녀는 걸어가는 동안 다시 돌들을 발견할 때마다 하나씩 주머니에 넣었다.

"그 돌들을 나에게 주어라. 너에게 다가오는 시련들은 너의 믿음을 시험하는 척도이다. 네가 그 시험을 잘 이길 수 있는 길은 나에게 맡기는 것 밖에 없다. 걱정근심이 생길 때마다 나에게 내려놓고 기도해라. 내가 도와줄 것이다."

그 돌들을 예수님께 드리고 또 다시 밝아진 표정으로 길을 나선 그녀는 예수님을 찬양하는 노래를 부르기 시작했다. 매순간 실족하여 낙망하고 쓰러지다가 다시 말씀으로 힘을 얻어 소망을 가지고 전진하는 순간들이 반복되었다.

14. 돌산

맑은 시냇가를 지나 평화로운 초원을 가로지르자마자 가파르고 험한 돌산이 눈앞에 펼쳐졌다. 그녀는 이해할 수가 없었다. 예수님과 함께 가는 길에 왜 이렇게 험난하고 거친 것들이 존재하는지 도대체 언제쯤 끝이 나는지 아득해졌다.

능치 못하심이 없는 예수님의 한마디면 이 길쯤이야 포장도로로 얼마든지 바꾸실 텐데 그렇게 하지 않는 이유도 알고 싶었다. 예수님과 동행하기로 결정하면 삶의 모든 장애물이 제거되고 초록 신호등이 켜지며 일사천리로 해결될 거라고 믿었는데 의외로 숨어있는 복병이 많았다.

그중 남편의 반응은 뜻밖이었다. 그 길을 묵묵히 걸어가고 있던 사람이라 그녀의 결정에 박수를 보내 주리라 믿었는데 함께 할 시간이 줄어들 거라는 이유로, 탐탁지 않게 여기는 것이었다.

그렇다 해도 이제 자신의 삶을 예수님께 완전히 바치기로 한 이상, 쉽게 포기 할 수 없어서 남편을 잘 이해시키고 싶었지만 생각처럼 되지 않았다. 근심어린 그녀의 표정을 보시며 예수님께서 말씀하셨다.

"이 산은 시험의 산이라고 부른단다. 어떤 길보다 위험하고 어려운 길이다. 많은 사람들이 나의 음성을 듣고, 성령님께서 그 마음을 감동시키셔서 나의 일을 하기 위해 길을 나서지만 이 산 앞에서 걸음을 멈춘다. 자기들의 힘으로 이 산을 옮겨야 한다고 착각하기 때문에 불가능한 일이라고 손을 저으며 낙심하고 포기했다. 안 되는 이유에 집중했고 주변의 부정적이고 만류하는 소리에 귀 기울이느라 나의 음성은 듣지 못한다."

그녀의 한숨 소리가 커져갔다. 풀 한 포기 없는 험난한 바위산에는 생명체라고는 도무지 찾아 볼 수 없었다. 예수님의 조용한 음성밖에는 들리지 않고 사방이 고요했다. 무서운 적막감이 들었다.

"세상과 돈을 사랑하는 사람은 이 산을 통과할 수 없다. 딸아, 너는 이 산에서 여러 가지 시험과 고난을 받게 될 것이다. 그러나 두려워 말아라. 너를 지명하여 불렀나니 네가 불 가운데로 지나갈지라도 타지 않을 것이며 그 연단을 통해 내 참 제자가 될 수 있도록 도와줄 것이다. 어떤 이들은 시험과 고난 속에서 그 의미를 깨닫지 못하고 나를 원망하며 떠나가 버렸다. 부디 그 뜨거운 풀무의 의미를 깨닫고 나에 대한 믿음을 잃지 않기를 바란다. 세상에는 잃어야 비로소 얻게 되고, 통과해야만 알게 되는, 귀한 것이 있음을 기억해라. 너의 일 중의 하나는 하나님의 일을 하라고 부름을 받은 자들이 나를 따르지 않고 세상을 따를 때마다 나를 따르라고 격려 하는 것이다."

"그럼 제 앞의 산을 믿음으로 옮길 수 있나요? 그 방법을 알고 싶어요."

"남편을 용서하고 그를 위해 기도해라. 서운한 마음과 상한 마음을 버리고 성령님의 인도하심에 순종해라. 그도 불 가운데로 지나가면서 믿음의 연단을 받고 있단다. 그 역시 하나님의 나라를 위해서 유용하게 쓰여지려고 연단을 받는 것이니 네가 남편을 용서할 때 내가 너의 기도에 응답하겠다. 네가 그를 위해 기도할 때 내가 너와 너의 남편을 축복할 것이다. 내가 너의 기도를 응답하는지 시험해 보라. 나와 동행하면 너에게 있을 일들을 알려주고 그리하여 네 앞의 산들을 나의 능력으로서 옮길 수 있도록 도와주겠다."

그 놀라운 말씀 앞에 그녀는 큰 힘을 얻었고 더 이상 바위산이 두렵지 않았다. 예수님과 동행하는 삶이란 그런 것이었다.

15. 화가

하루는 길을 가다가 뭔가 발에 걸려서 주워보니 크레용 박스였다.

그 크레용으로 큰 바위에 그림을 그려보았다. 눈에 보이는 산과 우거진 숲의 나무를 그리자 지나가던 여행객들이 걸음을 멈추고 그녀의 그림을 쳐다보았다.

"와 대단하다. 유명한 화가인가 봐."

한 남자의 찬사를 듣자 기분이 좋아진 그녀는 더 열심히 그림을 그리기 시작했다. 마치 태어날 때부터 미술에 특별한 재능을 갖고 있었으며 다른 사람들에게 인정받는 것은 아주 당연한 일이라는 생각까지 들었다.

그러나 냉정한 시각으로 볼 때 그녀에게는 타고난 예술적인 재능 같은 건 없었다. 자신이 그렇다는 걸 알면서도 혹시 더 열심히 연습하면 멋진 예술가가 될 지도 모른다는 생각에 더 많은 시간과 열정을 쏟았던 것이다. 그림에 너무 열중한 나머지 예수님이 곁에 서서 기다리고 있다는 것도 잊어버렸다. 예수님은 그녀가 그림을 그리는 돌 옆에 서서 물어보셨다.

"내가 너에게 한 말을 기억하니?"

그 순간 태양은 밝게 떠올랐고 바람은 예수님의 부드러운 머리를 날리게 했다. 예수님의 얼굴은 인자하심으로 가득했다. 그녀는 집을 그리는 것을 멈추고 가만히 생각해 보았다.

　그제서야 그녀의 할 일들이 생각났다. 즉각 하나님의 말씀에 순종하여 배고프고 목마른 자들에게 빵과 물을 가져다 주었다. 그런데 사람들이 그녀에게 감사의 말들을 하자 그녀의 마음속에는 서서히 교만이 자라기 시작했다. 그녀가 한 일은 단지 빵과 물을 전달해 준 것 뿐이며 감사는 하나님께 드리라는 말을 했어야 했다. 빵과 물은 하나님께로서 온 것이기 때문이다.

　"주님 말이 맞아요. 성령님께서 아주 동안 저에게 야고보서와 베드로서에 나와 있는 '하나님께서 교만한 자를 물리치시고 겸손한 자에게 은혜를 주신다'는 말씀을 자꾸 읽으라고 해서 왜 그러시는지 이해를 못했었는데 이제는 알 것 같아요. 저는 다른 사람들이 저를 인정해 줄 때 제 마음속에 교만의 씨가 자랄 수 있는 기회를 줄 수 있다는 것을 몰랐어요. 예수님, 저를 용서 하세요. 저 같은 죄인과 어떻게 함께 걸으실 수 있는지 모르겠어요."

　"네가 나의 일을 할 때 꼭 기억할 것이 있다. 네가 다른 사람들의 인정을 받으려고 나의 일을 한다면 너는 너를 위하여 일하는 것이지, 나를 위하거나 하나님의 나라를 위해서 일하는 것이 아니다. 어떤 이들은 나보다도 나의 일을 더 사랑한다. 그들은 사람들의 인정을 받는 것만 생각하고 하나님께서 어떻게 그들을 생각하는 것은 생각지도 않는다. 내가 그들에게 침묵하는 이유는 나를 섬기지 않고 자기들을 섬겼기 때문이다. 또 어떤 이들은 성령의 능력을 이해하지 못하고 자기 자신만을 의지하므로 열매를 맺지 못하는 삶을 살 뿐이다. 어떤 이들은 성령의 능력을 체험한 후 오히려 교만해져서 내 영광을 자신들에게 돌린단다. 그렇게 되면 성령님께서는 그들을 도우시지 않으므로 그들은 하나님의 일에 도움도 주지 못하고 열매도 맺을 수 없게 된다."

　"얼마 전에 예수님께서 저에게 다른 사람들의 환경과 마음을 이해하게 함으로써 용서할 수 있는 마음을 주셨어요. 제가 겸손한 마음을 가질 수 있도록 도와주세요."

　"하나님께서는 마음의 중심을 보신다. 하나님의 기준과 세상의 기준은 같지 않으므로 모든 사람을 존중해주어라. 그래서 내가 누구든지 첫째가 되려면 가장 낮은 자리로 가야 한다고 하지 않았느냐. 모든 영광을 하나님께 돌리면 성령님께서 너를 도우실 것이다."

"하나님의 눈으로 저를 볼 수 있다면 저에게는 아무런 자랑거리도 없고, 교만함도 없어지겠군요."

그녀는 예수님의 자상한 눈을 바라보았다.

"자랑할 것이 하나 있지."

"네?"

"내가 너를 위해 무엇을 했는가를 자랑하려무나. 그것 외에는 모든 자랑거리가 너를 실족하게 만드는 올무가 되기도 한다는 것을 명심해야 한다. 철저하게 너를 비우고 성령님의 인도하심에 순종하는 삶은 천국에서의 상급이 크다. 성령님께서 사람들을 구원하시는 놀라운 역사는 네가 순종할 때 볼 수 있다."

"무슨 말씀인지 알겠어요. 근데 아무래도 사람들에게 한번 칭찬을 받으면 기분이 좋아지고 자꾸만 인정받고 싶어지는 마음이 들어요."

"많은 사람들이 그 함정에 빠지곤 하지. 그러나 이 땅에서 사람들에게 칭송받고 인정받는 것에만 신경을 쓰다 보면 천국에 가서 받을 상은 없게 된단다."

16. 배고픈 사람들

그녀는 사람들의 반응과 평가에 예민해져 가는 자신의 모습을 회개하며 마음을 비우겠다고 다짐하고 있을 때 친구가 찾아와서 좀 더 많은 빵과 물을 가져다 달라고 요청하였다.

순간 그녀는 망설였다. 또 다시 이 일을 통해 자신이 칭찬받고 교만해질까 두려운 마음이 앞서서 선뜻 행동으로 옮겨지지 않았다. 무슨 일이 있을 때마다 항상 예수님을 의지하고 앞으로 나아갈 길 또한 꼭 물어보라고 하신 기억이 난 그녀는 예수님께 여쭤보았다.

"예수님, 이 배고픈 사람들을 먹여야 할까요? 그 사람을 안 먹이면 제가 교만에 빠질 이유가 없잖아요. 정말로 다른 사람들에게 제가 주님께 무엇을 배웠는가를 얘기해줘야 하나요?"

"나의 사랑하는 딸아, 당연히 배고픈 사람에게 음식을 가져다 주어야 한다. 그런 일을 하라고 내가 너를 부르지 않았느냐? 내가 살아있으며 그들을 사랑한다는 것을 알려주고 나의 종들이 세상에서 영적으로 주린 자들을 내가 먹인다는 것을 알려주어야 한다. 네가 하지 않는다면 다른 사람들을 세워서라도 반드시 해야만 하는 일이다."

"예수님, 사실은 교만한 마음뿐만 아니라 저는 다른 사람의 비판이 두려워요. 예수님을 아는 사람들도 주님께서 어떻게 말씀하시며 인도하셨는가를 얘기하면 이해 못 하고 비웃을 거예요."

"다른 사람들의 비판과 조롱을 두려워하지 말아라. 내가 너와 항상 같이 있지 않느냐. 내가 너에게 그렇게 말하라고 했다고 이야기하렴. 네가 항상 궁금해 하는 영적인 부흥에 대해 말해줄까? 계속 영적인 부흥을 위해서 기도해라. 많은 사람들이 이 영적인 부흥을 위해서 자신들의 마음과 뜻과 정성을 다하여 기도할 때 큰 부흥이 일어나게 된다. 그때 너의 기도가 응답 될 것이다. 너를 비우고 성령님께 순종하는 삶을 살면 너도 이 큰 부흥에 참여할 기회가 있을 것이다."

예수님께서는 억지로 무엇인가를 시키는 분이 아니란 걸 알게 된 그녀는 겸손하게 순종하며 그 일을 하기로 선택했다. 자신이 아니더라도 누군가를 통해서라도 반드시 그 일을 행하실거라는 것을 알게 된 것이다.

"배고픈 사람들에게 빵과 물을 주겠어요."

"나를 따라 오너라. 내가 너에게 큰 부흥이 일어나기 전에 해야 할 일을 알려주겠다. 너는 사람들이 잘 가지 않는 곳에서 나의 잃어버린 양을 찾아라."

예수님은 그녀의 손을 잡고 인도하시며 말씀하셨다. "나의 사랑하는 딸아, 내가 너를 아주 많이 사랑한단다. 내가 너와 함께하며 너를 도와주리라."

그녀의 마음은 성령님께 감동받아 뜨거워졌고 예수님에 대한 사랑으로 충만해졌다.

"오, 예수님! 당신 한 분 만으로 제 삶은 충분합니다. 저를 영생의 삶으로 인도하실 유일하신 분. 예수님과 동행할 수 있는 은혜를 정말 감사합니다. 다른 불쌍한 영혼들을 제가 도울 수 있도록 능력을 베풀어주세요. 제가 그 길을 가겠어요."

온 맘다해 예수님을 찬양하며 그 손을 잡고 아름다운 춤을 추었다. 예수님께서는 보는 것만으로도 마음이 녹아버릴 듯 한 자애로운 미소를 얼굴 가득히 지으시며 함께 춤을 추기 시작하셨다.

"예수님, 당신을 사랑합니다. 제가 원하는 단 한 가지, 이 땅에 뜨거운 부흥의 불길을 허락하시고 많은 사람들이 자기들의 죄를 깨닫고 회개하여 구원을 받을 수 있도록 역사해 주세요. 영광과 찬양 그리고 감사와 존귀를 받으시기에 합당하신 오직 한 분 오늘 당신을 어제보다 더 사랑합니다."

진심어린 아름다운 고백 후에도 그녀는 예수님과 걷는 길이 얼마나 어려운지 알고 있었다. 하지만 또 다시 그런 선택의 순간이 온다면 조금도 망설임 없이 그 길을 택할 것이며 이 사실을 알게 하신 예수님께 감사하면서 지금도 예수님과 함께 걷고 있다.

2부

예수님과의 동행

유난히 분주한 하루였다. 버플로 와이오밍에서 꼬박 운전해서 6시간이 걸리는 덴버 콜로라도의 아일맆 신학대학원에 가는 날은 아침부터 정신이 없었다.

어느덧 작은 타운에 들어서는데 마침 빨간 신호가 켜지고 반쯤 열린 차창으로 보이는 거리를 무심코 바라보았다. 소규모의 아담한 샵들이 모여 있는 그 거리에 세 살 정도 되어 보이는 아이가 아빠의 손을 잡고 가게에 들어가는 뒷모습을 보았다.

그 순간 '저 어린 아이가 과연 아빠 마음을 얼마나 이해할까?'라는 생각이 들며 그와 동시에 '그럼 나는 아버지 하나님의 마음을 얼마나 이해하고 있지?' 하는 생각이 들었다.

아마도 그 어린 아이가 아빠의 깊은 뜻과 마음을 알 수 없듯이 나 역시 아무리 노력해도 만물을 다스리시는 하나님을 이해한다는 것은 거의 불가능하다는 생각이 들었다. 알지도 못하는 그 어린 소녀와 아빠의 뒷모습을 잠깐 본 것이 다였지만 그것을 통해서 하늘에 계신 아버지께서 나를 얼마나 극진히 사랑하시는지 그 깊이가 느껴지며 저절로 눈물이 나왔다.

"아버지 감사합니다. 저를 어린 딸로서 사랑해주시는 그 사랑에 눈물이 납니다."

이 세상에서 나를 사랑하는 사람이 아무도 없을지라도 하나님은 언제나 나를 사랑하고 계신다는 것을 알게 된 것이다. 그 부녀의 모습은 잊어버릴만하면 떠올라서 하나님께서 얼마나 나를 사랑하시는지, 나와 예수님과의 관계를 이해하는데 도움을 주었다.

교회에 다닌 지는 오래되었지만 언제나 내 생각이 우선이었고 내가 원하는 대로의 삶을 살고 있었다. 예수님과 동행해야 한다는 생각조차 해 본적도 없었다. 그저 넓고 편한 길이 좋았고 고민 없이 그 길을 걷고 싶을 뿐이었다.

그러던 어느 날 예수님은 사랑 그 자체로 다가오셨고 따뜻한 음성으로 내가 가야 할 길을 알려주셨다. 예수님과 동행하는 길은 결코 편하거나 쉽지 않았지만 그 영생의 좁은 길은 마음의 평안과 감사가 그치지 않는 놀라운 길이었다. 지금까지 세상을 살아 온 기준으로는 이해 할 수 없고 설명할 수 없는 기쁨이 있었다. 아무리 교회를 다녔다 해도 예수님과 함께 동행 하지 않는 한 그것은 의미 없는 그저 종교 행위에 지나지 않는다는 것을 오랫동안 알지 못했다.

하나님의 임재를 체험하지 못하며 혼자 걷는 그 길은 언제나 채울 수 없는 마음의 빈자리가 있었고 삶의 만족도, 지속되는 행복도 느낄 수 없었다. 천지를 지으시고 다스리시는 하나님의 존재를 알고 인정은 했지만 나의 아버지로서 그토록 나를 사랑하시는 분이라는 실감은 해 본 적이 없었다. 그러므로 당연히 내 삶에 있어서 하나님은 우선순위에서 언제나 밀려나곤 했다.

형식적인 감사와 반드시 응답될 거라는 확신도 없는 기도는 살아있는 언어가 되지 못했다. 그러기에 무슨 일의 결과가 나타나도 그것이 기도의 응답인지 아니면 우연의 일치인지도 구분할 수 없는 시간들의 연속이었다. 그렇게 의미도 없는 신앙생활을 하던 중에 다가오신 예수님의 존재는 나의 삶을 송두리째 뿌리부터 흔들어 놓았고 살아있는 이유와 내 존재의 목적을 깨닫게 해 주셨다. 두꺼운 성경책의 주인공과 벽화의 그림으로만 존재했던 그 분은 펄떡이며 살아있는 사랑으로 날마다 은혜의 물결로 나를 덮으셨고 이 세상의 다른 즐거움이 다 빛을 잃으며 덧없이 사라져가는 것을 느꼈다.

영원할거라고 믿었던 사랑과 인간관계들이 나를 날카롭게 칼로 베듯 상처내고 등을 보이며 사라질 때에도 예수님께서는 변함없는 사랑과 영적인 양식으로 나의 목마름과 배고픔을 해결해 주셨다. 거칠고 험한 가시밭길을 통과한 후에는 세심한 손길로 나의 발을 씻어주시며 누더기가 되어버린 나의 영적인 더러움을 용서해 주셨다.

예수님의 보혈은 내 자신조차 용납할 수 없는 나의 죄까지도 눈처럼 하얗게 만드시는 놀라운 능력이 있으심을 경험했다. 예수님의 일을 하기로 결정하자 그 분과 동행하며 배우는 그 시간이 소중하고 귀하게 느껴졌다.

17. 게임방

예수님과 동행하는 길이 다시 시작되었다. 동이 틀 무렵 하늘은 태양빛으로 물들며 아름답게 빛나며 숲의 풀잎마다 보석 같은 이슬이 맺혀 걸을 때 마다 예수님의 흰 옷은 더 환히 빛나고 있었다. 기쁨에 넘친 그녀는 쉴 새 없이 예수님께 속삭이고 찬양하는 마음을 노래와 춤으로 표현하며 그 숲길을 걸어갔다.

"예수님, 다시는 방황하고 싶지 않아요. 저는 지금 이 삶이 정말 좋아요. 예수님께서 저를 보는 그 눈으로 제가 볼 수 있게 해주세요."

"나의 사랑하는 딸아, 나의 눈으로 너를 보게 해줄게. 그리고 나를 따르는 자에게 어떤 위험이 있는지도 알아야 한다. 사단은 언제나 나의 일을 하는 이들을 공격하고 유혹해서 그 사명을 저버리도록 한단다. 나를 따라 오너라."

예수님을 따라 간 곳은 게임 방이었다. 그 방 한가운데에는 철로 만든 날카로운 칼이 주위에 수없이 박힌 동그란 철 기둥이 있었는데 그 기둥이 돌아가는 데도 사람들은 두 손을 벌리고 몸을 다치면서도 계속 칼들을 붙잡으려고 하였다.

"눈앞에 벌어지고 있는 광경이 보이느냐. 수많은 사람들이 피흘리고 제 몸의 상처가 나는데도 세상의 부와 명예를 포기하지 못하고 살아간다. 그것들이 자신의 미래를 보장해 준다고 착각하지만 헛된 것임을 알지 못한다. 나에게 영혼을 구원하여 영생을 얻게 할 수 있는 능력이 있음을 알지 못한다. 눈에 보이는 것에 마음을 두면 나는 보이지 않는다. 내가 너를 왜 이곳에 데려왔는지 이해하느냐?"

그녀는 울음이 터져 나왔다.

"저를 용서해주세요. 저 역시 저 칼을 잡으려다 다치고 피 흘렸지만 돈을 의지하고 예수님을 찾지 않았어요."

"너를 용서한다. 물질적인 어려움은 네게 재앙이 아니라 축복이었다. 그 고난을 통해 너는 다시 기도하기 시작했고 나는 너를 그 방에서 데리고 나왔단다."

"그러신 거였군요..."

"그 누구도 그냥 저절로 그 방에서 나올 수는 없다. 기도를 하고 말씀을 읽기 시작하면 나올 수 있는 길이 열리고 상처를 치유 받을 수 있다. 그 후에는 남아있는 사람들을 나올 수 있도록 도울 수 있게 된다."

"그 방에 남아있으면 결국 어떻게 되는 건가요?"

"죽는 그 순간에 마귀에게 끌려가 처절한 고문을 받으며 끝나지 않는 고통을 경험 하게 된다. 나를 따르기로 결심했던 많은 아들딸들도 생활에 어려움이 닥치면 그 게임 방으로 돌아갔다. 그 자신들도 그 길이 멸망의 길인지 모르고 마귀에게 공격 당하고 피 흘리는 것을 볼 때마다 내 가슴은 참으로 아팠다."

"정말 꿈에도 몰랐어요. 그저 남편의 월급만으로 생활이 충분하지 못했기에 집안의 경제에 도움이 되어야겠다는 단순한 생각으로 시작한 일이었어요. 저는 제가 다치고 있다는 것도 몰랐어요. 가정을 도우려고 노력했어요. 예수님은 아시잖아요. 저희가 적은 월급으로 얼마나 불안하고 힘든 생활을 했는지."

"네 남편이 배고픈 사람들을 먹이고 아픈 사람들을 치유하는 동안 너의 집에 음식이 떨어진 적이 한 번이라도 있었니?"

"그런 건 아니지만..."

"애야, 수많은 나의 일꾼들은 음식이 없어서 금식을 하면서도 기도한다는 것을 너는 알고 있느냐? 나에게 순종하는 자들은 그들의 상급이 세상 아닌, 눈에 보이지 않는 아버지 나라에 있다는 것을 알고 있단다. 어려움과 환란을 통해서 더 많은 나의 능력과 사랑을 체험한다는 것을 깨달아라. 네가 내 일을 할 때, 너에게 필요한 모든 것을 다 채워줄 것이다. 전적으로 나에게 의지하기를 원한다."

"예수님, 제가 세상일을 하면서 얻는 물질로 하나님을 섬겨도 되지 않나요?"

"내가 자녀들을 부르는 방법은 여러 가지이다. 어떤 이들은 세상일을 하면서 그 물질로 나를 섬기라 불렀고 또 다른 이들은 나의 사랑과 회생을 전함으로써 많은 사람들이 영생을 얻도록 도우라고 불렀다. 너는 후자의 경우다. 너를 신학교에 보낸 것도, 영적인 세계를 보여 준 것도 바로 그런 이유에서였다. 네가 세상을 사랑할 때 돈이 하나님이 되었고 네 삶의 목적이 되었잖니. 너를 부르는 내 음성도 듣지 못하고 네 맘속에는 돈을 벌 궁리로 가득 차서 내가 있을 곳이 없었다. 세상을 좇던 너에게 지금 남은 것은 무엇이냐?"

예수님의 질문에 아무 말도 할 수 없었던 그녀는 고개를 숙이고 침묵했다. 한참이 흐른 후 그녀가 입을 열었다.

"아무것도 남은 게 없네요. 오히려 빚에 시달리는 삶이 되어 버렸어요...근데 이제 와서 신학공부를 하려니 학비도 걱정되고 잘 할 수 있을까 두려움이 앞서요."

"세상의 모든 것의 주인이 누구인지 잊었느냐? 공부에 필요한 모든 것은 내가 공급해 주겠다. 내 자녀는 내가 먹이고 입히며 내가 돌본다. 지난 시간들을 다시 돌이켜보아라. 내 은혜가 네게 족하다."

정말로 그랬다. 도저히 불가능해 보이는 상황에서도 그녀에게는 꼭 필요한 것들은 언제나 채워졌고 걸어 온 삶 자체가 기적이었던 것을 또 잊고 있었던 것이다.

"예수님, 감사합니다. 또 잊고 있었어요. 지금까지 채워주시고 지켜주신 은혜를. 앞으로도 그렇게 해 주실 것을 믿어요. 근데 제가 세상에서 예수님보다 사랑하는 것이 있다는 것을 어떻게 알 수 있죠?"

"성령님의 인도하심을 받고도 네 맘속에 불안함과 그 일을 하지 말아야 할 이유들로 가득 차서 발걸음이 떨어지지 않게 되어

두려움에 사로잡힌다면 그것이 바로 증거가 된다. 나를 따르다가 잃어버릴까 걱정되는 것이 있다면 너는 그것을 나보다 더 사랑하는 것이다. 두려워하지 말아라. 내가 너와 함께 하지 않느냐? 네가 열매 맺는 삶을 살려면 세상을 사랑하지 말고, 세상 것들에 대해서는 죽은 자라고 생각해야 된단다."

"예수님, 제가 아직도 살아 숨 쉬면서 어떻게 죽은 것처럼 생각할 수 있겠어요?"

"내 딸아, 세상에 대해서 죽는다는 것은 너의 두려움에 대해서 죽는 것이란다. 네가 그렇게 할 때만이 하나님의 뜻을 이루려 노력하는 것이 가장 중요하다는 것을 느끼고, 네 생명까지도 하나님의 나라를 위하여 바칠 수 있게 될 것이다."

18. 희생

"제가 예수님을 따르려고 결심했을 때에는 사실 저 혼자만 변화하고 희생하면 된다고 생각했는데 제 주변 사람들도 그것이 요구된다는 것을 몰랐어요."

"내가 자녀를 한명 부르게 되면 그 주변의 사람들도 변화된 환경 때문에 처음에는 불편함을 느끼지만 결국 자신의 믿음을 돌아보게 되는 기회가 될 것이다. 네가 하는 일이 많아질수록 너의 주변 사람들의 희생도 커지므로 힘들어 지겠으나 이겨내야 한다. 물론 희생을 좋아하는 사람은 아무도 없다. 그래서 나와 같이 걷다가도 그 상황에 닥치면 게임 방으로, 넓은 길로 다시 돌아가는 사람들이 있다. 그러나 그들이 알지 못하는 한 가지를 너는 알아야 한다. 희생 없이는 얻을 수 있는 것도 없다는 것이다. 내가 십자가에 못박혀 죽고 희생함으로 네가 구원받고 영생의 나라로 가게 된 것을 기억해라. 너 역시 내 제자들의 헌신과 희생으로 여기까지 온 것을 기억하고 길 잃은 양들이 내 아버지 나라로 갈 수 있도록 그 일을 어떤 희생을 치루더라도 해야 한다. 네가 나의 나라를 위하여 일하며 다른 상처받은 심령과 병들어 죽어가는 영혼들을 위하여 일할 때 내가 너의 가족과 주위 사람들을 돌보아주겠다."

"제가 주님을 따르기로 결심했을 때 나의 눈물의 기도로 족하다고 생각했어요. 그런데 나의 결심 때문에 나를 사랑하는 사람들도 눈물을 흘려야 한다는 생각을 못했어요. 나 때문에 원치도 않는 희생을 하게 된 그들에게 미안해요."

"그들의 눈물이 변하여 축복이 될 것이다. 너를 위한 희생의 눈물이 아니다. 그들의 희생은 나를 위한 희생이다. 눈물이 없이는 고침을 얻을 수 없다는 것을 알고 있느냐. 네가 내 앞에서 성령의 음성을 따르기 싫어서 눈물을 흘릴 때 그 눈물은 네가 세상을 사랑하는 마음을 없어지도록 고치게 하는 약이 되었다. 너와 네 주위 사람들의 눈물은 자신들과 다른 죽어가는 영혼들을 고치기 위한 기도가 될 것이다. 네가 눈물을 흘릴 때마다 나도 눈물을 흘린단다. 네가 기억해야 될 것은 너의 구원을 위하여 눈물을 흘리며 기도한 사람들이 있었고, 나는 눈물의 기도에 응답한단다."

"다른 사람들이 눈물로 하는 기도가 나의 구원을 돕고 나의 상처를 아물게 했다는 것을 생각하지 못했어요."

"내 눈물과 십자가의 고통은 내 아버지와 사람 사이에 있는 벽을 허물었다. 눈물을 흘리며 씨를 뿌리는 자는 기쁨으로 거두리라는 것을 알지 않느냐? 이제 너도 눈물을 흘리며 씨를 뿌리러 나갈 시간이다. 너의 할 일은 나가서 나의 사랑의 씨를 사람들의 마음에 심어서 그들이 내가 그들을 얼마나 사랑하는지 그들에게 가르쳐주는 것이다. 많은 사람들이 나를 몰라서 울면서 도움을 구하고 있지 않느냐? 많은 사람들이 마귀의 함정에 빠져서 매를 맞고 고통 속에서 허덕이고, 벌거벗고, 상처받고 지옥을 향해 영원한 고통 속에서 고문을 받을 길을 가고 있다. 많은 나의 자녀들이 세상을 사랑하여 내가 일하라고 불러도 대답도 하지 않고 내 손을 물리치며 멸망의 길로 달려가고 있단다. 네가 나의 마음을 이해하게 될 때 너는 밤과 낮을 눈물로 지내게 될 것이다. 그러나 너의 눈물의 기도가 많은 죽어가는 영혼을 생명의 길로 인도할 수 있는 길을 마련할 것이다. 눈물의 기도가 없이는 너는 기적을 볼 수 없을 것이다. 그렇게 눈물을 흘리는 중에도 나는 나의 아들딸들에게 평안과 기쁨과 능력을 줄 것이고 그들이 모든 것을 감당할 수 있도록 도와 줄 것이다. 네가 나의 마음을 항상 느낀다면 너로서는 감당할 수 없으므로 필요한 때에 너에게 언제 누가 도움이 필요하고 어떻게 도와야 할지를 알려주겠다. 이제 잃어버린 양을 찾으러 나가야 할 때다."

"제가 왜 꼭 교회 밖에서 일을 해야 하죠? 교회 안에서도 할 일이 많다는 걸 주님은 아시잖아요?"

"나의 사랑하는 딸아, 교회 안에 있는 자들은 벌써 상처가 아물어가고 있거나 또 다른 손길들이 남아있다. 그러나 길 잃은 많은 양들이 배가 고파서 두려움으로 울면서 쓰러져 있는 사막은 독사와 전갈이 먹을 것을 찾고 있는 곳이란다. 나의 어린 양들이 가시밭길을 걸으며 외롭게 길거리에서 방황하는 곳은 배고픈 늑대들이 먹을 것을 찾으러 돌아다니는 곳이란다. 나는 그들이 어디에 있는지 알고 있단다. 이 시간에도 나는 그들이 흘리는 절망의 눈물을 보고 나도 눈물을 흘린단다. 나의 일꾼들이 그 길 위로 나가서 사랑의 약으로 그들을 치유하여 나의 아버지의 집으로 안전히 인도해야 한다. 나의 약은 무료이다. 내가 눈물과 피로서 값을 지불했기 때문이다. 네가 나를 따르면 성령이 너에게 어떤 사람들에게 도움이 필요한지 인도하여 주실 것이다."

19. 불

"주님, 아직도 저를 이해하지 못하는 사람들이 많아요. 예전에 제가 예수님의 일을 하려고 결정하기 전보다도 더 많은 갈등들이 가족과 친구들 사이에 생겼어요. 왜 그런 일들이 생기는 걸까요?"

"내가 한 말을 기억하지 못하느냐? 내가 온 것은 평안을 주러 온 것이 아니요 칼과 분쟁과 불을 주러 온 것이다. 나를 따라 오는 자가 나보다 자기 아버지나 어머니나 자녀나 가족을 더 사랑한다면 나에게 합당치 않다. 자기 십자가를 지고 따라오지 않는 자도 나에게 합당치 않다. 누구든지 자기 생명을 구하고자 하는 자는 잃을 것이요, 자기 생명과 삶을 나와 복음을 위하여 버리는 자는 영생을 얻을 것이다. 네가 너의 삶 전체를 하나님의 나라를 위해 바쳐야 만이 가능한 일이다. 이제 너는 내 말을 들을 것인 지를 결정해야 한다. 네가 세상에 대한 욕심이 죽고 나에 대한 믿음만이 살았다는 결심을 하기까지는 이런 질문이 계속 너에게 있을 것이며 이것은 나의 일을 하는 데 큰 장애가 될 것이다. 네가 사람들의 인정을 받기 원한다면 결국 세상을 따라가게 될 것이다. 내 제자 중에서 다른 사람들의 허락을 받으려고 한 사람이 있느냐? 만일 그들이 그렇게 했다면 나를 따를 자가 몇이나 있겠느냐?"

"주님, 어떤 사람들은 제가 남편을 도와 교회 안에서 일을 하면 되지 왜 교회 밖으로 나가서까지 다른 사람들을 도와야 하는지 이해하지 못하고 있어요."

"그 이유는 그들은 왜 내가 너를 불렀는지를 이해 못하기 때문이다."

"그럼 왜 그들에게 말씀해 주시지 않나요? 내가 일을 하라고 불렀노라고 한 말씀이면 족할 텐데..."

"내가 그들에게 말하지 않는 이유가 있다. 먼저 너는 아직도 내가 너를 어떻게 쓸지 모르고 있으니 한걸음씩 나와 걸어가며 완전히 나에게 의지하는 법을 배우는 중이며 너를 오해하는 이들은 시간이 흐른 후에야 알게 될 것이고 그것을 통해서 자신의 판단과 지혜가 아무 쓸모없음을 배우게 될 것이다."

"주님만을 의지할 수 있도록 저를 도와주세요."

예수님은 웃으면서 말씀하셨다.

"다른 사람들을 두려워 말라. 내가 너와 함께 하지 않느냐? 성령의 음성에 순종해라. 너의 순종을 통하여 주위의 사람들이 영적으로 성장할 것이다. 내가 그들에게 내가 살아있으며 그들을 돌본다는 것을 알게 할 것이다. 나의 불이 너와 네 주위의 사람들을 단련시킬 것이다. 나를 따라 오너라. 내가 너에게 보여줄 것이 많단다."

20. 아름다운 동네

예수님을 따라 간 동네는 꽃이 만발한 아름다운 동네였다. 동네를 가로 지르는 시냇가에 사슴과 토끼들이 뛰어 다니고 사람들은 공원 볕 좋은 곳에 앉아서 음식을 먹으며 담소를 즐기고 있었다.

집이 있는 곳으로 가까이 다가가보니 아름다운 대문에는 십자가 표시가 있는 집이 많았다. 예수님께서는 그런 표시가 되어 있는 집의 문을 두드리셨다. 그러나 아무도 나오지 않았다

"나의 사랑하는 딸아, 이 동네에는 많은 사람들이 나를 알고 있다고 말하며 나를 믿는다고 말하지만 그들은 나를 제대로 모른다. 내 피 흘림으로 그 죄를 용서했다는 것도 믿지 않는다. 그러니 진정한 나의 제자가 아니다. 너의 할 일은 그들에게 구속의 사역을 전하며 그들의 병든 영혼을 고치도록 하는 것이다."

"예수님 말씀을 들으며 저도 환자를 찾기 위해 방을 들여다봤는데 아픈 사람이 없더라구요. 멀쩡한 그들에게 당신들은 약이 필요하다고 말하면 저를 비웃겠지요?"

예수님은 그녀를 슬픈 눈으로 바라보셨다.

"너의 눈이 아닌 나의 눈으로 보기를 원한다. 영적인 눈으로 볼 수 있게 된다면 그들이 상처투성이란 걸 알게 될 것이다. 평안과 기쁨이 없는 헐벗은 마음을 가진 자들이지. 이 동네에는 내 구속의 사역을 의지하지 않고 자신의 선한 일들로 구원받을 수 있다고 믿는, 나의 잃어버린 양들이 많이 있다. 그들이 하는 일들이 아무리 선할지라도 그것이 믿음을 성장시키지 않는다면 그 모든 일들은 자기의 영광을 위해 하는 일들이 될 것이며 나에게 영광을 돌리지 않는 일은 결국 죄악에 이르게 될 것이다."

동네 어귀의 풀밭에 앉아서 그녀는 지난날을 생각해 보았다.

"바로 제 모습이에요. 저는 혼자서 좋은 일을 한답시고 예수님께서 계속 문을 두드리시는데 문 열 생각도 하지 않고 끊임없이 뭔가를 하면서 생각처럼 결과가 만족스럽지 않아서 불평불만이 많았어요. 다른 사람들에게 제가 아닌 예수님을 만날 수 있도록 해줬어야 하는데 모든 걸 제가 알아서 하려니 가진 것은

없고, 텅 빈 마음을 가지고 노력만 했다는 걸 이제야 깨달았어요."

"이 동네가 어떤 곳인지 이제 알겠느냐? 많은 일꾼들이 이 동네를 지나다가 세상의 유혹에 빠져서 나를 버리고 사명을 잊고 안주해 버렸다. 대부분의 사람들은 내가 해주는 인정보다 사람들의 반응과 칭찬에 민감하기 때문에 영적인 삶의 중요성을 잃어버린다. 마귀는 끊임없이 속삭이지. 보이지도 않고 세상이 알아주지도 않는 하늘나라의 일을 하는 것이 얼마나 미련한 일인지 알고 있느냐고. 그러면서 멸망의 길로 들어선다. 그러나 나의 충실한 일꾼들은 내 말에 순종하여 그런 영혼들을 다시 데려와서 나의 약으로 상처를 치유해주고 돌봐준단다. 내 말은 모든 것을 치유할 수 있는 약이다."

"매일 말씀을 읽으며 세상을 이겨 나갈 수 있는 힘을 주세요."

"나의 사랑하는 딸아, 너에게 보여줄 것이 또 있다. 따라오너라."

21. 검푸른 바다

그 동네를 빠져 나와 걷다 보니 눈앞에는 검푸른 바닷가가 펼쳐져 있었다. 낭만적인 푸른 바다와는 완연히 다른 두려움 가득한 바닷가였다.

수많은 사람들이 물에 빠져서 허우적거리고 있었고 몸짓을 할수록 깊은 바다로 빠지고 가라앉는 아비규환의 현장이었다. 사방은 비명소리와 절규로 가득 찼다. 수영을 전혀 못하는 그녀의 손을 잡고 예수님은 물가로 데려가셨다.

"예수님! 저는 수영을 못해요."

"사랑하는 딸아, 두려워 말고 내 손을 잡아라."

예수님의 말씀은 능력이셨다. 예수님의 손을 잡은 후 온몸의 힘을 빼고 한발을 내딛었다. 발이 수면 위에 붕 떠있는 느낌이었다. 마치 물위에 비닐이 덮인 듯이 출렁거리는 그 바다 위를 예수님과 함께 걷고 있었다. 물 위를 걸었던 베드로를 생각했다.

과연 자기의 능력이 아닌 믿음으로 가능한 일이었다.

바다위로 나가보니 교회같이 지어진 배들이 물위에 떠있었고 그 배 안에는 빛나는 옷을 입은 구조원들이 물에 빠진 사람들을 구하고 있었다. 어떤 구조원들은 물 위를 걸어 다니며 성령님의 지시를 받고 물에 빠진 사람들을 건져내고 있었다.

"자, 이들을 보아라. 자기의 생명을 아끼지 않고 방황하며 죽어가는 이들을 구하여 영광스러운 하나님의 나라로 인도하고 있다. 나의 빛을 나타내는 자녀들이다."

예수님을 자랑스럽다는 눈으로 미소를 지으셨다. 놀라운 눈으로 바라보고 있던 그녀는 궁금한 것이 생겼다.

"유난히 옷이 빛나는 사람은 왜 그런거죠?"

"내 말에 순종하며 거룩한 삶을 살려고 노력하는 사람이다. 자신의 사명에 충실할수록 더욱 더 빛이 난다."

"부끄러운 제 삶을 용서해주세요. 이제부터는 제가 다른 사람들을 주님 앞으로 인도할 수 있도록 도와주세요."

"내가 너를 용서한단다. 네가 내 제자가 되려면 아직도 배워야 할 것이 많다."

예수님과 그녀는 물위에 떠 있는 또 하나의 배 안으로 들어갔다. 겉모습은 교회였는데 안으로 들어 가보니 술집 같았다. 사람들이 모여서 세상 음악에 맞춰서 춤을 추고 있었는데 음악소리가 너무 커서 물위에서 지르는 사람들의 비명소리를 듣지 못했다.

"내가 왜 자기들을 불렀는지 망각하고 모여서 춤추고 먹고 마시느라 죽어가는 이들의 비명소리를 외면하는구나. 나의 부름을 받은 후에도 말씀을 읽고 영적인 훈련을 받지 않으면 구조작업을 할 맘이 생기지 않으며 결국엔 떠나가게 된다. 훈련을 거친 후에도 계속 나의 생명 구조 방법을 적은 책을 자기들의 마음에 새기고 계속 성령의 지시를 받지 않으면 세상의 영향을 받아서 마귀를 따르게 될 가능성이 높다. 물에 빠진 사람들을 구하는 것보다 세상의 향락은 더 달콤하고 그 길이 안락하기 때문이지. 마귀가 판치는 세상의 학문은 성경을 쓸모없는 책으로 생각하게 만들고 결국 먼지 가득한 선반위에 놓았다가 쓰레기통에 버리게 만든다. 말씀을 사랑하지 않고 내 능력을 믿지 않는 자에게 무엇을 배울 수 있겠느냐."

"예수님, 이제 퍼즐조각처럼 맞춰지고 있어요. 왜 제가 하는 일들이 열매 맺지 못하고 저는 항상 좌절하고 있었는지...저를 용서하세요."

"사랑하는 나의 딸아, 나는 너를 항상 용서 한단다. 내 말을 마음에 새기지 않는 자들은 거룩한 삶을 살 능력이 없다. 내 말은 사람들의 생각과 행동을 감찰하여 순종할 수 있도록 도와줄 수 있기 때문이다. 나는 아직도 나를 떠난 일꾼들을 포기하지 않았고 오늘도 그들의 마음의 문을 두드리고 있으며 성령님께서 다른 성도들을 통하여 그들의 마음을 나에게 향하게 하려고 노력하고 있다. 나는 오늘도 그들을 애타게 기다리고 있다."

"예수님, 저에게 성령님의 또렷한 음성을 듣고 순종할 수 있는 용기를 주세요."

"내 말을 듣는 자만이 성령님의 음성을 또렷이 들을 수 있다. 너는 아직도 많은 것을 배워야 한다. 이 세상에는 많은 시험과 어려움이 있기 때문이다. 나를 따라 오너라."

22. 구조원

바다 위를 걸어서 몇 개의 크고 작은 배를 지나자 한 곳에서 아우성이 들려왔다. 한 구조원이 다른 사람들에게 쫓기다가 붙잡혀 매를 맞고 있었다. 몰매를 맞던 그가 쓰러지자 나머지 사람들은 매정하게 바다로 던져버리는 것이었다. 그러자 물위를 걷던 다른 구조원이 그를 건져내어 다른 배로 데려가서 정성스럽게 치료하고 돌보기 시작했다.

다친 그를 던졌던 그 배에서는 패를 갈라서 큰 싸움이 시작되었다. 부상당한 사람들과 한편인 사람들, 그리고 그를 다치게 한 무리들이 편을 갈라서 싸움을 시작한 것이다.

다툼으로 인하여 배는 뒤집어질 듯이 기우뚱거리고 심지어는 사람들이 바다에 빠졌지만 아무도 건져주지 않았다.

"저 곳이 정말 교회가 맞나요?"

"교회가 시험에 들지 않도록 기도해라. 교회 안에서 영적인 지도자를 공격하고 다치게 하는 것은 사단을 기쁘게 하는 것이다. 사단은 용서하지 못하는 마음, 분노와 경건하지 못한 행동을 하게 하는 씨앗을 사람들의 마음에 뿌려서 그것이 뿌리내리고 자라면 내 자녀들의 숨통을 막고 죽음에 이르게 할 수도 있다는 걸 잊지 말아라. 또 마귀는 그런 문제가 생길 때마다 기회를 타서 나의 아들, 딸들을 교회에서 떠나라고 권고를 해서 마음이 약한 많은 사람들이 나를 떠나 멸망의 길로 달려갔다. 스스로를 영적인 지도자라고 칭하는 자들도 조심해라. 분별의 지혜를 구해라. 내 이름을 이용해서 자신을 높이고 마귀를 위해 일하는 악한 자들이 있다. 분열과 불신을 조장하며 사단의 씨를 사방에 뿌리는 자들을 조심해라."

"아, 그런 거군요. 예수님, 근데 그 다친 사람은 어떻게 될까요?"

"진정한 나의 일꾼들은 어려움을 겪을수록, 상처를 입을수록, 실망을 더 할수록, 그것을 통해 나를 의지하는 것을 배우게 된다. 성경의 말씀을 통해서 나의 치유의 능력을 체험한다면 그들은 전보다 더 능력 있는 구조원이 될 수 있단다. 나의 능력을 체험한 자만이 다른 사람들에게 그 능력을 체험할 수 있도록 할 수 있다. 나의 사랑하는 딸아, 이것을 기억하라. 모든 구조원들에게는 하늘나라에서의 상급이 기다리고 있다. 다른 사람들이 너를 이해하지 못하고 비난 할 때에도 실망하지 말아라. 나와 함께 걷는 이 길을 누구나 다 이해할 수는 없단다."

그녀는 예수님의 말씀을 들으며 눈물이 났다. 지난 날 자신의 생각과 행동이 기억났기 때문이다.

"아...예수님, 저를 용서하세요. 오랫동안 저는 이해할 수 없었어요. 하나님의 일을 하려는 사람들이 왜 가난과 고생이 될 것을 알면서도 그 길을 선택하고 가려 하는지...진심으로 이해하거나 존경심을 가져본 적도 없었어요."

"언제나 그랬듯이 나는 너를 용서한다. 눈에 보이는 것이 더 중요하고 지금 당장의 이익이 중요하다고 생각되면 누구나 그렇게 생각하기 쉽다. 그러므로 네가 나의 일을 할 때 그런 대우를 받을 것을 각오해라. 아직도 너에게 보여줄 것이 많으니 서둘러라."

출렁거리는 바다 위를 걸어서 도착한 곳은 커다란 배였다. 엄청난 규모를 자랑하는 배였지만 불빛은 희미하고 어두운 곳이었다. 예수님과 실내로 들어가자 수많은 소경과 귀머거리들이 앉아서 차를 마시고 있었다. 그중에 앞을 보지 못하는 사람이 실수로 물에 빠져도 다들 보이지 않고 들을 수 없어서 도와주는 사람이 없었다.

"왜 이 배 안에는 소경들과 귀머거리들만 있나요?"

"사실 네가 보는 것은 그들의 영적인 상태이다. 누구든지 나의 말을 듣고 행동으로 옮기지 않는 자들은 소경과 귀머거리와 같단다. 많은 나의 자녀들이 천국을 믿으나, 지옥은 믿지 않을 때 그들은 다른 사람이 물에 빠져 죽어도 도와줄 줄을 모른다. 마귀가 내 말을 믿지 못하게 하려고 나의 말에 대한 불신을 조장하고, 나의 아들딸들이 자기들의 의견을 더 중요하게 여기도록 만들어서 내 말을 따르지 않고 물에 빠져 죽어가는 자들을 구원하지 못하게 한단다. 만약 지옥이 없었다면 왜 내가 십자가에서 죽으면서까지 그들을 죄와 사망과 구원하려 했겠니?"

"예수님께서 저를 물에서 건져 내신 후에도 저는 다른 사람들도 물에 빠져 허우적거리며 죽어간다고는 생각 못했어요. 예수님을 믿지 않는 자들이 지옥 불에서 영원히 고통 받는다는 것을 까맣게 잊었어요. 용서하세요."

"내가 너를 용서한다. 이제 왜 너를 나의 일꾼으로 불렀는지를 이해하겠니?"

"수영도 못하는 제가 어떻게 해야 구조원이 될 수 있나요?"

"내가 가르쳐 주겠다. 수영뿐만 아니라 물 위를 걸어 다닐 수 있는 법을 배워야 더 많은 사람들을 구조할 수 있단다."

"저 혼자 물 위를 걸을 수 있게 된다구요?"

"비결은 겸손이다. 물 위를 걸을 수 있는 나의 일꾼들은 그들의 마음이 성령님에 의해 변해서 겸손해져야만 한다. 성령님의 음성을 들을 수 있고 순종해야 물 위에 빠진 사람들을 구조할 수 있다. 네 힘이나 네 지혜를 의지하면 다른 사람들을 구조할 수 없다. 성령님께서 누구를, 언제, 어디서, 어떻게 구조해야 되는가를 가르쳐 주며 인도할 것이다. 그러나 교만에 빠지지 않도록 주의해라."

"겸손에 대해서 좀 더 말씀해주세요."

"너의 능력과 지혜가 아닌 나를 의지해라. 교만은 패망의 선봉이며 교만한 자들은 나를 찾지도 않고 볼 수도 없다. 겸손할 때 영의 눈이 열리고 나의 음성을 들을 수 있게 된다."

"예수님, 저는 한동안 스스로 믿음이 강한 줄 알고 또 영적으로 성장했다고 생각했어요. 그런데 알고 보니 예수님의 손을 놓고 멀리 떠나와서 제가 서 있는 곳이 어딘지, 예수님은 어디 계신지 알 수 없어서 혼란스러웠어요. 결국 교만한 마음 때문이었던 거죠. 겸손한 마음으로 살고 싶어요."

"겸손 하려면 성령님의 능력을 깨닫고 그 음성을 들으려고 노력해야 한다. 내 말은 영적인 힘을 주는 영혼의 양식이요, 사람들의 마음을 변화시킨다. 많은 나의 일꾼들이 자기들의 말로서 사람들의 마음을 바꾸었다고 믿는데 그것은 위험한 착각일 뿐이다. 내가 전한 생명의 말을 통해 성령님께서 사람들의 마음을 감화시키며, 회개하도록 도와주고, 죄를 깨닫게 하여 구원에 이르게 한단다. 나의 말은 성령의 검으로, 마귀와 싸워 이길 수 있는 능력이 있으므로, 죄에서 풀려나도록 도와주며 마귀의 모함을 이길 수 있는 힘을 준다. 안타깝게도 나의 자녀들은 내 말의 검으로 마귀와 싸우라고 했는데 오히려 자기들을 찌르고 다른 사람들을 찌르는데 잘못 사용할 때가 많다. 네가 겸손을 배우려면 모든 영광을 하나님께 돌려야 한다. 교만으로 죄를 짓게 될 때 마귀의 올무에 빠지고, 죄의 쇠사슬에 묶일 수 있다. 나의 많은 구조원들이 이런 죄에 빠지는 경우가 많다. 성령은 교만한 자와 일을 하지 않으므로 교만한 자는 다른 사람들을 구원할 지혜와 능력이 없다."

그러나 예수님의 말씀을 듣던 그녀의 얼굴빛은 조금 어두워졌다. "예수님, 저는 다른 사람들을 하나님께 인도할 수 있는 기회가 많을수록 교만해지기 쉽고 또 겸손해지려고 생각하면 다른 사람보다는 그래도 제가 좀 낫다는 생각이 드니 도대체 가망이 없는 사람 같아서 부끄럽고 엄두가 나지 않아요."

"나의 사랑하는 딸아, 항상 나만 보면서 따라오너라. 누군가와 비교할 때 시험에 들고 교만에 빠지기 쉬운 법이다."

"예수님, 저는 아직도 어떻게 해야 겸손해질 수 있는지 모르겠어요."

"겸손이란 하나님의 뜻이 너의 뜻보다 낫다는 것을 인정하는 것이다. 겸손이란 하나님의 뜻을 이해하고 어려움과 환란과 고통이 올지라도 하나님께 순종하는 것이다. 겸손이란 하나님의 나라와 그의 의를 먼저 구하는 것이다. 내 손의 못 자국을 보고 겸손을 배워라."

그녀는 손을 내밀어 예수님의 못 자국을 어루만졌다. 눈물이 났다. 못질을 당할 때, 조롱 당할 때, 손가락질을 당하고 피 흘릴 때에도 그 뜻에 순종하며 십자가에 어린 양처럼 매달리셨던 그 예수님의 마음을 생각하며 뜨거운 눈물을 흘렸다.

23. 헌신

사랑하면 겸손해질 수 있다. 사랑하면 모든 고통을 이겨 낼 수 있고 어려움도 이겨낼 수 있는 것이다. 사랑하면 목숨도 내어 줄 수 있는 그 깊은 사랑을 느끼게 된 것이다. 그것은 겸손 없이는 불가능한 것이며 예수님께서는 먼저 그 사랑을 보여주셨고 제자들에게, 그녀에게 그런 사랑을 요구하고 계신 것이다.

"나의 일을 할 때 혼자라고 생각하지 말아라. 누군가 너를 위해 기도하고 있다. 자, 가 볼 곳이 있다."

바닷가를 지나 어떤 한적한 동네로 가니 그곳에는 많은 교회들이 모여 있었다. 그 교회들의 지붕 위에 구름 같은 줄들이 하늘을 향해 뻗어져 있었다. 어떤 교회는 수없이 많은 줄들이 하늘을 향해 뻗어있었고 어떤 교회는 몇 가닥의 줄만 있을 뿐이었다.

"예수님, 저게 무슨 줄이에요?"

"나의 사랑하는 딸아, 저 줄들은 기도 줄이란다. 기도는 영적인 싸움을 이기도록 도와주며 마음의 더러움을 청소하게 도와준단다. 나의 충실한 일꾼들은 나의 말에 귀를 기울이고 순종하며 이 기도 줄을 많이 만들어가는 자 들이란다. 나는 그 기도 줄을 통해서 선물 보내는 일을 좋아한다. 아무도 상상하지 못하는 놀라운 선물들을 그 기도 줄을 통해 내려 보낸다는 것을 아는 사람이 많지 않은 것 같구나. 그 기도 줄을 사용하면 해결되는 일들을 자신들의 능력으로 하려니 다들 지치고 힘들어하는 거란다. 인간의 지혜와 능력으로선 내 일을 할 수 없다. 나의 지혜와 능력으로만 기적이 일어나고 영적인 부흥이 일어난다."

"저는 뭔가 필요한 게 있을 때만 기도하고 그나마도 구하지 않은 게 훨씬 많았어요."

"알고 있다. 안타까운 일이지. 나의 자녀들이 나에게 기도로 구하지 않는 이유는 내 능력을 믿지 않기 때문이다. 내가 나의 일꾼들에게 많은 사람을 구원할 수 있는 능력을 줄 수 있다는 것을 잘 모르기 때문이다. 네가 기도한 만큼 나의 능력을 체험할 수 있다는 것을 기억해라. 성령님의 음성을 듣기 위해서 기다리면서 기도하는 시간을 가지고 순종해라. 그렇지 않으면 열매를 맺는 생활을 할 수 없다. 나를 따라 오너라. 내가 무슨 말을 하는지 너에게 설명을 하겠다."

24. 정원

이번에 간 곳은 집이 많은 동네였다. 그 집들은 모두 하나의 방만 있었고 그 안에는 나무를 가꾸는 정원사가 살고 있었다. 달콤한 열매를 맺는 나무와 쓴 열매를 맺는 나무 두 종류가 있었는데 어떤 방에는 정원사가 달콤한 열매를 키울 때 옆에서 잘 자라도록 도와주는 사람이 있는가 하면 어떤 방에는 못생긴 짐승들이 계속 쓴 열매를 맺는 씨를 가져다 주는 것이었다. 그 정원사들은 자신들이 가꾼 열매를 먹고 있었으므로 달콤한 열매를 가꾸는 자들은 맛있는 열매를 먹으며 건강해 보였다. 그러나 쓴 열매를 가꾸는 자들은 계속 구토와 병에 시달리고 있었다.

"예수님, 이해가 잘 가지 않아요."

"집은 각 사람의 마음을 나타내는 것이고 나무들은 마음에 담고 있는 것들을 나타낸다. 정원사를 도와주는 사람은 성령님이시고, 못생긴 짐승들은 마귀란다. 성령은 좋은 열매를 맺게 해주기 위해 도와주려고 하며, 마귀들은 어떻게 해서라도 사람들의 마음에 나쁜 씨를 뿌려 독 있는 열매를 맺게 한단다. 성령의 열매는 사랑과 믿음과 소망과 용서하는 마음과 각양의 좋은 것들로 가득차 있으며, 쓴 열매는 모든 악한 생각과 미움 분노와 불신앙과 불순종 등 나쁜 행동을 하게 하는 것이란다. 네가 마음에 무엇을 심는가 항상 주의해라. 마음에 심는 대로 거두는 것이다. 나쁜 씨를 심으면 심을수록 너의 마음은 불평과 불만과 원망과 잘못된 생각들로 가득 차게 되어 성령께서 원하시는 것을 할 수 없게 된다. 마음의 찌꺼기를 청산하려면 성경을 읽고 회개하고 용서해라. 너의 마음이 깨끗이 비워져 나의 생명의 말로 채워질 때 성령님께서 너를 인도하며 내가 원하는 것을 할 수 있도록 도와줄 것이다."

"예수님, 저는 이제야 왜 저에게 다른 사람을 용서하라고 하셨는지 알겠어요. 제가 용서하지 못할 때에 나쁜 씨를 마음에 심고 있다는 것을 알지 못했어요. 저에게 좋은 씨와 나쁜 씨를 알려주세요."

"예전에 네가 나를 버리고 세상을 사랑하여 넓은 멸망의 길로 달려가고 있을 때에 나의 사랑과 은혜가 너를 돌아서게 했다는 것을 이해하니?"

"용서하세요. 저의 교만이 제 귀를 막아서 예수님께서 큰 소리로 불러주시지 않았다면 도저히 돌아설 수 없었다는 것을 잊었어요. 제가 영적으로 성장하고 제가 스스로 하나님을 찾았으므로 멸망의 길에서 돌아설 수 있었다고 생각한 것이 잘못이에요. 저는 이제 제 자신의 판단조차도 믿을 수가 없다는 것을 배우고 있어요."

예수님은 다시 그녀에게 말씀하셨다.

"네가 잘 이해를 못하고 그랬다는 것을 알기에 용서한단다. 내가 너를 사랑하므로 너를 위해서 모든 것을 주겠다. 내 목숨까지도 너를 위해 주지 않았느냐?"

"오직 한분, 예수님만이 저를 위해 목숨을 내놓으시고 변함없이 사랑해주시는 분이세요."

"내 사랑하는 딸아, 내가 다시 너를 위해서 죽어야 한다면 다시 죽을 수도 있단다. 그만큼 너를 사랑한다."

"아니에요! 저는 이미 넘치는 은혜와 사랑을 받았어요. 예수님 덕분에 하늘나라로 갈 수 있게 되었는걸요."

펄쩍 뛰는 그녀에게 예수님은 웃으며 말씀하셨다.

"내가 너를 너무 사랑하기에 너를 위해서라면 다시 죽을 수도 있다는 말이란다. 나의 사랑하는 딸아, 너는 내 사랑을 받기에 충분한 아이란다. 나를 따라오너라. 너에게 보여줄 것이 있다."

25. 시골교회

예수님은 그녀를 작은 동네의 교회로 데려 가셨다. 예배에 참석하기 위해서 많은 사람들이 걸어오고 있었다. 그 중엔 빛나는 흰 옷을 입고 환하게 웃으며 사랑으로 아이들을 도와주며 부상당한 자들을 교회 안으로 인도하는 사람들이 있었다.

"저 빛나는 옷을 입은 자들은 나와 함께 걸으며 다른 이들을 돕는 귀한 자들이다. 세상 사람들은 그들을 모를지라도 나는 그들을 알고 있다. 저들이 바로 이 교회의 기둥이다."

교회로 들어서는 사람 중에는 더럽고 낡고 냄새나는 옷을 입은 이들도 있었다.

"교회에 나오는 모든 이들이 나의 사랑과 용서를 체험하여 회개하고 용서받은 이들이 아니란 것을 알아야 한다. 나의 용서를 체험한 자들은 구원의 표시로 깨끗한 흰 옷을 입는단다. 나의 피로 그들의 죄를 깨끗게 했기 때문이다. 나의 용서를 체험 못한 자들은 흰 옷을 입지 못한단다."

여러 종류의 사람이 예배를 드리러 들어오고 있는데 유난히 붕대를 감고 목발을 짚거나 휠체어를 탄 사람들이 많았다. 교회가 마치 병원처럼 느껴질 정도였다.

"왜 이곳에는 다친 사람이 이렇게 많아요?"

"그들을 위해서 기도해라. 가시밭을 걸으며 늑대의 공격을 받고 뱀에게 물리고 넘어져 실족한 자들이 많다. 그들이 고침을 받은 후에 다른 이들을 위해 일할 수 있게 된다. 나의 말은 배고픈 자에게 영의 양식이요, 다친 자에게 약이요, 실망하고 절망한 자에게 소망의 길이요, 마음이 상한 자에게 기쁨과 평안을 주며 죽어가는 영혼을 되살아나게 하는 힘이 있단다. 이곳에 온 자들은 나의 잔치에 참석하러 온 것이다."

어떤 이들은 교회에 들어오는데 칼로 다른 사람을 치며 자신들도 상처를 내서 피가 흐르고 있었다.

"나의 말을, 마귀와 싸우며 영혼을 소생시키는 생명의 검으로 쓰지 않고 자신과 다른 사람들을 비판하는데 사용하면 저렇게 다치게 된다."

어떤 이들은 등 뒤에 큰 짐을 졌는데 마귀가 그 짐 위에 앉아서 사람들과 이야기를 나누고 있었다.

"아직도 나의 용서를 알지 못하고 구속의 사역을 이해 못하는 사람들은 무거운 큰 짐을 지고 마귀의 말을 쫓고 있다. 나의 부름에도 자신의 죄에 발이 묶여서 내 용서를 받아들이지 못하고 본인이 의인이 아니라는 핑계로 계속 사명을 저버리려 한다. 내가 그들을 부른 것은 의인이어서가 아니라 내 보혈의 능력으로 그 죄를 사하고 그 후에 다른 이들도 그 자유함을 얻게 하려함이다. 마귀는 내가 누구를 불렀는가를 알기 때문에 더욱 더 그들을 실망시켜서 일을 하지 못하게 하려고 한단다. 나의 용서를 믿고 성경의 말씀과 성령의 힘으로 마음과 삶에 변화를 받은 자들은 내 일꾼이 될 수 있다. 나는 나를 믿고 영적인 부흥을 위해서 기도하며 그것을 위해 삶 전체를 드릴 수 있는 자를 찾고 있다."

"예수님, 저도 마귀를 이기고 승리하는 삶을 살 수 있을까요? 그렇게 되면 제 맘속에도 영적인 부흥이 올 수 있을까요?"

"마귀는 실제로 존재한다. 주린 사자와 같이 너희 영혼을 노리고 있다. 그 존재를 몰라서 억눌리고 먹이 감이 되어서 평생을 고통 속에 시달리며 마음을 평안을 빼앗기는 자가 실로 많다. 오직 나의 말의 검과 성령님의 도우심만이 마귀를 물리치고 자유를 얻을 수 있게 할 수 있음을 기억해라. 계속 성경을 읽고, 묵상하며, 성령님의 음성을 따르고, 내 이름으로 마귀를 물리쳐라. 그리하면, 네가 내 안에 거할 것이고, 내가 네 안에 거하므로, 다른 사람들이 너를 통해서 나를 만날 수 있는 기회가 될 것이다. 성령의 갑옷을 온 몸에 두르고 마귀와 대적하여 싸워 이겨라. 나의 능력은 네가 나를 얼마나 의지하느냐에 따라서 너를 통하여 나타날 것이다. 너의 영적인 부흥은 네가 나를 얼마나 아느냐에 달려있다."

일단 교회 안에 들어 온 사람들은 조그만 주머니를 하나씩 가지고 있었고 그 안에 있는 과일들을 서로 나누어 먹었다. 그 열매는 달콤한 것과 쓴 것 두 종류였다. 예수님은 또 말씀하셨다.

"교회의 부흥은 교인들이 어떤 과일을 서로 나눠 먹느냐에 달려있다. 치유와 용서, 사랑의 열매를 나눠 먹는지, 아니면 미움과 분열 시기 질투의 쓴 열매를 나눠먹고 병에 걸리게 하는지에 달려 있단다. 나의 사랑하는 딸아, 내가 너를 왜 내 일을 하라고 부르는지 이해하겠느냐?"

"제 힘으로는 절대 할 수 없는 일이었어요. 오직 예수님의 능력으로만 가능한 일이군요."

"너의 지혜와 힘만으로 나의 일을 하려다간 상처만 받고 쓰러질 것이다. 네가 말씀과 성령님의 힘을 의지하고, 기도로 무장하고 나를 따라올 때, 많은 사람들을 나에게 인도할 수 있다."

"예수님, 무슨 일부터 어떻게 시작해야 할지 모르겠어요."

"길 잃은 한 마리 양을 찾는 일부터 시작해라. 일이 너무 벅차다고 생각된다면 그것은 네가 네 힘으로 하려고 한다는 것을 깨달아라. 네 힘으로 되는 일은 하나도 없으니 그런 느낌이 들 때 나의 지혜와 능력을 구하며 기도하라. 그렇지 않으면 실망으로 쓰러질 것이다. 나의 아버지께 죽어가는 영혼을 긍휼히 여기는 마음과 사랑을 달라고 간구해라. 많은 영혼을 구원할 수 있는 기회와 환경을 열어달라고 기도해라. 내 아버지께서 네가 나를 아는 만큼만 다른 사람들이 나를 알게 도울 수 있다. 나를 따라 오너라. 너에게 보여줄 것이 있다."

26. 단풍

예수님은 단풍이 우거진 아름다운 숲으로 데려가셨다. 그녀는 그 아름다움에 도취되어 숲으로 뛰어 들어갔다가 그 모든 나무가 조화인 것을 보고 깜짝 놀랐다. "어머 이 나무들이 진짜가 아니었네요? 그런데도 저는 이 아름다움이 온 몸에 전해져서 그 매력에 빠졌어요. 어떻게 그럴 수가 있죠?"

"얘야, 이 세상에는 마음을 빼앗길 만큼 아름다운 유혹들이 많이 존재한단다. 사랑하는 사람들, 인간의 지식, 돈이나 명예등 여러 가지 형태로 존재하지. 그러나 너의 마음을 그것들로 채우면, 네 마음에 내가 있을 자리가 없다. 너의 마음을 무엇으로 채우든지 그것이 너의 우상이 되어 버린다. 너의 마음을 사로잡는 것이 한 가지라도 나 외에 있다면 너는 그것을 조심해야만 한다."

"예수님, 지금 이 순간 제가 무엇을 조심해야 하는지요?"

"나의 사랑하는 딸아, 내가 너에게 다른 사람들의 영적인 상태를 알려줄 때는 그들을 위해서 기도해 주고 그리스도의 몸을 위해 일하라고 준 것이 아니냐? 그러나 네가 그 은사를 옳게 사용하지 않고 네 자신이 영적으로 성장했다고 교만해진다면 그것은 너에게 영광을 돌리기 위해서 하는 행동이란다. 모든 영광은 나에게 속해 있다. 네가 자신감에 넘쳐 교만에 빠질 때, 그때를 조심해라."

"주님, 용서하세요. 제가 잘못하고 있었다는 것도 몰랐어요."

"내가 너를 용서한다. 이 세상의 모든 아름다움은 다 헛되게 지나갈 것이다. 이 세상의 아름다움을 하늘나라의 아름다움을 비교하는 것은 조화를 생화에 비교하는 것과 같다. 아름다움도 내가 준다는 것을 잊지 말라."

"예수님, 요즘 저는 영적으로 성장한 다른 기독교인들의 지혜에 대해서 아름다움을 느껴요."

"그것 또한 너는 조심해야 한다. 영적으로 성장한 다른 사람들에게 배워야 하지만 그래도 나보다 그들에게 더 집중하고 찬사를 보낼 때 너는 또 깊은 오류에 빠질 수 있다. 나와 같이 걸을 때만이 성령님의 가르침을 배울 수 있다. 나를 따라 오너라. 내가 너에게 또 보여줄 것이 있다."

27. 동산

이번에 간 곳은 하나님의 동산이었다. 그 곳에서 느낀 아름다움은 지금까지 단 한 번도 경험해보지 못한 완벽한 아름다움이었다. 그 곳에 있는 동안 주님에 대해 배우고 찬양하는 그 기쁨은 단 한시도 떠나고 싶지 않은 엄청난 것이었다. 영원히 그 곳에 머물고 싶은 마음으로 가득 차서 다른 생각은 아무것도 할 겨를이 없었다. 기도하며 찬양하는 그 시간이 그토록 큰 행복을 갖다 주는지 처음 알게 되었다.

"사랑하는 나의 딸아, 이제 내려오렴, 나는 배고픈 사람들에게 빵과 물을 주라고 너를 불렀다."

이미 동산을 내려가신 예수님께서 부르시는 소리가 들렸다.

"하나님의 보좌 앞에 나가서 배우는 목적은 다른 사람들을 가르쳐야 할 의무가 있기 때문이다. 너만 잔치에 참석하고 다른 사람들에게 음식을 가져다 주지 않으면 너는 성장할 수 없다. 너의 간증은 내가 너를 어떻게 도왔는지를 증거하는 것이란다. 이제는 나가서 다른 사람들에게 내가 너를 어떻게 구원하고 치유해 주었는지 이야기할 때이다. 네가 무엇을 원하든지 나에게 구하라."

"예수님! 이제는 주님 뜻대로만 살겠어요. 저를 지으신 목적대로 사용해주세요. 지금은 좀 더 예수님과 함께 있으면서 그 사랑을 이해하고 능력을 더 체험하고 싶어요."

"따라오너라."

28. 병원

그녀가 예수님을 따라 다다른 곳은 아주 큰 병원 앞이었다. 고통을 이기지 못하는 비명소리와 부상자들의 신음소리가 건물 밖으로 전해졌다.

그중 어린 소녀 하나가 팔이 잘린 채로 부상자들 가운데에 피를 흘리고 있었다. 비명을 지르며 엄마를 애타게 찾는데도 아무도 도와주는 사람이 없었다.

그 큰 병원에 몇 명의 의사와 간호사만이 눈에 띄었고 그들은 너무 많은 부상자들 때문인지 어린 소녀를 돌보지 못했다.

그녀는 울먹이며 예수님께 물었다.

"주님, 왜 저들이 저 소녀를 돌보지 않나요?"

예수님의 눈에서도 눈물이 흐르고 있었다.

"나의 사랑하는 딸아, 세상에는 지금 이 시간에도 수많은 영혼들이 저렇게 눈물을 흘리며 고통 속에 살고 있단다. 추수할 곡식은 많은데 일꾼이 적구나. 네가 저렇게 팔을 다쳐서 고생하고 눈물 흘렸던 것을 기억하니?"

예수님은 그녀의 손을 놓으시고 말씀하셨다.

"너의 오른팔을 자세히 보렴. 네가 항상 나를 잡고 있는 그 손을 보아라."

그녀는 자신의 팔을 살펴보다가 오른쪽 어깨 가까운 부분에서 상처를 발견했다. 잘려진 후 오래 전에 붙인 것 같은 흔적이 남아있었다. "예수님, 제 팔이 언제 잘렸었죠?"

"나의 사랑하는 딸아, 그 흉터는 네 마음의 상처란다. 아까 피 흘리던 어린 소녀처럼 한 팔이 없이 고통을 당하고 있었다. 그러나 내가 너를 고쳐주었고 이제는 내 손을 붙잡고 걸을 수 있게 되었단다."

"그러셨군요. 정말 감사해요. 저를 얼마나 사랑하시는지 날마다 깨달아요. 그럼 제가 본 여자 아이는 혹시...저였나요?"

"그렇단다. 내가 너를 사랑의 팔로 그 병원에서 안고 나와서 너에게 새 팔을 주고 고쳐주었단다. 너무 큰 아픔을 느끼고 있었기에 내가 언제 도와주었는지도 몰랐던 거야. 이제 왜 다른 사람들이 나의 도움이 필요한지 이해하겠니?"

그녀는 지금 이 시간에도 수많은 사람들이 상처를 입고, 눈물을 흘리며, 도움의 손길을 찾고 있다는 것을 이해하게 되었다. 그녀가 예수님을 따라서 죽어가는 영혼들에게 예수님께서 생명의 복음을 전하여 아픈 상처를 치유하는 길을 선택하기로 한 것은 정말 잘한 일이라고 생각했다.

"내가 너에게 하늘나라에 도착하기 전에 할 일이 많다고 한 것을 기억하니?"

"예, 기억하고 있어요."

"오늘도 내가 찾고 있는 사람들이 있다. 나의 능력을 사용하여 다른 사람들을 나에게로 인도할 수 있는 사람들이다. 근데 그들은 대가를 치러야만 한단다."

"대가를요?"

그 순간에 한 남자가 커다란 무를 보여주며 그녀에게 말을 걸었다.

"무가 얼마나 비싼지, 하나에 1,400불이나 해요."

그녀는 예수님의 대답도 듣기 전에 그 남자의 말을 듣자마자 무를 많이 심으면 돈을 많이 벌 수 있다는 생각이 들었다. 예수님과 나누던 대화는 까맣게 잊고 어느새 추수할 곡식으로 황금 물결을 이루고 있는 끝없이 넓은 들에 혼자 있었다. '이렇게 큰 들에 무를 심으면 엄청난 돈을 벌 수 있을 텐데…' 그러나 지금은 무씨를 뿌리는 시기가 아니었다. 추수 때였던 것이다. 그녀의 마음이 갈등으로 엇갈리고 있을 때 누군가의 발걸음소리가 들렸다.

예수님이셨다. 그제서야 자신이 어디에 서있는지 보게 되었고 질문했다.

"예수님, 제가 왜 이 곳에 서있는 거죠?"

"내가 전에 너에게 교도소 선교를 하라고 말한 것을 기억하니?"

예수님은 자상한 눈으로 그녀를 바라보셨다.

"예, 기억하고 있어요." 소녀가 대답했다. 그러나 그녀는 공부에 재미를 붙여서 선교 생각은 깜빡 잊고 있었다. 학교를 졸업한 후 하면 되겠다는 막연한 생각을 하고 있었다.

"나의 사랑하는 딸아, 들의 곡식들이 추수할 때가 되었다는 것을 내가 너에게 보여준 이유는 교도소 선교가 추수할 때가 되었음을 너에게 알려주기 위함이다. 네가 씨를 뿌리지도 않았고, 수고하여 길쌈을 하지도 않았는데, 내가 그곳에서 추수할 수 있도록 너를 추수 꾼으로 보내는 것이란다. 네가 많은 사람들을 하나님께 돌아오게 하려면 그 대가를 지불해야 한단다. 그 대가는 내가 너를 어디로 보내든지 가라는 것이다. 교도소에서 간증할 수 있는 기회를 만들어서 간증을 해라. 내가 너와 같이 갈 터이니, 아무 염려 말고 가거라. 내가 너에게 기적을 보이며 그들의 마음의 문을 열고 그들을 구원할 것이다."

그녀는 이제 예수님께서 그녀에게서 무엇을 원하시는지를 이해했다. 이제까지 예수님은 한 번도 그녀를 실망시키거나 잘못된 일을 하라고 하신 적이 없었다. 그녀는 예수님께 순종하면 열매 맺는 삶을 살 수 있다는 것도 알았다.

가장 큰 영적인 부흥을 위해서 하나님께서 예수님을 증거 할 수 있는 많은 기회를 그녀에게 열어주시고 그 희생과 순종의 대가를 치를 수 있는 믿음을 요구하신 것이다.

"두려워하지 말라. 내가 너와 함께 한다. 나의 사랑하는 딸아, 네가 나를 사랑하느냐?"

"사랑해요. 예수님보다 소중한 분은 없어요."

"그렇다면 가서 길 잃은 양을 찾아서 도와라. 내가 그들을 위해 십자가에 죽음으로써 그들의 죄를 다 용서하였고 나의 아버지께서 용서하셨다는 것을 알려주어라. 그들이 회개하면 용서함을 얻고 마귀에게서 자유함을 얻은 후에 어둠의 나라에서 빛의 나라로 돌아올 수 있게 인도해라. 내가 너를 사랑하는 것과 같이 너도 그들을 사랑해라. 네가 나를 사랑으로 대하는 것같이 그들을 대우해라."

29. 찬송

그녀는 주님과 함께 걷는 길에는 결코 정죄함이 없고 오직 용서와 사랑이 있음을 배웠다. 결단을 하고 걷기 시작한 그 길은 결코 평탄하거나 만만하지 않았다. 많은 위험과 눈물이 기다리고 있었으며 왜 이런 길을 걸어야 하냐며 물을 때마다 예수님께서는 더한 고통을 받으면서도 묵묵히 그 길을 걷고 있는 믿음의 선배들과 못 자국난 손바닥을 보여 주셨다.

예수님께서 십자가에서 죽으신 그 큰 사랑 때문에 가시밭길을 걷고 상처받은 사람도 고침을 얻으며 이들이 예수님과 함께 걸을 때 이 완전하지 못한 세상과 환경 속에서도 감당하며 살아갈 수 있는 능력과 지혜를 주신다는 것을 배웠다. 그녀는 이미 자신이 그 길을 걸어왔고 상처를 경험했기에 같은 고통을 받은 사람들의 마음을 누구보다도 잘 이해 할 수 있었고 하나님께서 하시는 모든 훈련은 단 하나도 헛된 것이 없음을 깨닫게 되었다.

이제 그녀는 더 이상 혼자가 아니었다. 예수님을 따라가면서 성령님의 음성을 따르면 예수님은 그녀와 같이 잃어버린 어린 양을 찾으러 나가신다. 그리고 예수님은 그 양을 찾으신 후에 가슴에 안으시고 사랑으로서 상처를 치유하실 것이다.

이 세상 순례가 끝나는 날, 그녀가 천국에 도착했을 때 주님께서 익숙한 그 미소로 품안에 안아주실 것을 그녀는 알고 있었다. 그 때 그녀는 예수님의 발 앞에 엎드려 경배하며 예수님의 오른 발목을 꼭 잡고 세상에서 그 어려운 삶을 살아갈 때 그녀를 안전하게 사랑으로 보호하시며 교도소 선교를 하도록 인도하신 것에 대해 감사할 것이다.

"한 알의 밀알이 땅에 떨어져서 그대로 있으면 아무 열매도 맺지 못하나 죽으면 많은 열매를 맺는다. 희생 없이는 얻는 것이 없다. 눈물을 흘리고 씨 뿌리는 자는 기쁨으로 거둘 것이다."

"주님의 나라를 위해 죽도록 충성할 수 있는 사랑과 믿음을 갖게 도와주세요. 제 맘에 영적인 부흥이 일어나게 하시고 저를 본 다른 이들도 주님의 음성을 들으며 주님에 대한 사랑이 불같이 타오르게 도와 주셔요."

예수님의 얼굴은 기쁨으로 환하게 빛났다.

"나의 사랑하는 딸아, 내가 너를 사랑한다. 가서 길 잃은 어린 양을 찾아서 내 아버지가 있는 영생의 나라로 인도하자."

보혈로 그녀의 죄를 대속하신 예수님의 사랑을 생각하면 이제 더 이상 그녀의 삶은 그녀의 것이 아님을 느낀다. 예수님과 함께 걸어가는 길은 영원히 변치 않는 그 사랑의 음성을 들을 수 있기에 그녀는 오늘도 찬송을 부르며 기쁨으로 길 잃은 어린 양을 찾으러 따라가고 있다.

예수님과 걷는 길 2편

침묵기도와 묵상

Journey With Jesus Two
Silent Prayer and Meditation

이영희 지음
Yong Hui V. McDonald

아도라

서문

『예수님과 걷는 길, 비전, 꿈, 묵상과 회상』 책은 내 삶 전체를 바꾸었다. 주님께 콜링을 받고도 요나처럼 도망가던 내가 그 책을 쓰면서 예수님의 사랑을 이해하게 되었다. 또 죽어가는 영혼에 대한 주님의 크신 사랑에 감동을 받고 나는 성령님만 의지하고 순종을 하면 된다는 생각에 사역을 시작했다. 교도소 선교를 하라는 주님의 부름을 받고 1999년 아일릮 신학대학원을 시작한 후 교도소 선교부를 조직하여 신학생들과 함께 8군데의 교도소를 방문하고 복음을 전하면서 많은 은혜를 받았다.

2003년부터는 콜로라도 주 아담스 카운티 교도소에서 목사로 사역을 시작했다. 그곳에서 교도소 선교와 변화 프로젝트 문서 선교를 통해서 영적 부흥을 보게 하셨다. 성령의 능력과 하나님의 은혜로 문서 선교가 계속 성장이 되어서 미국뿐 아니라 한국에서도 변화 프로젝트가 시작되었다. 그것은 하나님의 은혜이다. 그런데 사역에 바쁘다는 핑계로 주님과 보내는 시간에 소홀해 지면서 주님은 2013년 12월 8일 침묵기도를 하라고 부르셨다. 기도를 한다고 하면서도 스스로는 도저히 주님과 시간을 많이 보내지 않았으므로 강권적으로 침묵기도를 시키신 것이다.

이 침묵기도중에 주님께서는 『예수님과 걷는 길 2편』을 쓰게 하셨다. 이 책은 나의 기도생활에 큰 혁신을 가져왔다. 기도의 중요성과 특히 침묵기도를 통해서 주님의 음성을 듣고 주님의 인도하시는 사역에 초점을 두어야 한다는 것을 배웠고 전에 할 수 없었던 규칙적인 기도의 습관을 가지게 되는 계기가 되었다. 이 책을 쓰게하신 주님의 사랑과 침묵기도의 중요성을 가르쳐주신 것에 감사를 드린다. 이 책을 읽으시는 분들이 주님의 음성을 듣고 그분과 더욱 가까운 사랑의 관계를 가지는 시간이 되기를 위해서 기도한다.

1부

예수님과 걷는 길 2편
침묵기도와 묵상

1. 기적

예수님과 함께 걷는 길은 언제나 사랑이 가득했다. 그 길을 걷기로 결정한 후 소녀는 예수님이 주시는 많은 음식을 배고픈 사람들에게 나눠주기 시작했다. 그분의 뜻에 따라 쓴 책들은 영적으로 굶주려 있던 사람들에게 생명의 양식이 되어 주었고 그 일들을 통해 그토록 보기 원했던 영적인 부흥을 보게 되었다.

그것은 기적이었다. 조그만 빵 조각으로 수만명을 먹이시고 귀신에게 사로잡혀 고통속에 살고 있는 사람들을 자유케 하시어 그들이 기뻐 춤추는 모습을 보며 소녀는 주님에 대한 확신과 믿음이 자라났다. 죽음의 문턱까지 갔던 이들이 새 힘을 얻어 다시 일어나 주님을 위해 사역을 시작하는 모습을 볼 때마다 놀라움에 손뼉을 쳤다.

"예수님, 당신이 하신 일이지요?" 소녀는 기쁨에 넘쳐서 환성을 질렀다. "이런 주님의 능력을 눈으로 볼 수 있게 해주신 것에 대해서 감사합니다."

예수님은 노란 민들레 꽃이 만발한 언덕으로 소녀를 데려가셨다. 그곳은 예전에 한 번도 가보지 못한 고요하고 아름다운 곳이었다. 밝게 빛나는 햇살아래 새들의 노래는 그녀의 가슴속에 스며들고 잔잔한 바람은 꽃향기를 품고 있었다.

"아, 이렇게 아름다운 곳이 있으리라고는 상상도 못했어요."

그녀는 꽃밭을 뛰어다니고 뒹굴기도 하다가 눈을 감고 아름다운 꽃들을 만끽하며 대화를 시작했다. 들판을 뒤덮은 민들레는, 지역에 따라서 잡초로 분류되어 제초제를 뿌려 말려버리기도 하는데 이곳에서는 그 어떤 화려한 꽃보다도 아름답게 피어서 하나님의 사랑을 나타내고 있었다. 푸른 하늘과 흰 구름이 꽃과 어우러져 주 하나님 지으신 모든 세상을 찬양하는 그 놀라운 광경에 입을 다물 수 없었다. 그녀는 꽃들에게 하나님의 위대하심에 대해 속삭였다.

그 광경을 말없이 미소지으며 바라보던 예수님은 소녀의 어깨를 부드럽게 흔드셨다.

"나의 사랑하는 딸아, 이것이 너의 기도에 대한 응답이란다."

"주님, 알고 있어요. 제가 보기 원했던 영적 부흥을 보게 해주셔서 감사합니다."

"그래, 너의 기쁜 마음 잘 알고 있지. 그러나 우리에게는 가야 할 길이 있단다."

소녀는 손에 든 꽃의 향기를 맡으며 대답했다. "저는 이곳이 좋은데요."

"애야, 이곳은 잠시 쉬었다 가는 곳일 뿐이란다."

"무슨 말씀이세요? 이렇게 좋은 곳을 본 적이 없는 걸요. 이곳에 머무르고 싶어요."

예수님은 아무 말도 하지 않으셨다. 침묵이 흐르는 가운데 소녀는 다시 꽃밭 속을 달리기 시작했다. 아름다움을 마음속 깊이 느끼려고 씨가 맺혀 있는 꽃들을 따서 후후 불기 시작했다. 씨가 공중으로 날아가는 것을 보는 소녀의 얼굴은 웃음이 가득했다.

예수님이 말씀하셨다. "나의 사랑하는 딸아, 네가 기뻐하는 것을 보니 나도 기쁘다. 그러나 이곳은 우리가 영원히 머물 곳이 아니란다. 이제 네가 결정을 해야 할 때가 왔다. 네가 나를 사랑하느냐? 아니면 이 꽃들을 더 사랑하느냐?"

소녀는 계속 꽃씨를 불면서 예수님을 쳐다보지 않은 채 담담히 말했다. "저를 이 곳으로 데려오신건 바로 예수님이세요. 천국같은 이 곳에서 꽃들이 더 많이 필 수 있도록 씨를 날리겠어요. 저는 이 곳이 정말 좋아요. 제가 좋아하고 즐기는 것을 주님도 기뻐하시잖아요. 그게 잘못된건가요?"

예수님은 신중하게 말씀하셨다. "내 사랑하는 딸아, 내 말을 잘 들어보렴. 나를 따라오려면 결정해야 한다. 우리가 가야 할 길은 아직도 남아있는데 네가 그토록 꽃밭을 사랑하고 마음을 뺏긴다면 내가 가는 길을 따라올 수가 없다. 그러니 꽃을 더 사랑하는지 나를 사랑하는지 너의 마음을 결정해야 한다."

소녀는 하던 일을 멈추고 잠시 생각에 잠겼다. 교도소 선교를 통해 많은 영혼들이 변화되고 주님을 위한 사역을 시작하는 모습을 보며 놀라워하다 보니 선교에 온통 관심을 쏟은 채 정작 예수님이 원하시는 것에 대해 생각해보지 못한 것이다. 영적 부흥은 놀랍고 귀한 일이지만 그것은 성령님께서 하시는 일이고 소녀는 예수님과 함께 계속 가야할 길이 있다는 것을 잠시 잊고 있었다. 잠시 피었다 이내 지고 마는 꽃을 예수님보다 사랑할 수 없다는 것을 깨달은 그녀는 대답했다.

"이 아름다운 꽃들에게 마음을 빼앗겨 주님과 걸어가야 한다는 것을 깜빡 잊어 버렸어요. 당신은 나의 삶에서 가장 중요하고 귀하신 분이십니다. 이런 아름다운 곳을 구경시켜 주셔서 감사합니다. 주님, 사랑합니다."

예수님의 입가에 미소가 떠올랐다. "그래, 옳은 결정을 했구나. 나도 너를 사랑한다. 나의 생명보다도 더 사랑한단다."

예수님은 그녀의 손을 잡고 빙빙 돌리시며 사랑의 눈으로 그녀를 바라보았다.

그녀는 예수님의 사랑을 온 몸과 마음으로 느끼며 그곳에서 더할 수 없는 행복을 깨달았다. 예수님은 그녀를 위하여 십자가에 죽으시고 부활하셔서 이제는 그녀와 함께 동행하고 계신 것이었다. 소녀가 어둔 밤 혼자 늑대들의 울음소리에 두려워하며 걷고 있을 때, 뱀에게 물렸을 때도 예수님은 그녀를 안전한 길로 인도하시며 치유하시고 돌보아 주셨던 기억을 떠올리며 사랑과 능력의 예수님이심을 확신했다.

"주님, 저를 도와주셨던 사실을 절대 잊지 않을거에요. 그러니 여기 조금만 더 머물면 안될까요? 여기가 정말 좋아요." 소녀는 간절한 소망을 담은 눈빛으로 애원했다.

"안돼." 예수님의 반응은 확고하고 단호했다. "우리가 갈 곳이 많이 남아있어. 너를 영원한 처소로 인도하는 것이 나의 목적이란다. 아버지 집으로 가는 길에 이렇게 아름다운 곳은 얼마든지 볼 수 있단다."

"아주 조금만 더 있으면요?"

"아니다. 이제 떠날 시간이다. 일어나거라. 여러 군데를 거쳐서 나의 아버지 집으로 너를 인도하겠다. 오직 나와 같이 걷는 길만이 아버지의 집으로 널 데려다 줄 수 있다."

소녀는 아쉬움이 가득한 눈빛으로 꽃을 몇 송이 꺾어들고 주님의 손을 잡았다. 마지막으로 한번 더 들판의 꽃밭을 돌아보고 길을 떠났다.

2. 미래의 계획이 새겨진 돌

길을 걷는 동안 소녀는 작은 돌을 손에 쥐고 만지작거렸다. 혼자 갖고 놀기에 적당한 크기인 돌은 아름답게 빛나는 갈색이었고 몰래 간직해온 것이었다. 예수님이 아신다면 분명 달라고 하실게 확실했으므로 이야기 하지 않았다. 예전에도 여러 개의 돌을 갖고 걸었는데 예수님의 명령으로 다 내놓을 수밖에 없었다. 주님의 사역을 하는 사람들에게 이 돌들은 결국 짐이 되어서 영적인 전쟁을 해야할 때 방해가 되므로 다 내려놓아야 한다고 하신 말씀이 기억났다. 그러나 아무리 소녀가 숨긴다해도 예수님이 그것을 모르실리 없었다.

하루는 소녀가 그 돌을 이리저리 굴리고 있는데 예수님이 보고 계신다는 것이 느껴졌다. 순간 그녀는 뒤로 돌을 숨겼다. 한 동안 침묵이 흐른 후 예수님이 말씀하셨다.

"나의 사랑하는 딸아, 너의 돌을 나에게 주렴."

자기도 모르는 사이에 돌을 쥔 손에 힘이 들어갔다. "예수님, 이 돌은 제가 정말 좋아하는 거에요. 전혀 무겁지도 않고 짐이 될 것 같지 않아요. 저번에 돌을 달라고 하셔서 가진 모든 걸 드렸던거 기억하시죠? 이 돌은 제가 갖고 싶어요. 네?"

"얘야, 그 돌이 무슨 돌인지 아니?"

그 질문을 받은 후 다시 돌을 들여다보니 전과 다르게 돌 위에 써있는 글씨가 보였다. "이상하다…내가 왜 이것을 보지 못했을까요? 돌 위에 '내 미래의 계획'이라고 써 있어요."

"나에게 너의 돌을 주렴. 네가 세운 미래의 계획들을 나에게 주지않겠니?"

"제 미래의 계획이니 제가 세워야지요. 그리고 그 내용도 주님을 섬기도록 계획을 세웠답니다."

"내 사랑하는 딸아, 너가 잘 이해하지 못한 부분이 있구나. 나를 따라 오려면 너의 계획을 다 내게 내려놓아야 한다. 네가 그 돌을 가지고 있는 한 너는 온전히 내가 원하는 것을 할 수가 없게 된다. 말로는 나를 따라온다고 하지만 결국 나에게 따라오라고 하는 것과 다를 바가 없는 것이지. 나에게는 너에 대한 계획이 있다. 그러니 그 돌을 나에게 주고 너의 앞 길을 내게 맡겨라."

거역할 수 없는 근엄한 얼굴의 예수님은 손을 내미셨다. 소녀는 뒤로 한 발 물러서며 돌을 더 꽉 움켜쥐었다. "예수님, 왜 그렇게까지 해야하나요? 이미 저의 모든 것을 드렸잖아요. 제 생명까지 내놓고 따라 나선 길인데 잊으셨어요?"

"너의 마음은 알고 있지. 그러나 나를 따르려면 완벽하게 모든 것을 비우고 내려놓아야 한다. 너가 자신을 위한 계획을 버리지 못한다면 아무리 좋은 일을 한다해도 그것은 너가 너를 섬기는 것이 될 뿐이다."

"예수님, 이 돌을 드리는 것이 왜 이렇게 어려울까요? 제가 그 정도로 돌을 사랑하고 있는지 몰랐어요. 주님을 섬기는 일이라면 무조건 좋은 것이라고 생각하고 계획을 세웠는데 잘 이해가 안되네요…"

"나의 사랑하는 딸아, 그것은 네가 나를 완전히 신뢰하지 못하기 때문이다. 너의 미래에 대한 최상의 계획을 내가 갖고 있다는 것을 믿지 못하는 것이지. 수많은 영혼들이 구원을 받아야하고 그러기 위해서는 사역하는 이들이 내가 원하는 곳에서 일을 해야 한다."

"그런거였군요. 지금까지 제가 주님을 신뢰하지 못한다고 생각 해본 적이 없어서 잘 몰랐어요. 주님은 언제나 최고의 계획을 갖고 계신분이에요. 저를 교도소 선교를 하라고 부르시고 영적 부흥을 볼 수 있도록 해주셨어요. 그 큰 은혜를 생각하면 죽을 때까지 그 일을 하고싶은 마음이에요. 그런데 제가 계속 교도소 선교를 하는 계획을 세운것이 왜 잘못인가요?"

"그렇지 않아. 교도소 선교 하는 것이 잘못됐다는 말이 아니라 그 일만을 하는 것을 원치 않는다는 말이야. 나는 너가 교도소 밖에 있는 많은 영적인 지도자들을 돕기 원한다. 미국뿐만이 아니라 전 세계의 지도자훈련을 하기 원한단다."

"주님, 저는 이미 교도소에서 영적인 지도자들을 훈련을 시키고 있잖아요."

"네 말이 맞다. 그래서 많은 책도 썼지. 그러나 너는 너를 향한 나의 모든 계획을 알지 못한다. 나는 너가 나의 일을 하기 원한단다. 너가 결정할 시간이 온것 같구나. 너의 미래에 대한 계획을 나에게 줄 것인지 아니면 너가 원하는 방법대로 나를 섬길 것인지."

"제가 지금 하고 있는 것도 충분하다고 생각하지 않으세요? 열심히 하고 있는거 아시잖아요."

"나의 사랑하는 딸아, 내가 너에게 준 은사를 잘 모르는 상태에서 너가 원하는대로 사역을 한다면 그것은 나의 계획과 항상 일치할 수 없단다. 그러나 나에게 그 돌을 준다면 너의 모든 것을 다 알고 있는 내가, 가장 좋은 길로 너를 인도 할 것이며 너가 받은 은사를 최대한 발휘할 수 있는 일들을 할 수 있게 해 줄 것이다. 너가 그 돌을 주지 않으려고 하는 이유는 편하고 익숙한 것들만 하고 싶어하는 마음 때문이지."

"용서해주세요. 제 마음속에 편한대로만 하고 싶어하는 욕심이 있는지 몰랐어요. 성령님의 인도하심과 음성을 외면하고 저의 안전과 편리만 생각했어요. 예수님 말씀이 맞아요. 이 돌, 예수님께 드릴께요. 받아주세요."

예수님은 소녀가 내미는 돌을 받아들고 만면에 미소가 가득한 얼굴로 그녀를 바라보셨다. "나의 사랑하는 딸아, 너는 생명을 나에게 주었지만 미래의 계획을 주기까지는 모든 것을 준게 아니었단다. 그러나 돌을 주었으니 내가 원하는 모든 것을 준 것이다. 나에게는 너를 향한 계획이 있다. 너가 많은 사람들을 도울 수 있도록 인도할 것이다. 그동안 썼던 책들 역시 너를 훈련하는 과정이었다. 이제 마음의 준비를 해라."

"아, 그런 뜻이 있으셨군요."

"먼저 나에게 순종하는 것을 가르칠 것이다. 너가 성령님의 음성에 기꺼이 순종할 때 나를 따라오는 것이 쉬워질 것이다. 마음의 갈등을 겪는 시간이 점점 줄어들 것이다."

"왜 주님께 모든 것을 드리는 것이 쉽지 않을까요?"

"나에 대해서 잘 알지 못하니 내 마음을 이해할 수 없는 것이지. 나와 많은 시간을 함께 하면 알게 될 것이다. 침묵기도를 통해 나를 만나기 바란다."

"성령님께서 제게 기도시간을 더 가져야 한다고 하셨는데 그 말씀에 순종하지 못했어요. 앞으로 예수님과 좀 더 많은 시간을 가질 수 있도록 도와주세요."

"그래, 너를 훈련시키고 순종의 기쁨을 맛볼 수 있도록 해주겠다."

소녀는 기쁨에 못이겨 춤을 추기 시작했다. 높이 뜬 해와 산들도 그녀와 함께 어우러져 춤을 추었고 그 광경을 바라보던 예수님도 손뼉을 치시며 소녀의 손을 잡아주셨다.

3. 가장 중요한 일

소녀는 항상 바빴다. 주변의 배고픈 영혼들을 먹이다 보면 막상 예수님과 대화하는 시간이 부족했다. 모든 계획을 주님께 드렸지만 기도로서 주님과 더 많은 시간을 보내라는 성령님의 지시를 실천하는 것이 가장 어려운 일이었다. 찬송을 들으며 묵상기도를 하고 예수님을 찬양했지만 그것은 일방적으로 예수님께 말하는 것뿐이지 예수님의 말씀을 경청하는 시간이 아니었다. 그러나 현실은 배고픈 사람들의 요구를 들어줘야 하고 책을 쓰는 일에 바빠서 예수님과 대화시간을 자꾸 미루고 있었다.

그러던 어느 날이었다. 그 날도 역시 다른 사람들과 정신없이 이야기를 나누며 바쁜 가운데 누군가 그녀의 어깨를 툭 쳤다. 예수님이셨다. 2013년 12월 8일 그분이 말씀하셨다.

"나의 사랑하는 딸아, 나는 너와 시간을 보내고 싶다. 너는 너무 바빠서 내 마음을 알 틈이 없구나…너를 불러도 듣지 못하더구나."

소녀는 도저히 고개를 들 수가 없었다.

"번잡한 일상으로부터 너를 분리시켜라. 사람들과의 대화, 좋아하는 찬송도 끄고 나에게 집중해라. 나의 마음을 알도록 노력하는 시간을 가지거라."

이 음성을 들었을 때는 『하나님 사랑합니다, 100일 묵상과 기도』 영문판을 한국어로 번역하는 중이었다. 그 책 역시 하나님의 지시로 쓰기 시작했고 다른 사람들에게 하나님을 사랑하는 것에 대한 것을 알려주기 위해 애썼지만 정작 자신은 실천하지 못하고 있었다. 가장 중요한 것은 예수님과 시간을 보내는 것이라는 것을 알면서도 일상의 분주함으로 인해 우선순위에서 밀어내고 있었던 것이다.

예수님은 그런 그녀에게 침묵기도를 시키셨다. 안그래도 얼마 전부터 영적으로 연약해지는 자신을 느꼈던 소녀는 뭔가 잘못되고 있음을 감지하고 그 말씀에 순종하기로 했다. 먼저 전화와 사람들과 대화를 중단했고 찬송을 듣던 것도 잠시 멈추기로 했다. 그분의 뜻을 알기 위해 침묵기도를 시작했다.

"나의 사랑하는 딸아, 너에게 가르쳐 주고 싶은 것들이 많다. 지금 너는 영적으로 심약해진 상태란다. 너의 영적인 상태를 이해하도록 가르쳐 줄 것이다. 너를 치유해 줄 수 있는 것은 오직 나뿐이니 나를 따라오너라. 지금부터 마음의 눈을 뜨도록 해라. 너에게 보여줄 것이 많이 있단다."

예수님은 그녀의 손을 잡고 길을 걸어가기 시작했다.

4. 돌 같은 심장

예수님과 같이 걷는 길은 조용한 숲길이었다. 지저귀는 새소리만 귓가를 울렸다.

소녀는 주님이 말씀하시기를 기다리며 침묵했다. 예수님은 말없이 걸으셨다. 이런 침묵의 시간이 왜 필요한지 알 수 없었지만 지금은 순종하는 것이 더 중요하다고 생각했기에 조용히 뒤를 따라 걸었다.

첫째 주에 주님은 말씀하셨다. "나의 사랑하는 딸아, 어린아이들을 위한 책을 쓰기 시작해라. 부모가 가난해서 아이들에게 책을 사줄 수 없는 아이들과 아무도 그들에게 책을 사줄 수 없는 아이들을 위한 문서 선교를 시작하라. 또 책을 읽고 싶어도 살 돈이 없어서 읽지 못하는 가난한 아이들에게 무료로 배포하는 일을 시작해라. 어린 아이들의 마음에 나의 존재를 알게 하고 복음의 씨를 심는 중요한 사역이다."

"네, 제가 하겠습니다. 예수님 말씀에 순종할 때마다 놀라운 기적을 보았으니 당장 시작하겠어요."

어린아이를 위한 책이라면 아름다운 삽화가 필요한데 직접 그릴 능력이 없는 소녀는 주변에 도움을 요청했다. 주님의 사역을 위한 일이라면 기꺼이 동참하겠다며 재능을 기부하는 사람들 덕분에 프로젝트가 시작되었다. 그런 중에도 침묵의 기도는 계속되었다. 산과 아름다운 호수를 지나 들판의 꽃 사이를 걸으면서도 예수님은 말씀이 없으셨다.

그렇게 3주가 흐른 어느 날 푸른 잔디위에 예수님과 소녀가 앉아 있었다. 예수님은 손을 펴서 소녀에게 보여주셨다. 손 위에는 하트 모양의 돌이 있었다. 그 돌을 집어서 만져보니 표면이 거친 돌이었다.

"왜 이 돌을 저에게 보여주시나요?"

"나는 이렇게 돌처럼 굳은 사람들의 마음도 녹여서 살아 있는 생명으로 변화시킬 수 있다."

"주님, 당신은 그렇게 하실 수 있다는 것을 믿어요."

"너의 마음이 바로 이렇게 단단하고 거칠었단다. 힘든 고통의 삶을 살고 있었을 때 너의 마음은 돌처럼 굳어 있었지. 그러나 너를 위해 십자가에서 죽은 나의 사랑과 눈물로 그 굳은 마음이 부드럽게 녹았다. 나의 피로써 너에게 새로운 생명을 주었고 다시 살아난 너는 나의 사랑을 원하게 되었어. 나의 사랑을 원하게 된 것은 놀라운 변화야."

"맞아요. 예수님을 만나기 전에 제 마음은 상처투성이였어요…"

"나의 사랑만이 네 마음의 상처를 치유할 수 있다는 걸 이제 알겠니? 나는 너의 눈물을 닦아주고 기쁨과 평안으로 채워줄 수 있단다."

"네, 예수님이 세상 누구보다도 저를 사랑하는 분은 당신이란 것을 믿어요."

"나는 너에게 세상이 줄 수 없는 평안과 기쁨, 그리고 가장 중요한 생명을 줄 수 있는 유일한 존재란다."

소녀의 얼굴이 밝아졌다. "예수님, 감사합니다. 생명 주신 그 놀라운 은혜를 감사드려요. 저는 좀 더 당신의 사랑을 느끼고 제 온 맘다해 사랑하기를 원합니다."

"나의 사랑하는 딸아, 이 세상에 나가서 내가 그들을 사랑하고 있다는 복음을 전해야한다. 그래서 돌같이 굳은 마음이 나의 사랑으로 녹아져서 생명을 가진 심장으로 변화되는 일이 일어나야 한다."

"예수님, 그럼 제가 할 수 있는 일은 뭐죠?"

"예수님과 걷는 길 2편을 써서 다른 사람들을 향한 나의 넘치는 사랑을 알리도록 해라. 나는 그 책을 통해 그들의 마음문을 열고 딱딱하게 굳어진 마음을 녹일 것이다."

"네? 예수님과 걷는 길 2편을 써요?"

"그래. 너가 나를 사랑하는 것에 촛점을 두고 쓴다면 많은 사람을 도울 수 있을 것이다. 그런 내용은 나도 기쁘게 해줄거란다. 왜냐면 나의 자녀들이 나를 사랑하는 것이 참 행복하기 때문이지."

"하지만 그런 내용을 쓰기에는 제 자신이 너무 부족하고 부끄러워요. 수시로 예수님을 잊어버리고 세상일에 정신이 팔려서 심지어 떠난 적도 많은 걸요."

"나의 사랑하는 아이야, 그것은 너의 생각이지. 내가 너를 보는 관점은 다르단다. 다른 길로 갔다가도 돌아오려는 마음, 나를 사랑하려는 그 마음이 귀하다. 그런 마음은 나를 기쁘게 하고 다른 사람들도 그런 마음을 갖기 원한다. 이런 내 마음을 그들에게 알리는 것이 너가 해야 할 일들이야."

"맞아요. 사람들에게 사랑이 많으신 예수님에 대해 알려주고 싶어요."

"너가 제일 먼저 해야 될 것은 내가 너에게 하는 이야기들을 많은 사람들에게 알리는 것이다. 세상을 따라가고 있던 너가 방향을 바꾸어 나를 따르게 된 일, 가족과 주변의 반대를 무릅쓰고 나를 바라본 일, 힘들고 먼 길을 운전하며 생명도 아낌없이 내놓고 내 뒤를 따라온 일, 이 모든 것을 내가 기억하고 있다. 너의 눈물을 보았고 기억하고 있다. 너의 순종에 대해 반드시 복줄 것이다. 이런 나를 알게 된다면 사람들이 날 사랑하게 될 것이다."

"예수님, 감사합니다. 사실 제가 한 것은 아무것도 없어요. 제 의지가 아닌 성령님의 주신 마음에 따른 것뿐이었어요. 복음을 전하라는 불같은 열정을 제게 주시고 다른 선택의 여지를 주지 않으신 것도 감사합니다. 죽어가는 영혼을 긍휼히 여기는 마음을 주신 주님께 모든 영광을 드립니다."

"열심히 사역을 하고 있던 너를 침묵의 시간으로 부른 이유가 뭔지 알겠니?"

"조금은요."

예수님은 따뜻하지만 단호한 말투로 말씀하셨다. "나의 사랑을 알기전에는 다들 외롭고 행복도 모르는 삶을 살아간다. 아무도 자기를 사랑하지 않는다고 느끼고 어디서도 채워지지 않는 갈증으로 헤매이는 영혼들이 나를 만나야한다. 나의 사랑을 알고 있는 너는 이 책을 써야한다."

"예수님, 이미 쓰고 있는 책들이 많지만 원하신다면 즉시 시작하겠습니다. 어떻게 어디서부터 풀어나가면 좋을까요?"

"좋은 질문이다. 너가 감당할 수 있는 일만 시킬 것이고 내가 너를 세밀하게 인도할 것이다. 쓰고 있던 다른 책들도 잘 마무리 할 수 있도록 도와줄 것이니 염려하지 말아라. 전에 너에게 보여준 것을 기억해보렴. 돌같이 굳은 마음이 생명으로 변화된 것과 죽어가는 사람을 보여준 것으로 이야기를 시작하도록 해라. 너가 지금 하고 있는 일들은 영육간에 굶주린 사람들에게 생명의 양식이 되어주는 값진 사역이다."

"이제야 무슨 말씀인지 알겠어요. 실은 주님의 마음을 다른 사람들과 나눌 수 있는 책을 쓰기 원하고 있었거든요. 지난 번 『예수님과 걷는 길』을 쓴 후 제 삶이 완전히 바뀌었어요. 그 책을 다 쓰고 난 후 자원하는 마음으로 사역을 하게 되었어요. 그런 책을 또 쓰고 싶어요."

"나의 사랑하는 딸아, 이 책은 너 혼자 쓰는 것이 아니라 나의 도움으로 쓰게 될 것이다. 그러나 꼭 기억해야 할 것은 나와 보내는 시간이 제일 중요하다는 것이다. 그 시간을 통해서 치유받고 영적인 에너지를 충전하여 사역도 더 잘 할 수 있게 된다는 것을 잊으면 안된다. 이 책은 내 아버지와 나의 영광을 위한 것이며 성령님께서 이 책을 쓰는 것을 도와 줄 것이다."

"예수님, 당신의 마음을 알게 해주셔서 감사합니다."

5. 죽어가는 남자

예수님을 따라 간 곳은 사람들이 많이 모여있는 시장이었다. 그 곳에서 눈을 감고 누워있는 한 남자를 보았다. 가까이 다가가 보니 숨이 붙어있는지 분간하기 힘들 정도로 쇠약해진 남자는 죽어가고 있었다. 소녀는 예수님에게 물었다. "주님, 이 사람은 누구예요?"

"이 남자는 나를 위해서 일하는 영적인 지도자란다. 그러나 슬픈 일은, 나를 위해 일하는 사람들이 아파서 죽어가고 있는 사실이야. 나의 도움이 필요한 사람들이지."

"예수님, 왜 보고만 계세요? 전에 많은 사람들을 고쳐주시고 죽은 이들도 살려주셨잖아요."

"나의 사랑하는 딸아, 문제는 그들이 스스로 나에게 고침을 받기위해 오지 않는다는 것이다. 나를 위한 일을 한다고 하면서도 그들은 나의 사랑과 능력을 제대로 이해하지 못하고 있어. 내 딸아, 너의 영혼도 바로 이런 상태였단다. 사역을 한다는 이유로 나와 대화를 하지않고 기도하지 않으며 나대신 다른 사람들을 의지했던 시간들을 돌아보렴. 그러고 있을 때 너는 저 남자와 똑같은 모습으로 땅에 쓰러져 있는 것을 내가 보았다."

소녀는 울음을 터뜨렸다. 유난히 피곤을 느끼고 몸이 약해져서 병원에 가야 한다고 생각했는데 영혼의 문제라는 걸 알게 된 것이다. 시간이 흐르며 일이 익숙해지자 하나님을 의지하지 않고 자신의 힘으로 하려했던 것을 깨닫지 못했었다. 그런 그녀에게 아픈 남자를 통해 영적인 상태를 알려주신 것이다. 치유와 회복을 위해 침묵기도를 시키신 예수님의 뜻을 알게 된 소녀는 입을 열었다.

"예수님, 그동안 힘들었지만 그 이유도, 해결방법도 알지 못했어요. 많은 책이 출판되고 배포되면서 그냥 모든게 잘되가고 있다고만 생각했어요. 하지만 영적인 에너지가 거의 없어진 상태로 가게된 저를 발견 했어요."

"나의 사랑하는 딸아, 네가 한 사역들은 모두 성령님께서 인도하신 것이란다. 그 일들을 하면서 나와 시간을 보냈더라면 그 모든 일을 하고도 에너지가 남았을 것이다. 그런데 다른 사람들을 먹이는 것만 생각하고 네 자신은 생각하지 못했단다. 나를 통해 공급받아야 그것들을 다시 흘려보내고 공급할 수 있다는 것을 잊은 것이지." 예수님은 안타까운 표정으로 계속 말씀을 이어가셨다. "다른 사람들의 인정과 칭찬에 마음을 빼앗기고 사람을 의지하는 것은 너의 상태를 더욱 악화시키는 일이다."

"예수님, 제가 사람들을 의지하고 있었다는 것조차 몰랐어요. 그저 나는 그 사람들을 멘토링 해줘야 한다고 생각했었어요." 그녀는 지난 시간들을 떠올리며 두 손을 마주 잡았다.

"사람들은 가끔 중요한 것들을 잊곤 한다. 다른 사람을 돕기 위해서는 자신이 먼저 충분히 영적으로 에너지가 충전되어 있어야 하며 건강해야 가능한 일이다. 모든 것에는 때와 순서가 있는 법이다. 누군가를 멘토해줘야 할 때와 내가 공급받아야 할 때를 잘 분별해야한다. 그리고 너가 멘토링을 해주는 사람 역시 너와 함께하는 시간보다 나를 만나야 한다는 것을 알아야한다. 너가 일일이 수저로 떠먹여줄 수는 없지 않겠니? 나는 그들에게 스스로 먹을 수 있도록 가르쳐준단다."

"저의 생각이 짧았어요. 예수님, 제가 어떻게 해야 건강해 질 수 있을까요?"

"나와 같이 보내는 침묵기도의 시간을 많이 가져라. 그 시간을 통해 나로부터 충분한 영양공급을 받고 회복해야 한다. 너는 다른 지도자들을 도와야 하는 사명을 가지고 있으므로 지금부터 내 말을 명심해야 한다."

"네, 말씀하세요."

"사람들과 말을 많이 하지 말아라. 나보다 더 가깝거나 말을 많이 하는 사람을 두지말아라. 이 말은 너뿐아니라 나를 위해서 일하는 영적인 지도자들 모두에게 해당하는 말이다. 사람들에게 영향을 받고 그들의 조언대로 행동한다면 내 뜻대로 사역할 수 없게 된다. 그들의 생각은 나의 생각과 다르다. 네가 힘을 얻고 일어날 수 있는 길은 내 앞에서 침묵으로써 나의 사랑의 말을 기다리는 것이다. 나의 임재가 너를 치유할 것이다."

"주님, 알게 모르게 제가 했던 모든 실수를 용서해주세요."

"사랑하는 딸아, 내가 너에게 왜 너의 영적인 상태를 보여 주었는지 아느냐?"

"알것 같아요…당신과 시간을 보내야 했는데 그러지 못했고 무엇을 원하시는지 여쭈어 보지 못했어요. 아무리 선한 의도로 하는 일이라도 저와 주님과의 관계를 방해할 수 있는 거였군요. 멘토링도 저의 힘으로는 할 수 없다는 것을 배웠어요. 지금부터는 당신과 나의 사이에 아무런 방해되는 것이 없도록 도와 주세요."

"사람들의 칭찬과 인정으로부터 벗어나도록 해라.너에게 필요한 모든 것은 내가 채워줄 것이다. 너가 할 일은 다른 이들을 격려해서 나와 더 많은 시간을 보내도록 하는 것이다."

"제 마음을 들킨 기분이에요. 사역을 하면서 주님을 섬기는데 초점을 두기보다는 다른 사람들의 사랑과 인정에 마음이 더 끌릴 때가 있어요. 용서해 주세요."

"나의 사랑하는 딸아, 내가 너를 용서한다. 나를 슬프게 하는 것이 무엇인줄 아니? 나의 일을 하는 사람들이 자기들끼리만 서로 인정하고 사랑을 나누느라 나를 완전히 잊어버리고 배제시키는 일이 너무나 많구나. 그들은 자신들의 잘못이 무엇인지조차 알지 못한다. 나에게 오면 내가 인정해주고 칭찬해 줄텐데 양손 가득 영적인 은사를 담고 아무리 기다려도 오지않는다. 나도 그들의 사랑을 원한다는 것을 모르는 것 같구나. 너로 하여금 나를 잊어버리게 하는 것이 있다면 너는 그것들을 다 내려 놓아야 한다. 나보다 너를 더 기쁘게 하는 것이 있다면 그것이 곧 너의 우상이 될 것이다."

"어떻게 하면 주님을 마음과 정성과 뜻과 힘을 다하여 사랑할 수 있어요? 볼 수 있고 말 할 수 있고 들을 수 있고 느낄 수 있다면 사랑하기 쉬울텐데… 솔직히 하나님을 사랑하는 것은 어렵게 느껴지기도 해요."

"사랑하는 딸아, 내가 그들을 얼마나 사랑하는지 알게 되면 나를 사랑하는 것이 어렵지 않게 된단다. 그래서 나를 위해 일하는 자녀들은 바로 그런 것을 사람들에게 알려줘야 하는 것이지. 그러기 위해서는 본인들이 먼저 그런 경험을 충분히 해야 한다. 나의 깊은 사랑과 내가 원하는 것을 제대로 알지 못한다면 어떻게 다른 사람들에게 그것을 가르칠 수 있겠니?"

"주님, 저에게 당신의 깊은 사랑을 알게 해 주세요. 그래서 당신을 더 많이 사랑할 수 있게 해 주세요."

"성경을 더 많이 묵상하고 계속 내 앞에서 침묵기도로 내 음성을 듣기 위해서 기다려라. 그러면 내가 너에게 나의 깊은 사랑을 알게해 줄 수 있다. 나를 위해서 일하는 사람들이 나 보다는 사람을 더 기쁘게 하려는 시험속에 빠지고 있어. 그래서 나에게 와서 기도하지 않고 나에게서 오는 기쁨을 구하지 않지."

소녀는 눈물을 흘렸다. "주님, 저의 기도가 부족했던 것을 용서하세요. 저는 사역을 사랑하는 것이 주님을 사랑하는 것으로 알았어요."

"나의 사랑하는 딸아, 나를 사랑하는 것과 사역을 사랑하는 것은 다른 것이란다. 사역은 순종이고 이웃사랑이다. 그래서 아무리 중요한들 첫째가 될 수 없는 일이다. 사역을 생명처럼 생각한 나머지 나를 잊어버리고 기도하지 않은채 일에만 매달리는 경우가 많다. 결국 영적인 영양실조에 걸려 쓰러지게 되는 것이지."

"예수님, 정말 부끄러워집니다."

"네가 모르기에 그랬다는 것을 알고 용서했다. 나의 사랑에 대해서 더 많이 이해 해야 한다."

"주님, 어떻게 할까요?"
"나를 따라오너라. 너에게 가르쳐 줄 것이 있다."

6. 성만찬

말없이 예수님을 따라 도착한 곳은 아름다운 교회였다. 아무도 없는 조용한 그 곳에는 성만찬 테이블위에 떡과 잔이 준비되어 있었다. 사랑이 가득한 미소를 머금은 채 예수님이 말씀하셨다.

"나의 사랑하는 딸아, 내가 많은 사람들의 죄를 용서하려고 준 나의 몸과 피를 받아 먹고 마시며 내 말들을 계속 묵상하는 시간을 가져라."

예수님은 떡을 떼며 말씀하셨다. "나의 사랑하는 딸아, 이것은 너를 위하여 주는 나의 몸이니 이것을 행하여 나를 기념하라."

소녀는 주님이 주신 떡을 받아 먹으며 눈물이 나왔다. 자신의 죄를 사해주시려 십자가에서 돌아가신 것이다. 그 사랑을 깊이 깨닫게 해주시기 위해 직접 떡을 떼어 주신 것이다.

예수님은 잔을 들고 말씀하셨다. "이 잔은 죄사함을 얻게 하려고 너와 많은 사람들의 죄를 위해서 흘리는 나의 피다. 이것을 마실 때마다 나를 기념하라."

소녀는 그 잔을 받고 목이 메었다. 나는 과연 이 넘치는 사랑을 받기에 합당한 사람인가. 그동안 예배에서 수천번의 성만찬을 인도했지만 직접 예수님께서 주시는 떡과 잔을 받고 보니 감회가 새로웠다.

예수님의 얼굴이 환히 빛났고 그분의 사랑이 마음속 깊이 느껴졌을 때 그녀의 눈물은 멈추지 않고 흘러내렸다. "주님, 당신의 이 깊은 사랑을 알게 하심을 감사 드립니다. 왜 저는 여태까지 주님에 대해서 가르치면서도 당신의 이 깊은 사랑을 알지 못했을까요?"

"나의 사랑하는 아이야, 너는 일을 하느라 내가 부르는 소리도 듣지 못하더구나."

"주님, 이제부터는 당신을 절대로 잊어버리지 않도록 도와 주세요. 온전히 주님을 사랑하는 마음으로 가득찬 시간을 보낼 수 있게 도와주세요."

"성찬식의 말씀을 묵상하라. 그래서 나의 사랑을 더욱 이해하기를 원한다."

그동안 영어로만 인도해왔던 성만찬을 한국말로 묵상하기 시작했다. 영어로는 '주님께서 우리를 위해서 자신을 주신 밤에'라고 시작하는데 한국말로는 '주님께서 잡히시던 밤에'라고 써있다. 그 말씀은 주님께서 그녀를 위해서 죄수같이 잡혀 가셨다는 말이다. 그 대목에서 목이 메이며 묵상하기 어려울 정도로 눈물이 쏟아졌다.

그녀를 위해 세상에서 무시하고 천대받는 죄수같은 취급을 받으셨다는 것이 마음을 울게 했다. 예수님이 가신 길은 그동안 교도소 사역을 하며 경험한 어떤 것보다도 상상하기 어려운 열

악한 상황에서 죄수 취급을 받으셨던 것이다.

"주님, 왜 저의 모든 것을 중지하고 침묵 기도를 통해 당신의 음성을 들으라고 부르셨는지 이해가 가요. 그 상태로는 도저히 다른 사람들을 도울 수 없다는 것을 저는 몰랐어요. 침묵 기도를 하라고 불러주셔서 감사합니다. 다시 생명의 길로 저를 불러주셔서 감사합니다."

"나의 사랑하는 딸아, 추수할 곡식이 많은데 일꾼이 적구나. 네가 다른 사람들에게 그들을 향한 나의 사랑을 알려준다면 큰 영적 부흥이 일어날거야. 그렇지만 그에 앞서 나를 위해서 일하는 자녀들이 내게 와서 치유 받고 건강하게 되면 아주 큰 영적 부흥이 있을거야. 조그만 열매에 만족하여 영적인 재충전을 게을리한다면 결과는 참담해질 것이다. 자기 나름대로 계획을 세워서 나보다 앞서 나가려는 것도 큰 문제란다."

"저 역시 주님께서 요구하지 않으셨다면 미래를 계획한 돌을 계속 쥐고 있었을 거에요."

"나의 사랑하는 딸아, 나와 함께 있을 때라야만 생명을 얻고 치유를 받을 수 있다. 내가 너에게 보여 줄 것이 많다. 나를 따라오너라."

7. 꺼진 촛불

예수님을 따라가는 길은 고요하고 평안했다. 틈틈히 예수님이 주시는 떡과 음료수를 먹고 충분한 휴식을 취하며 큰 동네에 도착했을 때는 컴컴한 밤이었다. 그런데 회미한 초생달빛 말고는 아무 불빛도 없었다. 마치 죽음의 도시처럼 느껴졌고 어디선가 늑대의 울음소리가 들려왔다. 두려움으로 예수님의 손을 꼭 잡았다.

"예수님, 이 곳은 아무도 살지 않나요? 불빛을 찾아볼 수가 없네요."

"나의 사랑하는 딸아, 사실 이 동네에는 나의 일꾼들이 많이 있단다. 그들이 전기를 작동해야 하는데 일을 하지않고 잠이 들어있구나. 다른 사람들이 빛을 보며 걸어야 하는데 그런 것조차 다 잊어버린 모양이다."

"무슨 일이죠?"

"성령님의 능력을 부인하고 나의 생명의 말씀을 사용하지 않기 때문이야. 그들은 조그만 초를 가지고 자기들의 지혜와 힘을 믿고 일을 하다가 그 초마저 다 타버렸단다. 그들 자신이 생명의 말씀을 의지하지 않고 있기 때문에 다른 사람들을 생명으로 인도할 수 가 없어. 그럼에도 불구하고 나를 간절히 찾고 있지 않는 것이 가장 심각한 문제다."

예수님의 얼굴은 수심으로 가득 하셨다. "예수님, 그들은 왜 그렇게 된거죠? 주님의 일을 하기 위해 이 곳에 온걸텐데요."

"내 일을 하기위해 따라왔지만 생명의 말씀에 의지하지 않고 알량한 자신들의 지혜로만 가르치려 했기 때문에 그렇게 된거란다. 사람의 지혜는 지식을 더 할 뿐이고 영원한 생명이 없어. 인간의 지혜로는 나를 알 수 가 없기 때문이지."

"주님, 제가 무엇을 해야 합니까?"

"기도하라. 그래서 많은 사람들을 도와 줄 수 있도록. 사람들이 나의 사랑을 알지 못하면 그들에겐 생명이 없어. 사람들이 내가 그들에게 생명을 주고 빛을 준다는 것을 알아야해. 많은 나의 일꾼들도 나를 선생으로 취급할 뿐 그들을 영원한 불 속에서 구할 수 있는 구원자라는 것을 모르기 때문이지."

"제가 그것들을 알려줄 수 있도록 저를 도와주세요."

"나의 사랑하는 딸아, 내 마음을 이해하고 죽어가는 사람들의 아픔을 이해하라고 너를 침묵기도의 시간으로 불렀단다. 너를 통해 그들을 아픔으로부터 자유케 할 것이다. 내 말은 그들에게 생명을 주고 안전하게 걸어갈 수 있도록 도와 줄 수 있어."

"저를 도구로 써주세요. 저를 당신 뜻대로 인도해주세요."

"내가 너를 도와 주고 나의 기적을 보게 해 줄 것이다. 나를 따라와라. 너에게 가르쳐 줄 것이 많단다."

8. 기도의 줄

이번에 도착한 곳은 전쟁터였다. 그런데 예수님을 위해서 일하는 아군들은 무전기를 끈채로 잠이 들어있었다. 어떤 집은 이미 적들에게 점령당하여 사람들이 죽어있고 영적인 지도자들도 부상당하거나 죽어있었다. 포로로 잡혀서 쇠사슬에 묶여 끌려가는 사람들과 감옥에 갇힌 후에도 회개하지 않고 하나님을 섬길 필요가 없다고 고래고래 소리를 지르는 이들도 있었다.

예수님은 슬픔이 가득한 얼굴로 말씀하셨다. "사랑하는 딸아,

수많은 나의 일꾼들이 깊은 잠에 빠져서 나의 말을 듣지 못하는 바람에 계속 죄의 늪에서 헤어나오지 못하게 되었다. 사탄에게 속은 그들의 삶은 비참하기 짝이 없지. 내 말에 불순종하고 성령님의 경고를 무시한 결과로 마귀의 포로가 되는 문을 열어준 꼴이 되었다. 회개하지 않은 채로 일을 한다면 그것이 내가 아닌 마귀를 위해서 하는 일이 되는 걸 그들은 알지 못한다."

"어떻게 이런 일이 생기게 된거죠?"

"생명의 말씀에 관심을 두지 않았기 때문이지. 나의 말은 사람들의 마음을 정결하게 해준단다. 회개하지 않으면 마귀의 감옥에 갇혀서 고문을 받게되는데 사람들이 상상할 수 있는 고통과는 비교도 안될 끔찍한 것이다. 아까 꺼진 무전기를 보았느냐? 그들은 말씀을 묵상하지 않고 읽지도 않는다. 그러니 경고의 메세지도 들을 수 없게 되어 세상을 더 사랑하게 되는 것이지."

"주님, 저역시 생명의 말씀을 소홀히 했어요. 용서하세요."

"나의 말에 귀 기울이는 자는 회개할 때 그 죄가 사함을 받게 될 것이다. 내 말은 누구든지 회개하는 사람들을 깨끗하게 만들어 준단다. 다른 사람들에게 내 생명의 말씀을 계속 들으라고 말해라."

"다른 사람들은 제가 말을 해도 들을 것 같지가 않아요. 자기가 옳다고 생각하는 사람들이 정말 많아요."

"전쟁에서는 대장이 말하는 것을 들어야 승리할 수 있단다. 그것이 네가 할 일이다. 너가 외치는 말을 단 한 사람만 듣는다 할지라도 그 일을 해야 한다. 나에게는 한 영혼이 천하보다 귀하고 귀하다."

"예수님, 제가 하는 일을 통해 단 한 사람만이 구원받는다해도 포기하지 않고 잘 할 수 있도록 도와 주세요. 제가 그 일을 반드시 해야겠어요."

예수님의 얼굴에 만족한 미소가 가득 피어났다.

"이제 네가 나의 마음을 이해하는구나. 너는 잃어버린 양 한 마리를 찾기위해 나가야 한다. 내 눈에는 굶주린 늑대가 어슬렁

거리는 광야를 헤매고 있는 영혼이 보인다. 이미 많은 이들이 늑대들에게 공격을 당하고 잡아 먹힌 곳이지. 그들의 울부짖음은 다른이들의 귀에 들리지 않는다. 기도의 줄이 끊어져있기 때문이다."

"예수님, 제가 기도의 불씨를 꺼트리지 않도록 도와주세요."

"특히 주의해야 할 것은 네가 책을 통해서 사람들의 사랑과 인정을 받을 때 거기서 만족하면 안된다. 너의 책들이 더 많은 곳에 가도록 내가 도와주겠다. 많은 사람들이 늑대에게 공격을 당하고 있어. 나만이 그들을 살릴 수 있으며 나를 통해서 그들이 생명을 얻고 소망을 갖게 된단다."

"예수님, 어떻게 하면 잃어버린 양들을 좀 더 많이 구할 수 있을까요?"

"너와 같은 마음을 가진 영적인 지도자들을 찾아서 그들을 훈련시켜라. 나와 같은 마음을 가진 사람들과 일하면 더 많은 양들을 찾을 수 있다."

"저에게 많은 지도자들과 일할 수 있는 기회를 주세요. 그래서 그 지도자들과 같이 더 많은 잃어버린 양을 주님의 나라로 데려올 수 있게 해 주세요."

"그것이 바로 내가 원하는 것이다. 너와 같이 일할 수 있는 사람들을 찾아라. 죽어가는 영혼에 대해서 긍휼히 여기는 마음을

가진 사람들을 찾아라. 나
는 지금도 그들의 눈물을
보고 있다. 시간이 없다.
서두르도록 해라."

예수님은 계속 눈물을
흘리고 계셨다. 소녀도 눈
물을 닦았다.

"주님, 저의 무심함을
용서하시고 그들이 주님을
만나서 치유받고 기쁨의
눈물을 흘릴 수 있도록 해
주세요."

"네가 이제야 나의 마음
을 이해 하는 구나. 너 혼
자는 할 수 없다. 다른 영
적인 지도자들과 일하도록
너를 인도하겠다. 따라오
너라."

소녀는 주님을 따라갔다.

9. 선물 바구니

얼마를 걸었을까 소녀와 예수님은 피크닉 테이블에 앉아서
휴식을 취했다. 그녀가 쉬고 있는 동안 예수님은 바구니를 들고
와서 보여주셨다. 그 안에는 브라운 색으로 포장된 작은 선물박
스가 가득 들어있었다.

"예수님, 이건 뭐죠?"

"사랑하는 딸아, 나는 정결한 마음으로 찾아와서 기도하는 자
녀들에게 이 선물을 준단다. 나의 아버지의 영광을 위해서지. 나
를 찾는 자들은 믿음의 선물을 받게 되고 그 은사를 어떻게 사
용할 수 있는지 성령님의 인도를 받게 될거야. 이 사실을 알거
나, 알더라도 믿는 사람들은 많지 않다. 너도 침묵의 시간동안

기다리며 이 선물들에 대
해 알게 될 것이다. 다시
한 번 말하지만 나에게 오
는 사람들에게 줄 선물이
준비되어있다."

"사랑으로 저를 불러주
신 주님 앞에서 온전한 기
다림을 통해 선물이 무엇
인지 알게 해 주세요. 무엇
보다도 당신의 사랑을 더
알게 해 주세요. 당신이 원
하시는 대로 당신을 섬길
수 있게 도와 주세요."

10. 더러운 시궁창

한참을 걸어서 도착한 곳은 더러운 시궁창물이 흐르는 곳이
었다. 놀랍게도 싱싱하고 값비싼 과일이 더러운 물위로 떠내려
가고 있었다.

"예수님, 이 곳에서 저는 무엇을 배워야 하나요?"

"나의 사랑하는 딸아, 사람들이 성경을 읽고도 삶에 적용 하
지 않는다면 시궁창에 좋은 과일들을 버리는 것과 같다. 그러나
사람들이 내 말을 이해하고 순종하면 잘못된 삶에서 구조받을
수 있지."

"왜 당신의 말씀을 순종하기 어려울까요?"

"나를 따라오라. 내가 또 너에게 보여줄 것이 있다."

예수님은 그녀를 작은 수영장으로 데려가셨다.

그런데 수영장 안에 플라스틱 박스가 있었고 그 안에 성경이
들어 있었다. 뚜껑은 닫혀 있었지만 조금씩 물이 스며들고 있었
다.

그녀는 물었다. "예수님, 이건 뭐죠?"

"저 플라스틱 박스에는 성경이 들어 있다. 사람들이 하나님의

말씀을 박스에 잘 보관한다. 그들은 성경을 안전한데에 두었다고 믿고 있지. 그러나 말씀을 배우고 삶에 적용하려는 마음이 없다. 엉뚱한 곳에 보관하는 우를 범하고 있다. 나의 말은 마음에 새겨져야돼. 그래야 나의 사랑을 이해하고 나를 사랑하게 되는 거지. 그것을 네가 이야기 해주어야 한다."

"주님, 지난 날을 돌이켜보니 하나님의 말씀에 관심을 두지 않았을 때 그 사랑을 이해하지 못하고 왜 저에게 침묵하실까 서운해했어요. 이제는 그 말씀을 가슴속에 새기기 원합니다. 그래서 주님을 더 알고 깊이 사랑하기 원합니다."

"나의 사랑하는 딸아, 네가 쓴 책 『하나님 사랑합니다』에 나의 사랑에 관한 중요한 글들이 많이 있다. 너 자신도 읽으면서 스스로 깨우쳐라. 그렇게 되면 새 힘을 얻고 나의 사랑과 더불어 나를 사랑하는 법에 대해 알게 될 것이다."

"예수님, 지혜를 주셔서 감사합니다."

11. 슬픈 사람들

예수님과 도착한 곳은 사람들이 많은 동네였다. 그런데 거리를 걷고 있는 모든 사람들이 슬픔으로 가득 차서 금방이라도 눈물이 떨어질 것처럼 보였다. 기쁨이나 웃음을 찾아볼 수 없었다. 햇살마저 먹구름에 가려서 어둠이 가득했다. 한 건물에는 '상심한 이들의 병원'이라는 간판이 걸려있었고 그 안으로 예수님은 소녀를 데리고 들어가셨다. 건물 안에도 역시 슬픈 눈을 가진 사람들이 있었다.

"예수님, 왜 이 동네사람들은 모두 슬픈 얼굴을 하고있죠?"

"나의 사랑하는 딸아, 이 사람들은 슬픈 일들을 많이 겪었단다. 이 병원에 있는 사람들은 사랑하는 사람들을 잃거나 자기를 사랑해주던 사람들을 잃은 사람들이란다. 모두들 치유가 필요하다. 너도 전에 이 병원에 있었던 것을 기억하니?"

그제서야 예전에 여동생과 남편을 잃었을 때 자신도 그 병원에 있었다는 사실을 기억해냈다. 동생이 죽었을 때 꽤 오랜시간 병원에 있었는데 남편이 죽었을 때는 아예 그 병원에서 죽을 때까지 살아야겠다고 생각했었다. 그것만이 세상에서 남편을 가장 사랑했던 자신의 마음을 나타내는 것이라고 생각했다.

그런데 예수님은 남편을 계속 붙잡고 있게되면 슬픔 속에서 마음이 얼은 상태로 고통을 받을 것이라고 말씀 하셨다. 마르지 않는 눈물속에서 마침내 지친나머지 그녀는 예수님의 말씀대로 모든 것을 내려 놓고 주님께 치유를 해달라고 기도했다. 그후 주님의 말씀에 순종하자 놀랍게도 치유가 되어서 그 병원에서 나올 수 있었다.

"저를 치유해 주신 것을 감사합니다."

"많은 사람들이 사랑하는 사람을 잃고 슬픔 속에서 살고 있어. 너는 그들에게 알려줘야한다. 이 삶은 잠깐 거쳐가는 길이며 잃어버린 것에 초점을 두지말고 나에게 와서 치유를 받으라고 해야 한다. 나를 위해서 일하는 자녀들도 계속 자기가 잃은 것만을 생각하고 이 병원에서 계속 머무르려고 한단다. 나에게 모든 것을 내려 놓고 나의 치유를 얻을 때만이 이 병원에서 퇴원을 해서 나를 따라올 수 가 있단다. 그럴때에 내게서 주는 기쁨과 평안을 누릴 수 있다."

"예수님, 어떻게 다른 사람들을 도와줄 수 있어요?"

"이 땅에서의 삶은 잠시라는 것을 계속 이야기해라. 그러지 않으면 그들은 죽을 때까지 슬픔 속에 잠겨 눈물 흘리면서 살 것이다. 내가 그들을 치유할 수 있다는 것도 모르고 또 나와 함께 해야 할 일들을 잊어버리게 된단다. 나는 그들이 슬픔속에서 사는 것을 원치않아. 그들이 기쁨과 평안 가운데 만족하고 행복한 삶을 살기를 원한다. 뒤돌아보지 말고 나를 따라와야만 가능한 일이다. 그렇게 되면 나의 사랑을 느끼고 그들의 빈 마음을 채울 수 있는 것은 오직 나라는 것을 알게 된다. 나는 외로운 사람에게 그들의 마음을 사랑으로 채워서 외로움도 모르게 치유를 할 수 있다는 것을 너는 체험하지 않았니?"

"당신 말씀이 맞아요. 제가 남편을 계속 붙잡으려는 마음으로 살게 되면 상처와 슬픔 속에서 살게 된다고 말씀하셨죠. 그래서 남편을 당신에게 내려 놓은 후에는 저는 외로움이라는 것을 모르게 되었어요. 당신이 내 마음을 당신의 사랑으로 채워주시니까요."

"대부분의 사람들은 자기 가족과 가까운 사람들로부터 사랑과 인정 받기를 원해. 그러나 이 땅의 삶에서 사람들이 가지고 있는 것은 모두가 임시일 뿐이야. 더군다나 사랑하는 사람들을 자기 소유라고 착각하는데 모든 것은 나의 것이라는 것을 가르쳐라. 사람으로부터 오는 사랑과 인정은 잠시일 뿐이다. 이 병원에서 계속 머무르는 사람들은 자신에게 없는 것에만 촛점을 맞추고 생각하고 있어. 그들은 내 안에 머무를 때 필요한 모든 것을 찾을 수 있다는 것을 알아야한다. 그러기 전까지는 그들의 마음은 슬픔으로 반은 얼어 있는 상태란다. 슬픔으로 마음이 얼어 있는 사람들은 나의 일을 할 수 없어."

"예수님, 제가 남편을 잃었을 때 충격이 너무나 커서 슬픔에 잠긴 나머지 주님의 일을 아무것도 할 수 없었어요. 그래서 지금 하시는 말씀을 이해할 수 있어요."

"사랑하는 딸아, 잃어버렸다는 이야기는 하지마라. 왜? 넌 잃어버린 것이 아무것도 없어. 네 남편은 네 것이 아니었으니 잃어버린 것이 아니지. 네 남편은 나의 아들일뿐 그는 누구에게도 속해 있지 않아. 내가 창조한 모든 것은 내 것이야. 많은 사람들이 그것을 이해하지 못한단다."

"용서하세요. 제가 또 다시 오해 했어요. 제가 잃어버렸다는 말을 할 필요가 없는데··· 그럼 제가 지금부터는 남편에 대해서 잃어버렸다는 생각대신 어떤 생각을 해야 할까요?"

"이렇게 생각해보렴 '나의 영광의 아버지 집에서 남편은 예수님을 위해서 찬양하며 그 분을 위해 춤을 추고 있지. 내가 아버지의 집에 갈 때 예수님께서 원하시면 남편을 만날 수 있어. 내가 가진 모든 것은 내 것이 아니고 주님의 것이야. 나의 생명과 사역도 다 주님의 것이니까'라고말야."

"오, 주님, 당신은 정말 놀라우신 분이에요. 당신께서 저의 남편이 기쁘고 행복한 얼굴로 천국에서 춤을 추고 있는 것을 보여주신 것은 제게 정말 많은 치유가 되었어요. 그래서 사역을 다시 시작 할 수 가 있었답니다. 제 기도의 응답으로 남편을 보고 싶어하는 마음도 완전히 가져가 주신 것에 대해서 감사드립니다. 다른 사람들에게 그렇게 말하면 이해하지 못하지만 저는 알고 있어요. 당신만이 나의 아픔을 치유해 주실 수 있다는 것을. 그 끔찍한 사고 후 석달만에 저의 상심한 마음을 치유해 주신 것은 기적이었어요."

"사랑하는 딸아, 내가 너를 만들었느니라. 내가 너의 심장도 만들었단다. 그러기에 너를 치유할 수 있었지. 물론 네가 기도로 너의 남편을 내려놓았기 때문에 가능한 일이었기도 하다. 그런데 많은 사람들은 내가 그들의 상처받은 마음을 치유할 수 있다는 것을 모른다. 네가 남편이 없다고 슬퍼하는 것은 너와 나의 관계를 방해하는 일이었다. 왜냐하면 남편에 대한 관심이 나에 대한 관심보다 더 컸기 때문이지. 그렇지만 네가 그것을 깨닫고 나에게 오는 순간부터 너의 치유는 가능한 일이 되었단다. 나는 상하고 얼어붙은 마음도 고칠 수 있어. 난 그들에게 새로운 심장을 줄 수 있다. 그래서 그들의 심장이 나의 사랑으로 가득 찰 수 있게 된단다."

"예수님, 당신을 더 사랑하고 섬기기 원합니다. 당신은 제 삶의 가장 중요한 분이십니다. 나에게 있는 외로움과 상한 마음을 치유해 주셨어요. 저는 정말 행복해요. 저는 혼자 있다는 생각조차 할 틈이 없어요. 주님께서 항상 저와 계시니까요. 외로움을 모른다는 것은 정말 주님의 축복입니다. 제 마음을 당신의 사랑으로 채워 주셔서 감사합니다. 당신의 사랑과 능력을 가르쳐 주셔서 감사합니다."

"나의 사랑하는 딸아, 얼마전에 네게 무엇을 원하느냐고 물어보았지. 너는 나를 더 사랑하고 싶다고 했지. 그것이 나를 기쁘게 했어. 그런데 네가 나를 사랑하기 원한다는 것은 내 앞에서 침묵기도로 나의 사랑을 알게되고 네가 나를 더 사랑할 수 있어. 계속 나의 생명의 말씀을 너의 마음에 심어라. 그래서 나의 사랑의 말씀이 네 마음 안에서 자랄 수 있도록 계속 침묵기도를 해라. 그러면 나의 깊은 사랑을 깨닫게 된단다. 네가 나한테 말하고 나의 음성을 들을 때 나는 정말 기쁘단다. 나의 음성을 들으려 하지 않고 일방적으로 자기 말만 하는 이들에게 침묵기도를 통해 나를 만나는 방법을 알도록 격려해주어라. 나는 나의 자녀들이 내 음성을 듣기원해. 그래서 나의 사랑을 알고 나를 사랑하고 순종할 수 있도록."

"당신께 순종할 수 있도록 도와주세요. 당신과 사랑의 시간을 더 보낼 수 있도록 침묵기도를 할 수 있게 해 주세요. 당신의 음성을 듣고 메신저가 될 수 있도록 도와주세요."

"나의 사랑하는 딸아, 그것이 내가 너에게 원하는 것이란다. 내가 너에게 말하는 것은 네가 다른 사람들과 나누어야 한다. 그래서 그들이 나의 사랑을 알고 내 마음을 더 이해할 수 있도록. 그렇게 되면 그들이 나를 더 사랑할 수 있다. 자 이제 이곳을 떠나자. 너에게 가르쳐 줄 것이 아직도 많이 있다."

12. 주님의 뜻

주님과 걷는 길은 기쁨의 길이었다. 아름다운 숲속을 지나 들꽃을 보면서 오늘은 또 무엇을 가르쳐 주실까 하는 기대로 마음이 설레였다. 오래 걷다보니 지친 그녀는 큰 바위에 걸터앉았다. 주님도 그녀 곁에 앉아서 떡과 음료를 주셨다.

"주님, 저를 위해서 어떻게 기도를 해야 하는지 가르쳐 주세요."

"나의 사랑하는 딸아, 좋은 질문이다. 너는 나의 뜻이 너의 삶에서 이루어지기를 위해서 기도하라. 내가 너를 통해서 이루려는 계획이 있단다."

"당신의 뜻이 저의 삶에서 이루어 지기를 기도합니다. 당신의 뜻이 무엇입니까?"

"누구보다 무엇보다도 나를 사랑하고 내가 원하는 것을 하기 원한단다. 왜냐하면 너에게 여러 사람들을 도우려는 좋은 계획이 있지만 그 중에서도 내가 꼭 원하는 것이 있거든. 너의 에너지를 네가 원하는 사람들에게 집중하기 원한다."

"오, 주님, 그럼 제가 어떻게 당신의 뜻을 알 수 있을까요. 당신이 원하는 사람을 돕기 위해서는 알아야 하니까요."

"나의 사랑하는 딸아, 나의 뜻을 알려면 나의 마음을 알아야 한다. 그러자면 나와 더 많은 침묵의 시간을 보내야 한단다. 기도는 나의 마음을 알 수 있는 길을 열어 준다. 묵상기도는 네가 나에게 말하는 것이고 침묵기도는 나의 음성을 들으려고 하는 것이니 중요한 시간이다."

"제가 또 무엇을 알아야 할까요?"

"다른 사람들로부터 사랑과 인정을 받으려는 마음을 완전히 내려놓고 성령만을 의지하는 것을 배워야한다. 대부분의 사람들은 내가 너의 삶에서 원하는 것을 이해할 수가 없기에 그들과 많은 시간을 보내게 되면 너의 시선은 그쪽을 향하게 된단다. 그래서 이제부터 나보다 대화를 더 많이 하는 사람이나 나보다 더 가까운 사람을 두지 말라고 한 이유가 바로 이것이다. 네게 필요한 것은 나의 사랑과 인정, 성령의 확신이지 다른 사람들의 사랑과 인정이 아니야. 그렇게 하지 않으면 내가 원하는 것을 할 수 없어. 그러니 사람들의 반응에 신경쓰지 말고 침묵기도에 힘을 써야해. 이해못하는 사람과 반대에 부딪힐 때 해명하거나 설득하는데 너의 에너지와 시간을 낭비할 필요없다. 그저 그들도 내 앞에 내려놓으면 된다. 내가 너를 위로하고 격려하고 너의 모든 필요를 채워줄 것이다."

"예수님, 당신과 어떻게 시간을 보낼 수 있을까요? 그것을 가르쳐 주세요. 제가 할일이 너무 많아요. 사람들은 저와 대화하기 원하고 멘토링 해주기를 원해요. 그런데 침묵기도에 대해 설명하자니 난감할 때가 많아요."

"나의 사랑하는 아이야, 다른 사람들이 너를 이해 못하는 것은 당연하다. 정작 네 자신도 잘 이해하지 못하고 있으니까. 그런데 네가 기억해야 될 것은 넌 지금 영적으로 오랫동안 나와 시간을 보내지 않아서 굶주린 채 몸이 약해지고 아픈 상태에서 에너지가 다 고갈되었다. 네게 더 이상 줄 것이 없는 상태에서 그들과 얘기한들 무슨 도움이 되겠니? 너에게 영적인 에너지를 공급하고 치하기 위해 침묵기도를 시킨 것이다. 그러니 다른 사람들이 원하는 것도 다 내려 놓아야 한다. 네가 너 자신을 알고 있지않니. 그럴 때는 나의 뜻을 네가 이루어 줄 수 없다."

"당신의 말씀이 맞아요. 아주 쉬운 일도 지금은 힘이 들어요. 전에는 책을 많이 부치는 일이 어렵게 느껴지지 않았는데 이제는 그것도 감당하기가 힘이드네요. 그래서 다른 사람들에게 도와달라고 했는데 그들이 정말 잘하고 있어요. 당신의 말씀이 맞아요. 제가 당신의 치유가 필요해요. 그런데 다른 사람들이 제가 왜 그들을 도와줄 수 없는지 이해를 못해요."

"다른 사람들의 이해를 얻는 것도 이제는 내려놓아야 한다. 그들은 너를 이해할 수 없다. 내가 보는 너를 그들은 볼 수 가 없기 때문이지. 이제는 모든 짐들을 다 내려놓을 시간이다. 네가 나를 모든 사람들보다 더 사랑하면 나에게 순종할 수 있단다."

"주님, 당신을 누구보다 무엇보다 더 사랑합니다. 당신의 말씀대로 다른 사람들을 이해시키려는 마음도 또 그들을 제 생각대로 도와주려는 생각도 내려 놓습니다. 이제부터는 성령님께서 제가 시간을 어떻게 보내야 하는지 인도해 주시기를 원합니다."

"너에게 가장 중요한 것은 나와 함께 시간을 보내는 것이다. 내가 무엇을 하라고 하면 다른 사람들의 허락을 받으려 하지말고 그냥 순종해라. 그래야 네가 나의 뜻을 행할 수가 있단다. 너의 순종이 기적을 보게 할 것이다. 너의 순종이 너를 살리고 또 많은 사람들을 살릴 수 있다. 그것을 네가 다른 영적인 지도자들에게도 알려라. 나와 더 시간을 보내지 않으면 그들도 영적으로 죽어간다는 것을 알려라."

"당신이 원하시는 것을 다 순종할 수 있도록 도와주세요."

"지금은 침묵기도를 하는 것이 나에게 순종하는 것이란다. 자, 이제, 더 이 곳에서 머무를 수가 없다. 우리가 들려야 할 곳이 아직도 많이 있단다. 나를 따라오렴." 주님은 자리에서 일어나시고 그녀의 손을 잡아 일으키셨다. 그녀는 주님을 위해서 찬송을 부르기 시작했다. "예수님, 당신께 나의 사랑을 드립니다. 당신보다 이 세상에서 더 중요한 분이 없으십니다. 당신의 사랑을 더 이해하고 당신을 사랑하게 도와 주세요. 저는 당신을 위해서 존재합니다. 나의 삶은 당신을 위한 것이지요."

예수님은 미소를 지으면서 노래를 부르셨다. "나의 사랑하는 딸아, 나는 너를 사랑한다. 너의 아름다운 모습에 나는 반했구나. 나의 사랑을 받기에 너는 충분한 아이지. 나의 사랑을 네가 더 알기를 원한다. 나와 네가 걷고 있다는 것이 나에겐 큰 기쁨이란다. 내가 너를 위해서 다시 죽어야 할지라도 기꺼이 그렇게 할 수 있을 정도로 너를 사랑한단다."

소녀는 너무 기뻐서 어쩔줄 모르고 주님을 위해서 찬송을 했다.

"예수님, 당신을 세상에서 제일 사랑합니다. 당신을 향한 사랑이 계속 자라게 도와주세요."

13. 마음의 빈깡통

이번에 예수님이 소녀를 데리고 간 동네는 조용하고 아름다운 호수가 중앙에 있는 곳이었다. 그 곳에는 하트 모양의 분수가 있었고 그 옆에는 벤치가 있었다. 주님은 그 벤치에 소녀와 앉아서 구경을 하면서 말씀하셨다.

"오늘은 내가 다른 사람들에게 하고 싶은 말을 너에게 하고 싶구나. 많은 이들은 타인의 사랑과 인정에 목말라 있다. 그래서 실망과 낙망을 번갈아하곤 하지. 왜냐면 내가 모든 이들을 만들 때 마음에 깡통을 하나씩 주었는데 그것은 나만이 채울

주님이 채우시는 것

침묵기도로 채우는 것

봉사로 채우는 것

믿음이 채우는 것

수 있는 것이다."

"주님, 이 깡통에 대해서 더 이야기 해 주세요."

예수님은 그녀에게 설명하셨다. "이 깡통은 나의 사랑이 채워지는 단계를 네 가지로 설명할 수 있다. 처음 25퍼센트가 채워진 사람들은 믿음으로 나를 영접하고 자녀가 된 사람들이지. 그들은 성경을 읽고 기도하면서 교회에 다니는 사람들인데 대다수의 사람들이 이단계에 머무르기 쉽다. 두번째는 나를 섬기는 사람들의 빈깡통이 50퍼센트까지 채워지는 단계이지. 많은 나의 일꾼들이 50퍼센트만 채우고 거기서 더 이상 깡통을 어떻게 채우는 지를 모르고 있어. 나의 사랑과 인정을 받으려고 하는 열정이 없는 사람들이 많이 있단다. 그들은 좋은 일을 많이 하고 있지만 나의 더 많은 사랑과 인정으로 깡통을 채우려는 열정이 없으면 나를 간절히 찾기 위한 침묵기도의 중요성을 깨닫지 못하게 된다. 그러나 그들도 항상 뭔가 부족하다는 것을 느끼고는 있는 상태이다. 다음 단계인 세번째는 침묵기도로서 나를 간절히 찾는 자가 채워지는 단계이지. 그렇게 될 때 그들은 나의 마음을 이해하게되고 나의 사랑을 알게되므로 75퍼센트가 채워지게 된다. 나머지 25퍼센트는 내가 올 때 채워지는 것이지. 나를 사랑하는 자가 나의 사랑을 입는다는 말씀이 이루어지는 단계란다. 그렇게 될 때 그들은 나의 깊은 사랑을 느끼고 나에 대한 사랑이 더욱 더 자라게 된단다. 그리될때 그들의 깡통이 차고 넘쳐서 다른 사람들과 나의 사랑을 나눌 수 있게 되는 것이지. 네가 침묵기도에 시간을 더 할애한다면 나의 사랑과 인정으로 너의 깡통이 채워질 것이다. 나를 찾는 자들은 하늘의 보물을 찾는 것과 같다. 나를 찾게되면 내 마음을 알게되고 그때 비로소 내가 원하는 것을 할 수 있게 될 것이다."

14. 은혜

"주님, 저의 깡통에는 주님의 사랑과 인정이 어느 정도 채워져 있나요?"

"50퍼센트."

"아, 50퍼센트뿐인가요? 그래서 제가 주님의 사랑을 더 느끼고 싶다는 생각을 하게 되었군요. 저는 당신께 특별한 아이라는 말을 듣고 싶었어요. 저를 사랑한다고 말씀하셔도 무엇인지 부족한 것을 느꼈거든요. 왜 그런지 이제는 알 것 같아요. 저의 깡통이 반밖에 차지 않았으니 그럴 수 밖에요."

"나의 사랑하는 딸아, 나에 대한 믿음이 있고 또 나를 섬기니 50퍼센트가 채워진 것이지만 그런 상태로 너무 오래 머물렀다. 사역에 바쁘다는 이유로 나와 보내는 시간이 줄어들면서 영적인 에너지가 고갈된 것이다. 그럴 때 사람들은 나에게 와서 내가 주는 영적인 음식을 먹는 대신 엉뚱한 곳에서 채우려 하기 때문에 계속되는 시행착오를 겪게 되는 것이다. 그러나 네가 침묵기도로써 나의 마음과 사랑을 알기 원할 때 나의 더 많은 사랑이 마음의 깡통에 차게 된다."

"예수님, 저를 용서해 주세요. 제가 다른 사람들의 사랑과 인정을 갈구하느라 주님을 간절히 찾지 않은 것을 용서해 주세요. 이미 사람들로부터 사랑과 인정을 받았는데도 불구하고 그것이 새나가는지도 모른 채 계속 받으려고 했어요. 그 모든 것은 잠시일뿐 제게 도움이 된 것은 없었는데 누군가 무관심한 반응을 보이면 제 마음이 무척 아팠어요."

"너의 초점은 사역이야. 그렇지만 너의 마음 깊은 속에서는 사람들로부터 사랑과 인정을 받기를 원했어. 그런 면에서 네가 나를 의지하지 않고 사람들을 의지했다는 거지. 그것은 잘못한 거야. 네가 오랫동안 사역을 나보다 더 중요시 여겼다는 것을 이야기 하고 싶어. 너의 초점은 내가 아닌 사람들이었어. 사실은 너의 진정한 초점은 다른 사람이 아닌 너였던 거야. 너의 마음의 빈깡통을 채우지 못할 때 무엇을 해야하지?"

"예수님, 사람들에게 사랑과 인정을 받을 수록 제 인생에서 그것들이 차지하는 부분이 많아지고 그게 제 자신을 위한 거란 걸 깨닫지 못했어요. 그러니 주님께 기도함으로 빈 마음의 깡통을 채우려고 하지 못했던 거에요."

"나의 사랑하는 딸아, 네가 이것을 알게 되었다는 것만해도 치유를 받을 수 있다는 증거란다. 누구나 가진 것이 없을 때는 줄 것도 없단다. 너의 마음에 있는 빈깡통은 사람이 아닌 나만 채울 수 있기 때문에 너에게 침묵기도를 하라고 불렀어. 너의 영적인 상태도 알려주고 치유를 해주려고 한 것이지."

소녀는 사랑스런 눈으로 그녀를 바라보는 주

님을 바라보았다. "주님, 감사합니다. 아무도 죽어가는 저의 영적인 상태에 대해 말해주지 않았어요. 그런 저의 심각한 상태도, 사람의 사랑을 갈구한 것도, 텅빈 상태에서 남에게 주려 했던 것도 몰랐어요. 주님의 말씀을 들고보니 50퍼센트 찬 것도 기적과 같은 일이군요. 주님을 간절히 찾는 기도로 시간을 보내지 않은 것을 용서하세요. 당신의 은혜에 감사합니다."

예수님은 만족한 웃음으로 가득찼다. "나의 은혜가 네게 족하다. 나와 나눈 이야기들을 다른 이들과 나누어라. 깡통의 채워진 양과 어떻게 채울 수 있는지 이야기 해주어라. 따라와라. 내가 또 보여줄 것이 있다."

15. 거지의 깡통

예수님과 함께 도착한 곳은 거지들이 우글거리는 큰 도시였다. 깡통을 하나씩 들고 구걸을 하러 돌아다녔다. 그렇게 많은 거지들을 처음 본 소녀는 조금 더 가까이 다가가서 지켜보았다. 놀랍게도 그들은 거지가 아니라 좋은 옷을 입은 사람들이었다. 다만 끼니를 굶은 듯한 얼굴로 '제발 사랑과 인정을 주세요'라고 써있는 깡통을 들고 다녔다. 그들이 간절히 원하는 것은 음식이나 돈이 아니라 관심과 사랑이었던 것이다.

"예수님, 우리의 마음속에 당신의 사랑과 인정으로만 채울 수 있는 빈깡통이 있다고 들었는데 왜 이사람들은 깡통을 손에 들고 있어요?"

"나의 사랑하는 딸아, 네가 보고 있는 것은 거지깡통이라는 것인데 영적인 눈으로만 볼 수 있는 것이다. 모든 사람들은 태어날 때 부모들로부터 받은 거지 깡통이 있단다. 그 깡통은 그 사람이 속한 문화와 환경에서 중요하다고 생각하는 것들로 채워지는 것인데 채워진 정도에 따라 타인의 인정을 받을 수 있다고 생각하지. 그러나 그것은 아무리 열심히 해도 가득 채울 수 없는 구멍난 깡통이란 걸 모르는 사람들은 사랑과 인정을 못받게 되면 화내고 좌절하게 되는 거란다. 내가 준 마음의 빈 깡통을 채워야만이 진정한 기쁨과 평안 그리고 만족을 얻게 된다는 것을 모르고 있는 사람들이 많이 있어. 진정으로 건강해지기 위해서는 내가 주는 사랑과 인정이 들어있는 영혼의 양식을 먹어야 한단다. 사람들이 받기 원하는 것은 사랑이고 너무나 갈구하기 때문에 서로에게 나눠줄 것이 없는거야. 설사 조금 나눠준다 해도 곧 다시 돌려받기를 원하게 되는 것이지. 그 악순환의 고리를 끊으려면 내가 준 마음의 깡통을 채우기 위해 나에게 와야한다. 그들이 나의 사랑을 알게되고 그 사랑을 다른 사람들과 나눌 때 그들의 마음의 깡통이 나의 사랑으로 가득 차게 되어 마음에 변화가 오고 믿음과 기쁨을 얻는단다."

이 말씀을 듣는 동안 그녀의 손에도 거지 깡통이 들려있다는 것을 알고 소녀는 깜짝 놀랐다. "예수님, 저도 거지 깡통을 가지고 있네요. 이제보니 바닥이 온통 구멍투성이라 다 새어나갈 수밖에 없겠어요."

"네가 영적인 눈을 뜨고

볼 수 있게 된 것이야. 지금 네 팔에 걸려있는 거지 깡통을 버려야 한다. 마음에 있는 깡통을 나의 사랑으로 채우려 할 때만이 나의 사랑을 느낄 수 있고 행복을 느낀단다. 그럴 때에 네가 다른 사람과 나누는 것은 나의 사랑이 된단다."

"거지 깡통에 대해서 좀 더 말씀해 주세요."

"네가 거지 깡통을 채우려면 마음 상하는 일이 많다. 왜냐하면 마음의 깡통을 나의 사랑으로 채우는 것에는 관심이 없고 사람들로부터 사랑과 인정을 받으려고 하기 때문이다. 다른 사람들의 사랑과 인정을 기대하면 네가 구멍이 난 거지 깡통을 채우려는 거란다."

"주님, 그러면 이 거지 깡통의 좋은 점은 전혀 없는 건가요?"

"사람의 지혜로 만들어진 것들은 계속 타인과 비교하고 판단하게 만들므로 서로에게 상처를 준단다. 그 거지 깡통은 결국 아무 쓸모가 없는 것이지. 그러나 그 깡통이 채워지지 않는다는 걸 깨닫고 과감히 버린 후 나를 따라오게 되면 그 또한 좋은 일이지."

소녀는 자기 손에 든 깡통을 바라보며 말했다. "예수님, 바로 그런 이유들 때문에 제가 상처를 받은 것이었군요. 다른 사람들이 채워 줄 수 없는 깡통을 채우려니 문제가 생긴 것이지요. 제가 이런 문제들을 어떻게 해결해야 할까요?"

"나의 사랑하는 딸아, 네가 그 깡통을 버리고 마음의 깡통만 나의 사랑으로 채우려 할 때 너는 자유해질 수 있다. 사람들에게 사랑받고 인정받으려는 마음을 버려라."

"주님, 지금 당장 이 깡통을 버리겠어요."

길가에 있는 쓰레기통에 거지깡통을 버리는 순간 그녀의 등에 얹혀있던 무거운 짐이 사라지는 느낌이 들었다. 홀가분해진 기분으로 껑충껑충 뛰면서 소녀는 소리쳤다.

"예수님, 저 좀 보세요. 이렇게 가볍게 뛸 수 있게 되었어요. 제 등에 무거운 짐이 있는줄도 몰랐는데... 신기하게도 슬픈 마음도 다 사라졌어요."

"나의 사랑하는 딸아, 네가 다른 사람들의 사랑과 인정으로 거지 깡통을 채우려고 할 때마다 나의 사랑을 생각하렴. 지금부터 너는 다른 사람들이 너를 어떻게 생각하고 대접하는지 생각하지 마라. 그래야만이 너는 내가 원하는 것을 하게 된단다."

"이렇게 놀라운 사실을 알려주셔서 감사합니다. 더 이상 사람들에게 사랑과 인정을 구걸하지 않게 해 주세요. 실은 다른 사람들이 제게 원하는 것을 못해줄 때, 그래서 그들이 자꾸 그것을 요구하면 제 마음이 복잡하고 상하게 되거든요."

"나의 사랑하는 딸아, 많은 사람들이 거지 깡통을 채우는 것에만 마음이 집중되어 나에게 오지 않는단다. 그들은 사람들이 원하는 것만을 생각하기 때문에 마음의 빈깡통을 채우려고 노력하지 않는다. 그들에게 나의 사랑을 알려주렴. 내가 그들의 필요를 알고 있다. 나는 그들의 상처를 치유할 수 있단다. 대부분의 사람들이 다른 사람들의 사랑과 인정을 원하는 만큼 받지 못하고 또 그나마 조금 받은 것마저 계속 새어나가니 많은 상처를 받은 상태란다. 나는 그들이 나의 사랑을 알기를 원해. 그들이 나에게 와서 기도하며 나를 알게 될 때 그들의 상처가 치유 된단다. 나는 네가 나에게 오는 것이 기쁘단다. 네가 나의 사랑을 알려할 때 알게 될 것이다."

"저에게 침묵기도를 하라고 불러주셔서 감사해요. 그렇지 않았다면 다른 사람들의 사랑과 인정으로 저의 거지 깡통을 채우려 했었을 거예요. 용서해 주세요."

예수님의 얼굴은 기쁨으로 가득 찼다. "나의 사랑하는 딸아, 나의 말을 듣고 순종하는 것이 기쁘다. 네가 할일이 있다. 나를 위해서 일하는 자녀들이 나를 전심으로 찾기를 위해 기도하라. 그래서 그들도 거지 깡통을 버리고 나의 사랑으로 마음의 깡통을 채우라고 말하라. 그들이 마음과 정성을 다하고 뜻과 힘을 다하여 나를 찾기를 원하는 마음을 갖기를 위해 기도하라. 나를 간절히 찾을 때에 그들은 나를 만나게 된단다. 사람들의 사랑과 인정을 받으려고 하는 사람마다 실망을 느끼게 된다. 또 사람들이 주는 것이 절대로 네 마음을 채울 수 없다는 것을 알라. 나를 따라오너라. 내가 너에게 더 보여 줄 것이 있다."

16. 아픈 남자

이번에 도착한 곳은 도시 중간에 높고 큰 병원이 있었는데 많은 사람들이 병원 침대에 누워 있었다. 그 중에 한 남자는 침대에 앉아서 흐느껴 울고 있었다.

예수님은 그 사람을 가리키며 말씀하셨다. "이 사람은 나의 일을 하는 사람이다. 그런데 나하고 시간을 보내지 않아서 나로부터 영적인 음식을 공급받지 못하고 영양실조로 거의 죽어가는 상태가 되어서 이 병원에 왔단다."

"이 남자는 왜 그렇게 되었어요?"

"나의 사랑하는 딸아, 그는 사람들이 주는 사랑과 선물에 눈이 멀어서 내가 주는 선물에 관심을 잃었단다. 그러다 보니 내가 그에게 무엇을 원하는지 생각도 하지 않았지. 그래서 나를 찾기보다는 자기에게 이익되는 것만을 찾았단다. 물질적인 필요성만 추구하고 영적인 것을 추구하지 않았어. 그리고나서 그 물질로 인해 영적인 죽음이 왔어. 그

는 돈으로써 큰 산을 옮길 수 있다는 잘못된 믿음을 갖게 되었고 나랑 시간을 보내는 대신 돈을 사랑하는 사람들과 어울리다가 배신을 당하고 모든 재산을 잃게 되었다. 그제서야 그는 자기가 돈을 나보다 사랑하게 된 것을 알게되고 지금은 회개하는 중이다. 그에게 정말 필요한 것은 나라는 것을 알게 된거지. 그는 병원에 와있지만 곧 나올거야."

"이것은 정말 저의 삶에서 어려운 레슨이예요. 제가 너무 오랫동안 가난한 환경에서 살아서 물질적인 어려움은 너무 큰 아픔이에요. 그래서 물질적인 어려움을 해결하려고 돈을 버는데 많은 시간을 낭비 했잖아요. 주님께서 저에게 일을 하라고 부르셨을 때 너무나 돈 문제가 많아서 제가 순종하고 따라가기가 어려웠어요. 어떻게 해야지 돈을 사랑하는 데서 자유를 얻을 수 있을까요?"

"나의 사랑하는 아이야, 계속 내가 너에게 무엇을 원하는지 알기 위하여 기도하라. 내가 원하는 것은 너에게 나의 사랑을 가르치는 것이다. 네가 나의 사랑을 이해할 때 너의 필요한 것이 다 채워졌다는 것을 알게 될 것이다. 그런 후에 네가 다른 사람들에게 나의 사랑을 알릴 수가 있단다."

"감사해요. 당신의 사랑을 계속 이해하도록 도와주세요. 그래서 돈보다 당신을 더 사랑하게 해 주세요. 당신이 없이는 아무 것도 할 수 없다는 것을 배우고 있어요."

"그래, 네가 지금 조금씩 나의 사랑을 배우고 있는거야. 네가 할 수 있는 것들도 있지만 그것이 내가 원하는 것이 아니다. 너는 내가 원하는 것을 해야 한다. 나를 따라 오너라. 내가 너에게 나의 사랑을 가르쳐 주겠다."

17. 제 멋대로 빛나는 돌

나무로 둘러싸인 아름다운 호숫가에 도착한 예수님과 소녀는 햇빛에 반사되어 빛나는 돌들을 바라보았다. 그런데 가까이 가서 보니 그 돌들은 햇빛과 관계없이 그 자체만으로 빛나고 있었다. 예수님은 허리를 굽혀 돌을 하나 주워서 소녀에게 보여주셨다. 이 세상의 어떤 보석보다도 아름답고 황홀한 빛을 발하고 있었다.

"오, 예수님, 정말 아름답네요. 어디서도 이렇게 멋진 보석을 본 적이 없어요."

"그래, 너의 말이 맞아. 제 아무리 화려하고 비싼 보석도 흉내낼 수 없는 아름다움이지. 너가 느낀 이 아름다움은 내가 사람들을 볼 때 느끼는 감정들이란다. 나의 형상을 따라서 만들어진 인간은 모두 이렇게 제 멋대로 빛나고 있지."

"제 멋대로라고요? 그럼 엉망진창이란 뜻인가요?"

"그렇지않아. 제 멋대로라는 것은 각각의 사람들에게는 자신만의 개성이 있도록 내가 만들었기 때문에 다른 사람들과 구분되는 멋이 존재한단다. 모두가 똑같은 기준으로 만들어졌다면 얼마나 재미없는 세상이 되었겠느냐. 이 세상에 빛나지 않는 인생은 단 하나도 없다. 모두 소중하지."

예수님의 그 말씀을 듣고보니 바닥의 돌들이 더 아름답게 빛나보였다. 하나님의 놀라운 미적 감각과 위트가 느껴지며 크기나 모양에 관계없이 생긴 대로 존재하는 돌들이 귀하게 여겨졌다.

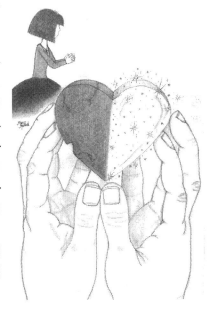

그 때 예수님은 다른 돌을 하나 더 그녀에게 건네주셨다. 그 돌은 특이하게도 한면만 빛이 나고 다른 면은 검고 칙칙했다. 빛나는 면의 아름다움에 심취했다가 뒷면을 보니 슬픔과 상실감이 더 크게 느껴졌다.

"예수님, 이 돌은 이상해요. 왜 아름다움과 슬픔이 동시에 느껴지죠?"

"나의 사랑하는 딸아, 나의 일을 하는 일꾼들 중에도 생명의 말씀을 온전히 받아들이지 않고 자기 편한대로 골라서 취하는 이들이 많이 있다. 그래서 말씀속에서 기쁨을 얻는 반면 어떤 것은 받아들이지 않아 혼란에 빠지곤 한단다. 나를 믿는다고 하면서도 슬픔과 고통에 잠겨 기쁨의 빛을 잃게 되는 것이다."

"왜 그런 일이 생기나요?"

"생명의 말씀을 나의 뜻이 아닌 자기의 생각대로 해석하기 때문이다. 생명의 말씀은 죄에서 해방되고 마귀의 사슬을 끊도록 도와주지만 사람들은 세상적인 기준에 맞추어 내 말을 이해하기에 그 능력을 잃는다. 너는 반드시 제대로 이해 한 후에 가르쳐야 한다."

"그러고 보니 저도 제 생각대로 해석하고 받아들인대로 가르치는 죄를 범한 적이 한 두번이 아닌것 같아요. 물론 일부러 그런 것은 아니지만 용서해주세요."

"그래 모르고 지은 너의 죄를 용서하마. 사람들이 내 말을 받아들이지 않는 이유는 여러가지가 있으나 가장 일반적인 것은 다른 사람들의 반응에 지나치게 신경을 쓰기 때문이다. 성경적인 가르침이 옳은 것을 알더라도 세상 사람들의 반대나 비판이 두려워서 시류에 편승하고 적당히 타협하려고 하지. 한 가지 예를 들어볼까? 동성연애에 관해 찬성하는 사람들에게 옳지 않다고 용감하게 말할 수 있는 사람이 과연 몇 명이나 될까. 나는 사람들이 내 말에 순종하기 원한다. 죄는 사람에게 슬픔과 고통을 가져다 준다."

"예수님, 정말 민감한 문제에요. 하지만 당신은 죄인을 부르러 오셨고 아무도 정죄 안한다고 생각 했는데 왜 하필이면 동성연애에 대해서 말씀하시나요? 모든 사람은 죄인이잖아요. 저는 동성연애자를 정죄하고 본인은 의인인 것처럼 생각하는 사람들을 볼 때 하나도 나을 것이 없다고 생각 하는데요."

"사랑하는 딸아, 네가 맞다. 나는 모든 사람들을 사랑한다. 마귀는 속삭이지. 내가 동성연애자를 정죄하고 미워한다고 말야. 그러나 나는 누구도 정죄하지 않는다. 내가 원하는 것은 다만 그들이 내 말을 듣고 순종하는 것이다. 그래야 나와 가까운 관계를 맺을 수 있다."

그녀는 숨죽이며 예수님 말씀에 귀 기울였다.

"지금도 마귀는 거짓으로 사람들을 고통속에 빠트리고 있다. 내가 영원히 그 죄를 용서하지 않을거라고…사람들은 내가 모든 이들의 죄를 대신해서 죽었다는 것을 자주 잊어버리곤 한다. 사랑하지 않는 사람을 위해 죽는 것이 가능할거라 믿느냐? 나는 단 한 사람도 고통의 불 속에서 마귀의 고문을 받는 것을 원하지 않는다. 누구든지 용서를 구하고 나를 믿는 자는 구원을 얻는다. 나는 사람들이 죄에 빠졌을 때 그들이 나에게 오는 것을 원해. 그래서 그들이 용서를 받고 마음의 평안을 얻기를 원한다. 너는 생명의 말씀을 통해 내가 그들을 정죄하지 않는다는 것을 알리고 그들이 죄를 용서받고 평안함을 찾는 것을 원한다는 것을 알려라."

"미국의 여러 주에서는 동성연애를 합법화해서 그런 삶을 살아도 괜찮다고 인정을 해 주는데 하나님의 말씀은 그것이 죄라고 하니 사람들이 더 혼란스러워하고 받아들이기 힘들어하는 것 같아요."

"나의 사랑하는 딸아, 그들을 정죄하라는 것이 아니다. 다만 나의 말씀을 제대로 이해하여 그들이 죄에 빠지지 않도록 가르치라는 것이지. 죄로 물든 고통의 삶은 마귀에게 문을 열어주기 때문이다. 나는 네가 모든 사람들을 사랑하길 원해. 그러나 무엇이 옳고 그른지는 나의 말을 따르라는 것이지."

"주님, 당신 말씀에 순종

하겠어요. 당신은 누구도 정죄하지 않으시니 저도 절대로 정죄하는 마음을 갖지 않게 도와 주세요."

"나의 사랑하는 딸아, 기도해야한다. 나의 잃어버린 양들이 죄에 빠질 때 회개할 수 있도록 성령님께 도와달라고 기도하라. 그래서 잃어버린 양들이 돌아와서 기쁨을 회복하고 나와 함께 걷기 원한다. 그렇게 되면 천국에서는 성대한 잔치가 열릴 것이다. 그 날 그들은 다시 제 멋대로 빛나는 보석이 되어 나의 호숫가를 아름답게 빛낼 것이다. 자 이제 나를 따라오너라. 이곳에서 오래 머무를 수가 없다."

소녀는 아쉬운 마음으로 다시 한번 호숫가를 쳐다보면서 예수님을 따라가기 시작했다.

18. 새는 지붕

끝없이 펼쳐진 길을 따라 걸으며 소녀는 많은 생각에 잠겼다. 왜 침묵기도를 시키신걸까? 이제 무엇을 가르쳐주실 것인지 곰곰히 생각하며 하늘의 구름을 바라보았다. 그녀는 구름을 좋아했다. 구름을 쳐다보면 주님의 아름다움이 느껴지고 구름을 통해서라도 뭔가 알 수 있지 않을까 하는 기대를 갖고 보게 되었다. 만약 자기가 구름이라면 하늘에서 더 많은 것을 내려다 볼 수도 있겠지 하는 생각도 하며 걷고 있었다.

저 멀리 동네가 보이기 시작하자 주님은 발길을 재촉하셨다. 검은 먹구름이 하늘에 끼더니 비가 주룩주룩 내리는 것이었다. 동네에 가까워지자 천둥이 치고 번개가 하늘을 반으로 갈랐다. 소녀는 주님의 손을 붙잡고 있으면서도 두려움이 밀려왔다.

그런데 동네에 도착해보니 대홍수로 인해서 집들만 떠내려 가는 것이 아니라 사람들도 떠내려 가며 도와 달라고 아우성을 치고 있었다. 어떤 이들은 그 사람들을 도와 달라고 울고 있었다. 지붕이 망가져서 비가 새는 교회도 보였다. 처음보는 광경에 소녀는 너무 놀랐다. 어쩔줄 모르는 가운데 이 동네가 어딘지 낯익은 동네라는 것을 발견했다. 바로 그녀가 살던 동네였다. 도로가 망가져서 여러군데가 막혀 있었는데도 좁은 길을 통해 예수님은 소녀를 인도하셔서 마침내 그녀의 집에 도착했다.

집안에 들어가 보니 모든 방마다 지붕이 새어서 물이 그녀의 무릎까지 차고 침대에 있는 이불까지 다 젖어서 도저히 어떻게 해야 할 바를 몰랐다. 이불의 물을 짜내려해도 불가능했다.

"예수님, 왜 이렇게 제 집의 지붕이 새게 되었을까요? 저는 지금까지 우리집이 튼튼한줄 알았어요."

"나의 사랑하는 딸아, 많은 일꾼들이 이런 상태에 있단다. 나의 말씀을 듣기만하고 행동으로 옮기지 않으면 이렇게 되는거야. 먼저 고쳐야 하는 것은 그들의 마음이다. 나를 섬긴다고 하면서도 온전한 마음으로 섬기지 않아. 한 발은 세상에 서있고 또 한발은 천국나라에 서있는 삶을 살고 있단다. 그래서 많은 집들이 새고 있지. 새는 곳이 많아서 실망하고 어려움을 겪고 있단다. 그들이 나를 위해서 산다고 하면서도 구태의연한 기도를 하며 전심으로 나를 찾지 않았기 때문에 겪는 어려움들이지. 그들의 집에 지붕이 샐 때 나에게 온다면 해결할 수 있을 텐데 자기들의 생각대로 고치려 하기 때문이란다. 나만이 그들의 상처를 치유해주고 평안을 줄 수 있지. 그러나 나의 사랑과 능력을 알게 되는 자들은 나를 전심으로 찾고 나에게 오는 자녀들이란다. 항상 기도하라는 나의 말씀을 순종하여 나에게 와서 기도하고 나를 의지하면 그런 어려움은 겪지않게 된다. 너도 전에 기도를 많이 하고 나의 음성을 들으려고 침묵기도를 할 때는 나의 사랑을 더 느끼고 너의 지붕이 새지 않았지.

그런데 한 동안 네가 너 자신을 의지했어."

"성령님께서 저에게 기도할 때 말을 하지말고 침묵 가운데 들으라고 하신 때가 있었어요. 그 때 저는 예수님의 사랑을 느끼고 당신의 음성을 제 마음에 뚜렷이 들을 수가 있었어요."

"그 때는 내가 너에게 나의 사랑을 느끼게 해 주었지. 그러나 네가 나의 일에 바쁘다고 나와 보내는 시간을 소홀히 한 후부터 네 지붕이 새기 시작했다는 것도 너는 모르고 있었어. 그래서 내가 너를 침묵기도를 하라고 부른거다."

"주님, 감사합니다. 당신께서 도와 주시지 않으면 저는 아무 것도 알 수 없고 할 수도 없습니다."

"사람들이 나를 전심으로 찾는 것이 중요하다고 알고 나에게 오기까지는 그들의 집은 작은 홍수에도 무너질 수 있다. 생의 어려움은 그들이 나에 대한 믿음이 있는가 없는가를 알려준다. 그들이 나에게 오면 내가 그들이 어떤 영적인 상태에 있다는 것을 알려주고 어떻게 지붕을 고칠 수 있는 가를 가르쳐줄 것이다. 그럴 때 마음의 평안이 있단다. 나의 방법으로만 튼튼한 집을 세울 수 있다. 슬픈 일은 나의 많은 자녀들의 지붕이 새고 있다는 사실이다. 기도가 부족한 교회들도 마찬가지로 지붕이 새고 있어. 세상을 다 얻고도 나를 잃어버리면 그들에게는 평안과 치유가 없어. 사람들의 사랑과 인정을 받는 것도 끝내는 도움이 되지 않아. 왜냐하면 나와 같이 걷지 않는 사람들은 평안을 가질 수 없기 때문이다. 나의 생명의 말씀은 믿음의 기초가 되게 한다. 그들의 마음에서 먼저 집의 기초를 세우게 되는 반석과 같다. 그런데 그 위에 집을 세우기 위해서는 기도함으로 나와의 관계가 가까워질 수 있단다. 나와 동행을 해야 성령께서 그들에게 어떻게 집을 세우는가를 도와주며 인도할거야. 그렇게 되면 나와같이 안전한 집안에서 음식을 나누어 먹을 수 있단다."

"예수님, 용서하세요. 제가 성경 읽기를 소홀히 하고 기도가 부족했던 것을 용서해 주세요. 제가 어떻게 해야 저의 집을 고칠 수 있나요? 마음이 정말 어렵네요."

"사랑하는 딸아, 기도하라. 기도는 새는 지붕을 고치는 것이다. 네가 보고 있는 것은 너의 영적인 상태이다."

"저의 영적인 상태를 보게 해 주셔서 감사합니다. 어떻게 저의 지붕을 고칠 수 있을까요?"

"너의 지붕이 고쳐지기 시작했단다. 네가 침묵기도를 시작하고 나의 사랑을 더 알게되고 나의 음성을 들으려고 조용히 마음을 가다듬고 기다리기 시작한 후부터 성령께서 지붕에 올라가서 다른 기도하는 사람들과 함께 너의 지붕을 고치고 있단다. 너는 아무 염려할 것 없다. 나와 갖는 시간을 늘리고 계속 침묵의 시간에 나의 마음을 이해 하려고 노력하라. 그렇게 하면 너의 천국에서의 집은 완전하고 아름다운 집이 된단다."

"주님, 성령님과 같이 저의 집을 고쳐주는 사람들이 있다고 하셨는데 그것에 대해서 말씀해 주세요."

"나의 사랑하는 딸아, 네가 알지 못하는 사람들 또 너를 알고 있는 사람들이 너를 위해서 기도를 하고 있다. 기도는 다른 사람의 영적인 상태를 돕는단다. 그래서 내가 너에게 기도하라고 하는거다. 특별히 너는 영적인 지도자들을 위해서 기도하라. 그들이 나의 일을 하려면 많은 기도가 필요하다. 그래서 집을 잃어버리고 나를 부인하고 세상을 사랑하는 사람들과 죄에 빠져서 자신들도 홍수에 떠내려 간 사람들도 있단다. 네가 그런 사람들을 본 적도 있지 않니?"

"네, 주님, 이제보니 처음에 이 동네에 들어올 때 홍수에 떠내려 가는 사람 중에도 주님을 섬긴다고 하는 사람도 있었어요. 주님, 저를 도와주세요. 제가 죄 속에 빠져서 세상을 사랑하지 않도록 저를 꼭 잡아주세요."

"내가 너를 도와줄 것이다. 나를 따라오라. 나와 같이 걷는 동안 너의 집이 고쳐질 것이다."

19. 청소하는 사람들

이번에 도착한 곳은 아주 조용하고 깨끗한 아름다운 도시였다. 그 도시 중앙에 자리잡은 높은 건물에는 "기도의 집"이라고 써 있었다. 예수님과 그 곳에 도착했을 때 청소하는 여러 명의 여자들이 빗자루를 들고 들어가는 중이었다. 건물 안에는 큰 캐비닛이 있었고 여자들은 그 곳에 빗자루를 보관했다. 소녀는 동네가 깨끗한 이유를 알게 되었다.

예수님은 웃으며 자랑스럽게 말씀하셨다. "나의 사랑하는 딸아, 여기 있는 나의 딸들은 기도의 용사들이란다. 모두가 잠든 밤에도 이들은 길에 나가서 쓰레기를 줍고 청소하지. 낮에도 계속 청소한단다. 대부분의 사람들은 누군가 이런 일들을 하고 있다는 것을 모른다. 그러나 이런 나의 사랑하는 딸들이 없다면 이 도시는 쓰레기 난장판이 되어버린다. 다른 사람을 위해서 기도해 주는 것은 마음을 청소해주는 일이란다."

"주님, 제가 다른 사람들을 위해서 기도해 주는 것을 소홀히 한 것을 용서해 주세요."

"내가 너를 용서한다. 나는 네가 다른 사람들을 위해 기도함으로써 그들을 도와주기 원한다."

"예수님, 이 동네는 기도하는 사람이 많아서 모든 거리가 깨끗했군요."

"물론이지. 그들의 기도가 아니면 길은 물론이고 모든 곳들이 아름다움을 잃어버린단다. 너를 위해 숨어서 기도해 주는 사람들이 많단걸 알고 있느냐? 그들은 나의 성전에서 영양을 공급받고 있어. 나는 네가 그 성전에 오기를 원하고 있다. 그래서 이렇게 너를 인도하고 있는 것이지."

"주님, 다른 사람들의 기도로 제가 주님과 걷고 있다는 것을 알게 해 주셔서 감사합니다. 저도 기쁜맘으로 그 기도의 빚을

갚을 수 있게 도와 주세요."

"나의 사랑하는 딸아, 그것은 쉽지가 않단다. 그러나 네가 한 눈 팔지않고 나에게 순종하기 위해 계속 따라오면 가능하다. 지금부터 나와 가장 많은 시간을 보내도록 노력하라."

"지금부터는 절대로 주님이 원치 않는 곳에서 시간을 낭비하지 않도록 저를 도와주세요. 그래서 다른 사람들을 위해서 기도할 수 있게 도와주세요. 그렇게 하려면 무엇을 해야 할까요? 누구보다도 주님을 기쁘게 해 드리고 싶어요."

"사랑하는 딸아, 지금 너는 나를 기쁘게 하고 있어. 무엇을 기도할까 묻는 것은 아주 중요하다. 많은 이들이 나에게 묻지 않고 자기들이 원하는 것만 일방적으로 내게 이야기하지. 나는 네가 나와 대화하는 법을 배우기 원한다."

"제게 알려주세요."

"네가 나에게 말하는 것 보다 내가 할 말이 있을 때 경청하기를 원해. 성령께서 인도하는대로 기도를 한 후 계속 침묵기도를 하면 네가 무엇을 기도해야 하는지 알려 줄거다."

"주님, 지금은 무엇을 위해서 기도할까요?"

"나의 사랑을 더 알기 위해서 기도하라. 네가 나의 사랑을 이해하면 내가 원하는 것을 할 수 있다. 세상에는 많은 사람들이 나의 사랑을 모르고 병들어 죽어가고 있다. 그들을 위해서 기도하라. 그들이 나의 사랑을 알기위해서 기도하라."

"감사합니다. 당신의 사랑을 더 알게 해 주세요. 죽어가는 영혼들이 주님의 사랑을 알고 구원을 받게 그들의 마음을 열어주세요."

"나의 사랑하는 딸아, 내가 너를 사랑한다. 나를 계속 따라오너라. 내가 네가 알지 못하고 생각지도 못했던 곳으로 너를 인도하겠다. 네게 가르칠 것이 많다."

20. 부자의 잔치

예수님과 걸으면서 그녀는 마음이 가벼웠다. 아름다운 산을 지나 멀리 다른 동네가 눈에 들어왔다. 유난히 다리가 많은 동네였다. 여기를 보아도 저기를 둘러보아도 수많은 다리가 보이는데 그 다리밑에는 노숙자들이 박스나 이불을 덮고 누워있었다. 병색이 짙고 시체처럼 보이는 사람은 물론 박스안에서 잠든 어린아이들도 많이 있었다. 한 엄마는 아이를 안고 있었는데 가진 것이라고는 얇은 이불 한 장 뿐이었다. 그들의 앙상한 뼈와 허기진 얼굴을 들여다보니 소녀는 마음이 아파서 눈물이 나왔다.

"예수님, 왜 이 도시에는 갈곳이 없고 배고픈 사람들이 많이 있어요? 이 곳에 어린아이들도 많아요."

예수님도 슬픔에 찬 눈으로 말씀하셨다. "나의 일꾼들이 이 사람들을 돌보아야 한단다. 이런 어려운 사람을 돕는 것은 곧 나를 돕는 것이다. 내가 그들을 만들었는데 가진 것이 없어서 이렇게 천대를 받으며 어려움을 겪고 있으니 교회에 갈 엄두도 내지 못하고 있단다. 네가 이런 사람들에게 영적인 도움을 주도록 계속 재소자와 노숙자들을 위해서 출판을 하여 배포하라. 너는 받은 것이 많다. 복음의 씨를 책으로써 뿌릴 때 풍성한 열매를 보게 될 것이다. 왜 부모가 책을 사줄수 없는 아이들에게 책을 배포하라는 일을 하라고 했는지 이제 이해하겠니? 나는 그들이 이 땅에서 받은 고통

과 아픔을 천국에서 몇 배로 갚아 줄거야."

"주님, 왜 저에게 가난한 자에게 복음의 씨앗을 뿌리라고 말씀하셨는지 이해하겠어요. 그리고 아무 것도 잘못한 것이 없는 아이들에게 주님의 사랑이 더 필요하다는 것을 깨달았어요. 주님, 제가 당신이 원하시는 것을 할 수 있도록 저를 도와 주세요. 당신께서 이렇게 가르쳐 주시지 않으시면 다른 사람들의 고통과 아픔을 알 수 없으니까요."

"나의 사랑하는 딸아, 이제 내가 또 보여 줄 것이 있다. 따라 오너라."

수많은 다리를 지나고나자 그 앞에는 화려한 호텔같은 저택들이 있었다. 그토록 가난한 동네에 이런 집이 있을 거라고는 상상하기 힘들 정도였다. 한 무리의 거지들은 저택 앞에서 구걸을 하다가 하인들에게 빗자루로 얻어맞고 울며 도망가고 있었다. 예수님은 소녀를 데리고 그 집 안으로 들어갔는데 집주인 남자가 혼자 큰 상에 다리가 부러질 정도의 많은 음식과 과일을 차려놓고 끊임없이 먹고 있었다. 그는 자리에서 일어나기도 어려울 만큼 뚱뚱한 몸집임에도 불구하고 하인들은 계속 음식을 가져왔다.

소녀는 말했다. "조금 전 수많은 거지들이 다리 밑에서 굶주리고 있는 것을 보여 주셨는데 이제 이 곳은 한 사람이 먹는 상이 100명도 더 먹일 수 있을 것 같아요."

예수님께서는 고개를 끄떡이셨다. "그렇단다. 네가 보는 것은 실제로 일어나고 있는 일이기도 하지만 지금 보고 있는 것은 영적인 의미가 있단다."

"말씀해 주세요."

"나의 사랑하는 딸아, 나의 자녀들이 계속 성경 말씀을 공부하고 지식은 많으나 그들이 배고픈 사람들에게 그것을 나누려는 마음이 없단다. 그들의 초점은 자기 혼자만 더 많이 먹는 것이지. 성경을 공부해서 배는 불렀어. 그들은 정말 부자야. 그런데 음식을 다른 사람들하고 나누지 못하는 거야. 다리 밑에는 음식이 없어서 굶어 죽어가는 사람들이 있어. 그런데 나의 일꾼들이 교회에서 그저 배불리 먹기만 하고 있어. 그들은 이제 길에 나가서 나의 사랑의 음식을 배고픈 사람들에게 나누어 주어야 돼. 그런데 많은 나의 자녀들이 내가 준 생명의 양식을 먹고 건강해진 후에도 어떻게 다른 사람들과 나누어야 할지 모르고 있어. 받은 것이 많은 사람들에게서는 나는 많은 것을 도로 찾을 것이다. 성경을 안다는 것은 많은 영적인 음식을 받아 먹었다는 것이지."

"예수님, 저를 용서하세요. 저는 성경 말씀으로 제 자신만 만족하고 오랫동안 다른 사람들에게 주님의 사랑을 알리지 못한 것을 용서해 주세요."

"사랑하는 딸아, 내가 너를 용서한다. 네가 받은 것이 많다. 너의 성경 지식은 내가 너를 훈련 시킨 것이란다. 그래서 계속 내가 너에게 말씀으로 가르쳐 주는 것을 세상에 알려야 한다."

"저는 영적으로 배가 고픈 사람이 그토록 많은 줄은 몰랐어요."

"추수할 곡식은 많은데 일꾼이 적다고 한 이야기가 바로 그 이야기야. 많은 사람들은 자기가 가진 것이 내 것 인줄도 모르고 계속 자기 배만 채우고 있단다. 그들의 가진 것은 다른 사람들과 나누어 가지라고 준 것인데 움켜쥐고 내놓을 줄 모르는구나. 네가 기억할 것은 네가 가진 것은 너의 것이 아니란 점이다. 그래서 성경 지식이 많은 사람들에게 그들의 은사를 사용하라고 권고하라. 부자들에게는 자기 것이 아니라는 것을 상기시키고 구제를 하라고 권고하라. 그래서 그들이 천국의 창고에 돈을 쌓아놓고 이 곳에 사는 동안에 가난한 자들을 돌보게하라. 너의 책 프로젝트도 가난한 사람들을 영적으로 돕는 것을 목표로 하라. 배부른 자들은 자기들이 진실로 필요한 것이 무엇인지 모르는 때가 있다. 그들의 영혼도 가난한 자들이지. 그러나 나는 네가 세상에서 먹을 것 없고 잘 곳이 없는 사람들을 사랑으로 대해 주기를 원한다. 그들을 사랑하는 것을 나를 사랑하는 것 같이 하라."

"주님, 주님께서 저에게 가난한 사람들을 도와주라고 하신 것에 감사합니다. 굶주림에 허덕이는 자들을 보여주심으로 제가 해야 할 일을 깨닫게 해주심을 감사합니다. 당신께서 원하시는 대로 복음의 씨를 가난하고 굶주린 자들, 또 아무런 죄도 없는 어린이들을 위해서 당신의 사랑의 음식을 나누게 도와주세요. 제가 받은 것이 많다는 것을 알게 되었어요. 제가 가진 것을 배고픈 사람들과 나눌 수 있게 도와주세요."

예수님은 미소를 지으며 말씀하셨다. "네가 나의 마음을 이해하기 시작해서 기쁘다. 내가 주는 영의 음식을 다른 사람들과 나눌 때 영적으로 더욱 건강해지고 부유해진단다. 너도 가만히 앉아서 먹고만 있으면 운동부족으로 몸이 건강하지 못해. 자기들만 먹고 다리 밑에서 굶어 죽어가는 사람들을 생각하지 못하는 사람들에게 얘기하라. 거지들은 교회에 올 수도 없어. 그들은 깨끗한 옷이 없어서 냄새가 날까봐 엄두를 내지 못한다. 그래서 네가 그런 사람들을 도와주어야 한다. 배고픈 배를 움켜쥐고 있는 그들이 나의 사랑의 음식을 먹어야 살 수 있다. 나의 생명의 말로써 그들을 절망에서 구해 주어야 한단다. 다른 사람들에게 내가 너에게 말하는 것을 나누어라. 이 세상에 있는 모든 것이 나의 것이지. 내가 사람들에게 줄 때는 함께 나누라고 주는 것이란걸 기억해라. 많이 받은 사람들에게 나는 많이 요구할거야. 너도 많이 받았다는 것을 알아야한다."

소녀는 부끄러웠다. 자기 자신의 안락과 평안함을 더 많이 생각했기 때문이다. "예수님, 저는 성경을 공부했을 때 제 생각만 했어요."

"내가 준 것은 나누라고 주는 것이다. 그것을 나누지 않으면 가진 것도 끝내는 다 빼앗기는 때가 올 것이다. 이 세상에서의 삶은 잠시일 뿐이다. 그 짧은 삶이 지나고 나면 네가 다른 사람들을 도와줄 수 있는 기회를 놓치게 된다. 어떤 사람들은 자기가 받은 것이 별로 없다고 생각하고 나를 섬기는 것을 아예 생각하지 않는 자녀들이 많아. 그렇게 되면 한 달란트를 사용하지 않고 숨기는 종이 되버리는 것이지. 그러나 네가 성령님의 인도를 받으며 일을 할 때 많은 사람들을 도울 수 있을 것이다.

많은 일꾼들이 나를 위해서 일한다고 하면서도 자기 배만 채우고 있기에 기쁨이 없단다. 그럴 때 나의 일꾼들은 나를 섬기는 것이 아니고 자기들을 섬기게 되는 것이다. 너는 섬김의 기쁨을 알지? 그것을 다른 사람들에게 이야기해야 한다."

"당신을 섬길 때 주신 그 기쁨은 마치 마음이 기쁨의 강물로 가득 채워진 것 같았어요. 주님께서 교도소와 문서 선교를 통해서 알게 해 주신 기쁨은 성령님께서 주신 것이었어요. 그 기쁨 때문에 계속 교도소 선교만 생각하고 있을 때 주님께서 교도소 밖에 있는 영적인 지도자들을 도우라고 하셔서 이렇게 주님을 따라가고 있잖아요. 주님께서 주신 모든 것들을 최대한으로 사용해서 당신께 순종하여 다른 사람들과 나눌 수 있도록 해 주세요. 저를 주님의 나라를 위해서 최대한으로 사용해 주시기를 위해서 기도합니다."

"나의 사랑하는 딸아, 내가 영적인 지도자들에게서 원하는 것이 있어. 그들이 나에게 와서 기도를 하고 나와 깊은 사랑의 관계를 가지기 원해. 네가 그것을 격려하라. 내가 너의 기도를 응답하기 위해서 이것들을 가르치고 있단다. 수많은 잃어버린 양들이 고통속에서 살고 있다. 너는 나와 같이 있으니 안전하나 많은 사람들이 나를 모르고 있다. 이제 잃어버린 양을 찾으러 나갈 때다. 너에게 보여줄 것이 있다. 이제 이곳에서 떠날 때가 되었다."

소녀는 예수님의 손을 잡고 그 큰집을 나와서 동네를 떠났다.

21. 얼음판의 낚시

예수님과 걷는 길이 점점 추워지기 시작했다. 눈이 펑펑 내리기 시작하더니 얼마 안있다가 모든 세상이 흰 옷으로 갈아입은 것 같았다. 예수님은 그녀에게 코트와 이불까지 주시고 얼어붙은 호수에서 구멍을 뚫고 낚시질을 하셨다. 오랫동안 그곳은 침묵뿐이었다. 소녀는 이불로 자신을 감싸고 예수님을 바라보았다. 예수님은 계속 기다리시는데 고기가 하나도 잡히지 않는 것이었다. 소녀는 의아했다. 성경말씀에서 예수님은 제자들에게 사람을 낚는 어부가 되게 해주신다고 따라오라고 하셨다. 그런데 왜 예수님은 그녀에게 사람을 낚는 것을 가르쳐주시지 않고 자신이 낚시질을 하실까? 또 제자들이 고기를 하나도 잡지 못했을 때 예수님께서 그들에게 고기를 잡게 하셨다는 이야기를 읽었기 때문이다. 참다 못한 소녀는 말했다.

"예수님, 저에게 무엇을 가르쳐 주시려고 하시는지요. 여기서 오랫동안 고기를 못잡고 기다리셨잖아요."

"나의 사랑하는 딸아, 많은 나의 일꾼들이 고기를 잡지 못하고 있어. 나를 위해서 낚시질을 한다고 하면서 말이야. 나는 그들의 어려움을 알고 있지. 그들은 열심히 나를 위해서 일을 하고 있다고 생각해. 나의 일꾼들은 나의 음성을 듣고 내가 가라고 한 곳에서 고기를 잡아야 하는데 듣지 않고 있어. 그래서 많은 배고픈 사람들이 길에서 죽어가고 있어. 내 일꾼들이 그들을 도와주어야 하는데

교회 안에서 배불리 먹고만 있구나. 아까도 말했지만 옷이 초라하고 어딜가도 환영받을 수 없다고 생각하는 이들은 교회에 올 엄두를 못내고 있단다. 나는 네가 그런 이들에게 복음을 전하기를 원한다."

소녀는 울었다. "예수님, 용서하세요. 저는 다른 사람들에게 사랑과 인정을 받는 것에 더 초점을 둔 나머지 정작 예수님의 사랑과 인정이 필요한 사람들을 도와주지 못했어요."

"나의 사랑하는 아이야, 나를 위해서 일하는 사람들이 있지만 아직도 부족해. 많은 사람들이 내 사랑을 받을만한 자격도 없다고 생각하고 있다. 교회밖에 나가서 나의 사랑을 나누어주는 사람들이 더 필요해."

"제가 저의 평안만을 생각하고 주님의 도움이 필요한 사람들을 도와주지 못한 것을 용서하세요. 또 그런 사람들을 위해서 애쓰고 도와주는 사람들을 위해서 기도하지 못한 것을 용서해주세요."

"나의 사랑하는 딸아, 내가 너를 용서한다."

"추수할 곡식은 많은데 일꾼이 적다고 하신 말씀을 이해하겠어요. 제가 당신을 위한 이 추수에서 최대한 쓰임 받기를 원합니다."

"너는 가서 영적 지도자들에게 알려라. 광야에서 굶주림에 울부짖는 양들이 너무 많아. 주린배를 움켜쥐고 쓰러지면 늑대에게 공격당하고 말지. 물고기가 없는 곳에서 낚시질을 하며 실망하는 내 일꾼들에게 전해주어라. 그 곳은 많은 일꾼들이 물고기가 없는 데서 낚시질을 하고 실망하고 있어. 그 자리는 내가 원하는 곳이 아니라고. 지금은 길에 나가서 오갈데 없는 사람들을 도와줘야 할 때라고 알려주어라."

"예수님, 당신이 저에게 하기 원하시는 것을 할 수 있도록 도와 주세요."

"나는 네가 나와 같이 많은 시간을 보내기 원한다. 그래서 내 음성을 듣고 고기가 있는 곳에서 낚시를 해야 하는 것을 배우기 원한단다. 그렇게 하면 네가 사람을 낚는 어부가 될거야. 네가 고기가 없는데서 낚시질을 하게되면 곧 알게 될거야. 그 때는 내가 가라는데로 네 자리를 옮겨야 된다."

"저의 길을 인도해 주세요. 그래서 잃어버린 양들을 찾아서 도와줄 수 있도록 해주세요. 제가 영적인 지도자들을 많이 도울 수 있도록 문을 열어주세요. 그래서 그들이 많은 잃어버린 양들을 주님의 성전으로 데려올 수 있도록 인도해 주세요."

"이제 시간이 거의 다 되어간다. 추수할 곡식이 많단다. 눈물로서 나에게 기도하는 사람들이 있는 곳이 바로 그런 곳이다. 이제부터 나의 음성에 더욱 더 귀 기울여라. 그래야 성령의 음성을 듣고 어디에서 이 사람들을 구해야 하는지 알게 된다. 네가 듣지 아니하면 잃어버린 양들을 내게로 돌아오게 할 수 있는 기회를 놓치게 된다. 침묵기도는 이것을 돕는 문을 열어 주는 수단이다. 시간이 많지 않다. 대부분의 사람들은 자신들이 유한한 존재임을 인지하지 못하며 살아가고 있다. 나의 음성을 듣고 순종하는 자녀들은 축복을 받은 자들이다. 네가 사람들에게 영적인 지도자들을 위해서 더 기도하라고 격려를 하라. 지도자들에게는 믿음과 지혜, 성령의 능력과 용기가 필요해. 그것이 없는 사람들은 결국 실패하고 떠나버리게 된다. 나는 네가 그런 사람이 되기를 원치 않아. 너에게 침묵기도를 하라고 한 것도 이런 기회를 놓치지 않게 하려고 한 것이란다. 자, 가자. 다른 곳을 보여줄 데가 있다."

주님을 따라서 그 추운 호숫가를 떠나며 소녀는 주님을 위해서 찬양을 불렀다.

"주님, 항상 당신의 사랑의 음성을 듣기 원합니다. 당신의 마음을 알게 해주세요. 당신을 기쁨으로 따라가게 해 주세요. 당신이 사랑하는 사람들을 사랑하게 해 주세요. 당신은 저에게 가장 소중한 분이니까요. 주님께 순종하게 하세요. 그래서 이 마지막 추수에 참여하게 도와 주세요. 저에게 잃어버린 양들이 어디에 있는지 알려주세요. 그래서 당신이 원하시는 곳에서 일하게 하세요. 당신의 사랑과 자비에 대해서 더 알게 해 주세요. 저에게 성령의 기름부음이 있게 도와주세요. 그래서 당신의 뜻이 저의 삶에서 이루어 지기를 원합니다."

소녀는 주님을 위해서 춤을 추기 시작했다. 주님도 그녀와 함께 춤을 추셨다. 해가 떠 올랐고 따뜻한 햇빛을 느끼면서 소녀는 주님의 사랑의 눈을 바라보며 미소를 지었다. 예수님과 걷는 길은 충만한 기쁨과 행복의 길인 것이다.

22. 평화

예수님과 함께 걷는 동안 시간이 흐를수록 많은 사람들이 같이 걷게 되었다. 알고보니 그들은 예수님과 소녀의 가까운 가족들이었다. 한 영적인 지도자가 젊은 청년을 멘토링하고 있었는데 가벼운 말다툼을 하는가 싶더니 갑자기 지도자가 청년을 덮치면서 몸싸움이 벌어졌다. 혈기왕성한 청년이 지도자를 땅에 쓰러뜨렸고 넘어진 그는 꼼짝도 않고 누워있었다. 순식간에 벌어진 일이라 주변에 도움을 청해보았지만 그 많던 사람들은 어디론가 사라지고 그녀와 지도자만 남았다. 혹시 죽은 것은 아닌지 걱정된 소녀는 얼굴을 조심스럽게 만져보니 다행히 따스한 온기가 남아있었다. 잠시 후 그 남자는 툭툭 털고 일어나서 말했다. "아, 오른팔이 너무 아픈데. 꼭 부러진 것 같아."

소녀는 슬펐다. 가족이 서로 사랑으로써 대하지 않고 싸워야 했을까? 말다툼이 있었어도 지도자가 젊은 남자를 공격했다는 것은 큰 잘못이었다. 소녀는 너무 큰 실망을 했다. 그래서 예수님께 여쭈어 보았다.

"예수님, 왜 이런 일이 일어났어요? 이 지도자가 젊은 사람을 돕는 사람인데 싸움이 일어나니까 둘이서 꼭 적하고 싸우는 것 같이 싸웠어요. 누구한테 말해야 좋을지 모르겠어요. 우리 가족이 많았는데 싸움이 일어나자마자 모든 사람들이 다 도망가버렸어요. 그래서 아무도 도울 수 없었어요."

예수님의 얼굴은 슬픔으로 가득찼다. "나의 사랑하는 딸아, 네가 본 것은 영적인 싸움이란다. 나의 많은 일꾼들이 문제가 생겼을 때 나에게 와서 물어보지 않고 자기들끼리 해결하려고 했기 때문에 서로에게 상처를 주고 더 문제가 커진단다. 그것이 곧 사탄이 원하는 것이야. 마귀는 사람들이 싸우고 서로 상처주며 용서하지 못할 때 손뼉을 치며 기뻐한다. 분쟁이 생기면 문제해결을 위해 시간을 낭비하느라 내가 원하는 것을 할 수 없게 되니까. 서로 용서하고 회개하며 나에게 나오기까지는 분노의 마귀에게 붙들려있는 것이다. 그렇게 되면 나의 자녀들은 능력을 잃은채 복음을 뿌리지 못하고 길 잃은 양들을 인도할 수 없게 되는거야. 심지어 교회 안에서도 마귀의 영적인 싸움에 휘말려서 서로 할퀴고 있다. 서로 인정과 사랑을 받지 못한 것에 매달려서 사역은 뒤로하고 분노와 투쟁으로 해결하려고 한다. 그들이 기도와 용서로써 해결을 못할 때 나의 일을 할 수가 없을 뿐 아니라 그런 행동이 오히려 다른 사람들의 영적 성장에 방해가 된단다."

"주님, 저도 제게 잘못한 사람에게 똑같은 방법으로 대우한 적이 있어요. 주님께 묻지 못한 저를 용서하세요. 앞으로는 문제가 있을 때 기도로 지혜를 구할 수 있도록 도와주세요."

"내가 너를 용서한다. 문제가 생길 때 내게 와서 물어보고 나와 시간을 보낸다면 더 많은 것을 이해 할 수 있고 사랑으로써 모든 것을 평화롭게 해결할 수 있어. 나는 상처주고 폭행, 살인하는 것을 아주 싫어한다. 그것은 마귀에게 영적인 감옥에 더 많은 영혼을 집어넣게 하는 빌미를 제공하는 일이야. 그러니 다른 이들에게 상처를 준 것이 있다면 회개해야 마음의 평안을 얻을 수 있단다. 내가 찾고 있는 사람은 다른 이들을 폭력에서 구하는 사람들인데 그 자신이 먼저 분노와 폭력으로부터 자유로워져야 다른 사람들에게 나의 사랑을 가르칠 수가 있어. 왜냐하면 나의 일꾼들로 인해 다른 사람들이 실망과 낙망을 하고 나를 떠나가는 사람이 생기기 때문이다."

"주님, 왜 당신의 사랑과 자비를 베푸는 것이 이렇게 어려울까요? 서로 마음을 나누면 평화가 있을텐데 왜 이 세상은 전쟁과 살상이 그치지 않을까요?"

"나의 사랑하는 딸아, 자기 자신의 권력과 욕심을 채우는 것만 생각하기 때문이다. 모든 자기들의 수고와 노력을 거지깡통을 채우는데 급급하고 있어. 나의 사랑과 인정이 필요한 마음의 깡통을 채워야 한다는 것을 모르고 있다. 나의 심판은 다른 사람들에게 폭력을 행사하고 상처를 주는 이에게 임할 것이다. 그러므로 사람들이 나를 알아야해. 겸손과 온유를 배워서 세계에 나의 평화를 심어야 한단다."

"제가 어떻게 당신이 원하시는 세계의 평화를 만들 수 있을까요?"

"사랑하는 딸아, 복음을 전하라. 사람들이 나의 사랑을 알게 되면 자기들의 이기적인 욕심만 생각하던 것에서 의로운 삶을 살려고 노력하는 것으로 변화된다. 또 다른 사람들을 사랑하게 되고 도우려는 마음이 생기게 된단다. 나의 사랑만이 세계의 평화를 만들어 낼 수 있단다."

"예수님, 저는 주님의 사랑의 복음을 세계에 전파하여 평화를 만들고 싶습니다."

"나를 계속 따라오면서 나의 사랑에 대해서 배워라. 그러면 네 마음에 평안이 있을 것이다. 먼저 네 마음에 나의 평안이 있어야 다른 사람들이 나를 통해서 평안을 얻을 수 있는 것을 가르칠 수 있어. 나의 평안을 가진자만이 평화를 추구하게 된단다. 그래서 다른 사람들에게 내가 그들을 사랑한다고 말해라. 지금까지 해온 것처럼 너의 책을 통해서 그것을 더욱 전파하도록 내가 도와 주겠다. 가난한 자들을 위해서 복음을 뿌리는 일을 계속하라. 책을 살 수도 없을만큼 가난한 이들을 위해 책을 보급하고 복음의 씨를 뿌려라."

"당신이 원하는 것을 할 수 있도록 많은 영적인 지도자들과 후원자들과 일할 수 있도록 도와주세요."

"나의 딸아, 내가 너를 도와 주겠다. 지금도 많은 나의 일꾼들이 정글과 위험한 곳에서 복음을 전하고 있는 사람들이 있다. 이런 나의 일꾼들이 복음을 전하지 않으면 구원받지 못할 사람이 많단다. 그러니 이런 사람들을 위해서 기도하고 격려하는 일을 하라."

"주님, 제가 이 세상에서 정말 어렵고 가난하고 고통 속에 있는 사람들이 주님앞으로 돌아오게 하도록 도와주세요. 그래서 그들이 당신의 사랑을 알게되고 또 그들이 당신을 사랑할 수 있게 도와주세요. 또 주님의 복음을 전파하기 위해서 목숨을 내놓고 일하고 있는 사람들을 위해서 기도합니다. 그들을 어려운 상황에서 지켜주시고 천사들을 보내사 도와주시고 보호해주세요. 주님을 몰라서 폭력으로써 문제를 해결하려고 하는 사람들을 불쌍히 여기시고 회개할 수 있게 도와주세요. 제가 죄를 지을 때 알려주시기를 원합니다. 그래서 제가 회개하고 주님의 사랑을 나눌 수 있게 도와주세요. 분노와 폭력으로 마귀의 감옥에 갇혀있는 사람들이 회개할 수 있도록 도와주세요. 그래서 마귀의 손아귀로부터 벗어나 주님의 사랑을 전파하는 사람들로 만들어 주세요. 욕심과 권력을 얻기 위해서 폭력과 전쟁을 일으키는 지도자들을 회개시켜주세요. 당신의 사랑의 씨가 많은 곳에 뿌려질 수 있도록 도와주세요."

예수님은 말씀하셨다. "그래, 네가 계속 기도하려므나. 그래서 어려운 사람들이 도움을 받고 선한 싸움을 계속 싸워야 한다."

"제가 주님을 위해서 선한 싸움을 싸우기를 원합니다. 주님의 사랑과 능력으로 승리하게 해 주세요."

"나의 사랑하는 딸아, 나는 이미 세상을 이겼노라. 사람들이 그것을 알고 나를 믿고 의지하면 그들도 승리할 수 있단다. 나를 믿고 의지하지 않으면 마귀에게 고통을 당하게 된다. 그러니 계속 사람들에게 복음을 전하라. 내가 또 너에게 보여줄 것이 있다."

주님의 사랑과 능력은 정말 놀라웠다. 불안과 두려움으로 고통 속에서 살았던 그녀가 주님을 만나고 용서받은 후 전에 알지 못하던 마음의 평안이 왔다. 주님과 걷는 길은 평안의 길이라는 것을 기억하면서 그녀의 마음은 감사로 차올랐다.

"당신께서 저에게 주신 모든 사랑과 마음의 평안을 감사드립니다. 당신 말씀이 맞아요. 당신께서 이미 승리를 하셨으니 저도 주님만 쫓아가면 모든 일에 승리하리라고 믿습니다."

"나의 사랑하는 딸아, 네가 나의 마음을 조금씩 더 이해하고 있는 것이 나를 기쁘게 한다. 계속 나에 대해서 다른 사람들에게 알려라."

"예수님, 당신께서 원하시는 것을 할 수 있도록 도와주세요."

"내가 너를 도와주겠다. 그러나 네가 나의 음성을 듣지 않고 순종하지 않으면 내가 너에게 원하는 것을 할 수 없으니, 계속 나를 따라와라."

23. 빨래줄

예수님께서 이번에 소녀를 데려간 곳은 빨래터였다. 그 곳에서 그녀는 자기의 바지가 깨끗이 세탁되어 걸려있는 것을 보았다.

"나의 사랑하는 딸아, 내가 너의 마음을 정결케 하기위해 청소를 시작했단다. 미래의 계획이 담긴 돌을 나에게 준 그 때부터 시작할 수 가 있었지."

"주님, 알아듣기 쉽게 설명해주세요."

"그래, 네 생각에 옳다고 판단한 것을 실천에 옮기려하면 내 뜻과는 관계없이 무조건 밀어부치려는 경향이 있어. 이것이 나를 따르는 나의 일꾼들의 문제란다. 나를 어떻게 섬길 것인지 내게 묻지않고 자기들 맘대로 결정한 후 본인들이 원하는대로 추진해나간다. 입으로는 나를 섬긴다고 하지만 자기를 섬기는 이들이 많이 있다."

"바로 제 이야기에요. 처음에 저에게 사역을 하라고 말씀하셨을 때 전혀 순종하고 싶지 않았지만 주님이 제 마음을 바꿔주신 후에 일을 시작했지요. 그렇지만 제멋대로 계획을 세우고 일했던 것을 용서해주세요. 오랜시간 당신의 음성에 귀 기울이지 않았어요. 제 자신의 평안이 더 중요했거든요."

"내가 너를 용서한다. 지금이라도 나를 따라와서 내가 원하는 것을 하기를 원한다. 시간이 많지 않기 때문이다. 따라오너라."

24. 잔치

주님과 도착한 곳에는 큰 잔치가 열리고 있었다. 예수님은 여러 가지 음식이 있는 상으로 소녀를 데려가셨다.

"나의 사랑하는 딸아, 나의 잔치에 참여해라. 너를 위해서 만들어 놓은 것이란다."

그 때까지 소녀는 자기가 얼마나 배가 고픈지 알지 못했지만 그 자리에 앉아서 맛있는 음식을 먹기 시작했다. 주님의 은혜였다.

예수님은 미소를 지으며 소녀가 먹는 모습을 지켜보셨다. "나의 말에 순종하여 침묵기도를 시작한 후 내가 하는 사랑의 말을 듣고 너는 새 힘을 얻었지. 침묵기도는 사람들에게 치유를 가져온단다. 나에게 와서 기도하며 음성을 듣는 사람들은 나의 사랑의 말을 듣게되고 그것이 곧 내가 원하는 것이야. 마귀는 사람들에게 잘못된 말과 상처주는 말을 하지만 나는 사람들을 치유해 주는 사랑의 말을 하기 때문이다. 다른 사람들에게 네가 다 죽어가는 상태에서 내가 어떻게 너에게 음식을 주고 힘을 주며 너를 일으켰는가를 전해라. 그래서 그들도 나의 잔치에 와서 먹고 힘을 얻게 하라."

"침묵기도를 하라고 저를 불러주셔서 감사합니다. 당신 외에는 저에게 힘을 줄 사람이 없다는 사실을 배웠어요. 사람들의 사랑과 인정은 언제나 조건이 붙고 제가 그들이 원하는만큼 사랑과 인정을 해주지 않으면 나에게 실망을 해요."

"사랑하는 딸아, 이제서야 내가 보는 것을 너도 보게 되었구나. 지금부터는 나보다 말을 많이 하는 사람과 나보다 더 가까운 사람을 두지말

도록 노력하라. 너의 촛점과 관심을 나에게 맞추어라. 그들의 요구는 끝없이 이어지며 구멍난 거지깡통은 너를 통해 채워지지 않을 것이다. 앞으로 너의 계획은 내가 세워줄테니 순종하기 원한다. 네가 해야 할 일은 너의 사랑과 인정을 원하는 사람들에게 나를 찾으라고 말해 주는 것이다. 나를 간절히 찾는 자가 나를 만날 것이다. 그럴 때 그들이 나의 잔치에 참석하여 나와 더불어 먹게 될거야. 그렇게 되면 더 이상 다른 사람들의 사랑과 인정을 받으려고 할 필요가 없어. 성령의 음성을 듣고 나에게 와서 침묵기도를 하고 나의 사랑을 받고 힘을 얻게 될거야. 내 앞에서 기다리는 사람들이 내 음성을 듣게되지. 내가 너를 높은 산 위에 올려놓을 것이고 이것을 말하게 할 것이다. 이미 너의 책들을 통해 그 일을 하고 있단다."

"주님, 저는 항상 당신이 필요해요. 그저 같이 걷기만해도 행복해요. 당신이 원하실 때 말씀을 하실테니까요."

"내가 너에게 원하는 것은 침묵기도를 하고 나의 음성을 듣는 것이다. 그럴 때 너가 너 자신을 돌보고 또 네가 다른 사람들을 돌볼 수 있다."

"이제 조금 이해가 되었어요. 저는 당신없이는 아무 것도 할 수 없어요."

"나의 사랑하는 딸아, 너가 할 수 있는 일이 있기도하지만 네 뜻대로 하는 것은 별로 효과적이 아니야. 나를 따라와서 잃어버린 양을 찾는 일을 해야해." 예수님은 큰 산을 가리키며 말씀하셨다. "저 산너머에 큰 마을이 있어. 이 산을 지나야만 내가 너에게 또 가르쳐 줄 것이 있어. 나를 따라와라."

예수님은 춤을 추며 그녀를 이끄셨다. 소녀도 예수님의 춤을 따라서 추기 시작했다. 밝은 햇살이 내리쬐고 새들은 지저귀며 그 뒤를 따라갔다.

"나의 사랑하는 아이야, 나를 따라오너라. 내가 너를 사람 낚는 어부가 되게 하리라. 그들은 나의 잃어버린 양이란다. 빨리 가자. 시간이 얼마 남지 않았다. 늑대가 그들을 먼저 찾기 전에 잃어버린 양들을 구해야 한다."

25. 여행가방

 예수님은 소녀를 한 동네로 데려가셨다. 그들은 여행가방을 들고 걸어가고 있었다. 그들 중에 소녀의 어머니가 보였고 본인이 갖고 가던 여러 개의 여행가방을 소녀에게 건네주더니 어디론가 가려 하셨다. 그런데 어머니는 몹시 아파서 남동생의 부축에도 일어나지 못하고 계셨다. 3년전 중풍을 앓으며 언어장애도 왔으나 하나님이 치유해주셨는데 그 후로 누군가 항상 본인을 위해서 기도해주었으면 좋겠다고 말씀하셨었다. 언제나 남을 위해 기도하시던 분이었는데도 말이다. 소녀는 어머니가 준 여행가방을 보며 스트레스가 쌓였다. 그 많은 가방들은 점점 더 커지기 시작하더니 이제는 산더미처럼 앞을 막고 있었다. 소녀는 한숨을 쉬면서 예수님께 여쭈어 보았다.

 "예수님, 제가 왜 엄마의 여행가방을 가져가야 되나요. 점점 커져서 산처럼 느껴져요. 주님과 같이 걸으려면 이 산이 없어야 하는데 주님을 따라 갈 수가 없어요. 제 힘으론 불가능해요."

 "사랑하는 딸아, 너의 어머니가 육신과 마음이 약해져서 여태까지 들고 가던 여행백들을 들고갈 수가 없게 되었단다. 이제 네가 더 기도할 시간이다. 그래서 지금 네 눈앞의 산들을 기도로 옮기는 일을 시작해야 한다. 물론 너 혼자 할 수 없지. 다른 사람들에게 너를 도와달라고 해야 한단다. 내가 너에게 원하는 것 중의 하나도 네가 기도하

는 것은 물론 다른 사람들에게도 기도를 권면하는 것이다. 그래서 그들도 자기들 앞에 있는 산들을 기도로써 옮길 수 있는 나의 일꾼들이 되기를 원한단다."

"이 여행가방에는 무엇이 들어있나요?"

"이 안에 들어 있는 것은 너의 엄마가 하던 기도의 제목들이란다. 엄마는 기도로써 많은 산들을 옮겼지. 그러나 지금은 너무 약해져서 그것들을 할 수 가 없단다. 엄마로부터 받은 가방은 엄밀히 말하자면 너의 짐들이었어. 네가 기도해야 할 것을 엄마가 너와 너의 사역을 위해서 기도했던 것이다. 나를 위해서 일을 하는 사람들은 기도가 많이 필요해. 그러지 않고는 그일을 할 수 가 없어. 영적인 싸움은 반드시 기도가 살 길이다. 지금까지 엄마가 너를 위해 해왔던 그 기도와 더불어 엄마를 위해 기도해라. 이제는 네가 기도할 때다. 그래서 기도로써 네앞에 있는 산들을 옮기고 또 다른 사람들의 산들을 기도로써 옮겨줄 수 있어. 특별히 영적인 지도자들을 위해서 기도하라. 다른 사람들에게 영적인 지도자들이 선한 싸움을 잘하도록 기도하라고 격려하라."

"예수님, 제가 요즘에 영적으로 약해 졌다고 느껴졌던 것이 저의 어머니께서 저를 위해서 기도를 못해줘서 그런 건가요?"

"사랑하는 딸아, 이제서야 기도의 능력을 이해하기 시작했구나. 네가 오랫동안 사역을 하면서 너의 어머니의 기도로 힘을 얻었단다. 이제는 너의 엄마가 너를 위해 기도로 힘을 주기가 힘들어 졌어. 왜냐하면 너의 엄마가 기도가 필요한 때가 되었기 때문이지."

"주님, 죄송합니다. 제가 엄마를 위해 기도하지 못했고 또 다른 영적인 지도자들을 위해서도 기도가 부족했던 것을 용서하세요. 사방에 기도의 빚을 졌어요. 이제는 엄마와 다른 사람들을 위해서 기도할 수 있도록 도와주세요. 어떻게 이 높은 산을 옮길 수 있을까요?"

"성령께서 너를 도울 것이다. 기도하는 사람들은 산도 옮길 수 있단다. 성령께서 너를 도와 줄 수 있는 사람들을 보내 줄 것이다."

"당신께서 저를 도와 줄 수 있는 사람들을 보내주실 건가요?"

"물론이지. 내가 너를 도울 많은 사람들을 보낼 것이다. 그것 또한 엄마의 기도제목이었다. 내가 너의 엄마기도에 응답할 것이다."

소녀는 엄마의 기도로 사역에 힘을 얻고 일을 했었다는 것과 또 주님께서 엄마의 기도에 응답하기 위해서 그녀를 도와주신다는 말씀에 감격하여 눈물을 흘렸다. "예수님, 저에게 기도하는 어머니를 주신 것에 감사합니다. 엄마가 가족을 위해서 밤낮으로 기도하셨는데 이제는 힘들어서 하지 못하는 것을 제가 할 수 있도록 도와주세요. 또 영적인 지도자들을 위해서 기도하게 도와주세요. 제가 혼자 할 수가 없네요."

"사랑하는 딸아, 네가 이제 내 마음을 조금씩 더 이해하기 시작했단다. 너의 엄마의 나에 대한 사랑과 신실함은 내가 알고 있고 축복할 것이다. 너의 엄마가 너의 머리에 화관을 씌어주었지."

"예수님, 무슨 말씀이세요?"

"너의 엄마가 많은 시간을 희생해 가면서 너와 너의 사역을 위해서 기도했단다. 그 많은 사역의 기회와 열매는 엄마기도의 덕분이었다."

"예수님, 감사합니다. 제가 충분히 이해할 수 있도록 도와주셔서 감사합니다. 엄마가 기도하고 있다는 것을 알면서도 여기까지는 생각하지 못했어요. 다른 사람들을 위해서 기도하는 것이 얼마나 중요한지, 특히 영적인 지도자들을 위해 많은 기도가 필요하다는 것을 깨닫게 해주셔서 감사합니다. 그들이 주님 원하시는 것을 할 수 있도록 제가 더욱 더 기도에 힘쓸 수 있도록 도와주시고 저를 위해 기도해 주고 있는 다른 사람들을 축복해 주세요."

"나의 사랑하는 딸아, 너의 짐은 가볍단다. 나에게 올 때 겸손을 배우게 되고 바로 그 때 너의 짐이 가벼워지지. 나는 기도를 통해서 너의 모든 짐들을 옮길 수 있어."

"예수님, 감사합니다. 이제 저의 짐을 모두 주님앞에 내려놓 습니다. 침묵기도로 저를 불러주셔서 제가 원하는 것 대신 당 신의 음성을 듣고 왜 기도해야 하는지 알려주셔서 감사합니다. 기도에 소홀했던 저를 용서하시고 영육간에 강건한 사람이 되 도록 도와주세요. 저의 어머니와 정신적, 육체적 고통에 빠져 있는 사람들을 치유해주시고 도와주세요. 이 땅에 천군천사를 보내시어 절망과 아픔에 신음하는 이들을 구원해주시고 당신 의 천사들을 온 세계에 보내서 어려움을 당하고 고통 속에 있 는 사람들을 구원해 주시고 도와주세요. 당신의 힘이 필요해 요. 저와 함께 기도와 사역을 할 수 있는 많은 동역자들을 보내 주시고 당신이 원하는 것을 할 수 있도록 성령님께서 저를 인 도해 주시기를 원합니다. 주님의 일꾼들에게 무엇보다도 먼저 주님을 간절히 찾을 수 있는 마음을 주셔서 당신을 만나고 당 신이 공급해주시는 사랑과 능력으로써 사역을 할 수 있도록 도 와주세요. 언제나 하나님의 말씀과 성령님께 순종하는 삶이 되 어서 어둠에 빛을 비추고 잃어버린 양들이 주님께 돌아올 수 있도록 도와 주세요. 제가 당신의 음성을 듣고 사랑과 치유를 경험하기 원합니다."

"나의 사랑하는 딸아, 네가 기도하는 것이 정말 향기로운 꽃 같이 느껴지는구나."

주님은 미소지으며 행복해 하셨다. 소녀는 주님을 찬양하며 춤을 추기 시작했다.

"주님, 당신을 사랑합니다. 기도의 중요성을 깨닫게 해주셔 서 감사합니다. 저를 불러주시고 주님과 동행하도록 인도해 주 심을 감사드립니다."

새들도 함께 노래하기 시작했다. 그녀가 잠시 춤을 멈추고 주님의 미소를 바라본 순간 상상치 못했던 놀라운 일이 벌어졌 다. 산더미처럼 쌓여있던 그녀앞의 여행가방이 다 사라진 것이 다. 그녀는 너무 기쁜 나머지 껑충껑충 뛰면서 말했다.

"예수님, 그 많던 여행가방들이 다 사라졌어요!"

"나의 사랑하는 딸아, 계속 기도하라. 그러면 너의 산들이 다 평탄한 길이 될 것이다. 성령께서 모든 산들을 옮겨줄 것이다. 기도는 너의 마음의 짐을 덜어주고 기적을 볼 수 있게 한단다. 성령께서 너를 위해 기도하는 사람들을 계속 보내줄 것이다. 그들은 너와 함께 기도할 것이며 산을 옮기고 기적을 보게 될 것이다. 그리하여 너는 내가 원하는 일을 하게 될 것이다."

"저와 많은 사람들의 기도를 도와주실 것을 미리 감사합니다."

"나의 사랑하는 딸아, 이제 잃어버린 양을 찾으러 갈 때다. 내가 너와 함께 갈 것이며 내가 너를 도와 줄 것이다. 나는 그 양들이 어디에 있는지 알고 있다. 그러므로 너는 나를 따라와야 한다."

소녀는 예수님을 따라가며 노래를 부르기 시작했다. "예수님, 당신의 사랑과 능력은 정말 위대하세요. 이 세상 어디에도 존재하지 않는 놀라운 오직 한 분이세요. 제가 잃어버린 양을 찾도록 도와주실 것을 저는 믿어요."

숲을 지나가는 동안 새들도 그녀와 같이 예수님을 찬양했다. 예수님은 기쁨가득찬 행복한 얼굴이셨다. 영광의 주님을 직접 느끼고 경험하는 이 길은 그 무엇과도 바꿀 수 없는 기쁨의 길이란 것을 소녀는 이제 알게된 것이다.

26. 추운 겨울

예수님과 소녀는 조용히 말없이 걸었다. 눈이 내리기 시작했고 앞의 산에 나무들과 길이 보이기 어려울 정도로 눈이 펑펑 쏟아지기 시작했다. 한남자가 앞에서 빨리 걸으면서 말했다. "구조원들이 오고 있어요. 여기는 눈이 너무 많이 오고 추어서 위험한 곳이에요." 그 남자는 눈속으로 사라져 버렸다.

소녀는 뒤를 돌아다 보니 한 노란 오토바이 헬멧이 땅바닥에 떨어져 있는 것을 보았다. 그리고 자기의 여동생이 땅에 누워 있는 것을 보았다. 소녀가 달려가서 여동생의 몸이 얼어서 숨도 안쉬는 뻣뻣한 죽은 몸을 안고 놀라서 정신없이 어쩔줄을 몰라 몸을 주무르면서 깨어나라고 소리를 질렀다. 여동생은 차츰 몸이 따스해지더니 숨을 쉬기 시작했다. 그때 구조원들이 와서 큰 네모난 썰매에 여동생을 넣었는데 그때는 그녀가 완전히 회복이 되어서 썰매에서 걸어 나와서 소녀에게 감사하다는 얼굴로 꼭 껴안았고 다시 썰매로 돌아갔다.

예수님은 말씀하셨다. "나의 사랑하는 딸아, 네가 너의 여동생같이 추운데서 나의 사랑을 모르고 죽어가고 있었단다. 그런데 나의 사랑이 너의 얼은 마음을 녹여서 생명을 주었다. 너의 침묵기도가 나의 사랑의 따뜻함을 느끼는 것이란다."

"주님, 제가 본 여동생이 저였군요. 당신이 없이는 저의 삶은 아무런 의미도 없고 생명이 없어요."

"나의 사랑하는 아이야, 그래서 사람들이 나의 생명의 사랑의 복음을 들어야 한다는 것이란다. 복음을 전파하라. 너의 삶을 어느 다른 것에라도 낭비하지마라. 사람들이 나의 사랑의 메시지를 들어야 한다. 내가 그들을 사랑한다는 것을 들어야 한다. 너의 할일은 내가 가라는데로 가고 내가 하라는 말을 하는 거다. 내가 너에게 할말은 줄 테니 아무 걱정을 하지 않아도 된다."

"주님, 어떻게 다른 사람들에게 당신의 사랑을 잘 알릴 수 있어요?"

"네가 침묵기도를 시작한 후 기도로서 그일을 더하고 있단다. 다른 사람들로 인해서 방해받지 않도록 주의하라. 그렇게 되면 네가 해야 할 일을 잊어버리게 된단다. 계속 기도하라. 나를 따라와라. 아버지께 기도로 더 많은 일꾼들을 보내달라고 기도하라. 추수할 곡식이 많은데 일꾼이 적구나. 나의 일꾼들이 같이 마음이 연합되어서 일을 해야 한단다. 내가 너에게 하는 말을 다른 사람들과 나누어라. 나의 생명의 말씀을 듣지 않는 사람들에게 시간을 주지말고 성령의 음성을 따라라. 그렇게 하면 네가 나의 원하는 것을 할 수 있다."

"당신의 음성을 항상 듣게 해주시고 다른 사람들이 무어라고 하든 용기를 가지고 당신의 사랑의 말씀을 전하게 도와주세요.

주님을 위해서 일할 수 있는 일꾼들을 많이 보내주세요. 당신을 위해서 일하는 사람들과 일을 하여 저의 삶은 오직 주님의 위해서 사용되기를 원합니다. 당신과 계속 걸으면서 음성을 듣기를 원합니다. 침묵기도를 하도록 불러주셔서 저를 치유해 주셔서 감사합니다."

소녀는 예수님을 위해서 춤을 추며 노래를 부르기 시작했다. 예수님은 웃으셨다. "나의 아이야, 잃어버린 양을 찾으러 나갈 때이다. 그들의 고통의 소리를 내가 듣고 있다. 내가 그들을 치유하고 보호하기를 원한단다."

"예수님, 당신은 정말 누구보다도 사랑이 많고 아름다운 마음을 가지신 분이셔요. 당신의 사랑을 더 이해하기 원합니다. 나의 주님에 대한 사랑이 당신의 정원에 피는 아름다운 꽃과 같이 되게 해주세요."

27. 사랑

눈으로 덮인 산을 지나자 푸른 하늘과 함께 노란꽃으로 만발한 곳이 눈에 나타났다. 소녀는 꽃밭으로 뛰어갔다.

"주님, 이곳이 전에 제가 있었던 아름다운 꽃밭인 것 같아요."

"나의 사랑하는 딸아, 네가 전에 있었던 곳에 돌아 온 것이란다. 여기서 우리가 점심을 먹고 쉬어가자구나."

예수님은 그녀에게 빵과 주스를 주셨고 소녀는 그것을 받아 먹고는 곧장 꽃밭으로 달려가서 민들레 씨를 호호 불면서 공중에 날라가는 것을 보며 즐겼다.

"예수님, 이 아름다운 곳에 다시 데려오셔서 감사합니다. 그러나 이 아름다움에 취해서 주님을 잊어버리는 일이 절대로 없게 도와주세요. 저의 침묵기도를 통해서 주님의 마음을 더 알게 해주세요. 그래서 다음에 주님이 가자고 하는 곳이 있을 때 기쁨으로 가게 도와주세요." 소녀는 노래를 불렀다. "예수님, 당신을 사랑합니다. 당신보다 더 중요한 분이 저의 삶에서 없어요."

예수님도 미소를 지으면서 말씀하셨다. "나의 사랑하는 딸아, 내가 너를 나의 목숨보다도 더 사랑한다."

"꽃들에게 무어라고 말할까요?"

"내가 그들을 사랑한다고 말하렴. 그들이 무슨 잘못을 했던 간에 회개하면 내가 용서한다고 말해라. 나는 그들의 죄도 기억을 하지 않을 것이다. 그들이 아플 때 나의 마음도 아프다고 이야기 해라. 내가 그들을 기다리고 있고 내가 그들의 상처를 치유할 수 있다고 말해라."

"당신의 사랑과 능력의 메시지에 감사드립니다. 저에게 당신이 원하시는 것을 용기있게 전할 수 있도록 많은 문을 열어주세요. 제가 여기에 있는 것이 천국에 와있는 느낌까지 드네요."

"네가 나하고 보내는 시간은 천국이란다."

"예수님, 감사합니다. 저는 다른 사람들도 제가 지금 느끼고 있는 당신의 사랑과 평안과 행복을 느끼기를 원합니다."

"침묵기도가 너에게 나의 마음을 더 알 수 있는 기회를 주므로 네가 그것을 느끼고 있는거다."

"예수님, 당신이 저를 침묵기도를 하라고 부르지 않으셨다면 제가 많은 것을 배우지 못했을 거에요. 제가 계속 침묵기도를 하기를 원하세요?"

"나의 사랑하는 딸아, 너의 침묵기도는 이제 겨우 시작한 것이란다. 나는 네가 우리 하늘나라의 아버지 집에 도착할 때 까기 침묵기도를 계속하기 원한다. 나의 음성을 듣는 것을 매일 연습을 하려므나. 사람들에게 말을 덜하고 나에게 더 말을 하렴. 이말은 모든 나의 자녀들에게도 하는 말이다. 밖에서 들리는 음성은 덜 듣고 나와 시간을 더 보내고 내 음성을 들으면 그들의 아픔과 상처가 치유가 된단다. 많은 사람들이 사람들의 사랑을 받으려고 나의 사랑을 받으려는데 관심이 없다."

"당신께 누구보다도 관심을 가지고 같이 시간을 보내고 사랑하기를 원합니다."

"네가 이제야 나의 마음을 조금씩 이해하게 되었다." 예수님은 웃으시면서 말씀하셨다.

소녀는 꽃을 꺾어서 예수님께 드리고 노래를 불렀다. "당신은 이 모든 꽃들보다 아름다우신 분이십니다. 당신을 어제보다 오늘 더 사랑합니다."

"나의 딸아, 계속 기도를 하렴. 네가 계속 침묵기도에 힘쓰고 나와 계속 걸으면 네가 지금까지 본 것보다 더 큰 영적 부흥을 볼 수 있게 될 것이다."

소녀는 계속 춤을 추면서 노래를 부르고 예수님은 사랑의 눈으로 바라보셨다. 예수님의 사랑이 소녀의 삶을 변화시켰다. 예수님도 소녀와 춤을 추시자 나비들도 같이 춤을 추기 시작했다. 주님과 함께 있는 그곳에는 기쁨과 웃음만 있었다.

2부

나의 침묵기도

한동안 기도에 대해 마치 전화기에 메시지를 남겨놓는 것처럼 생각한 적이 있었다. 성령님은 그런 내게 하루 24시간의 십분의 일을 기도하라고 부르신 후 새로운 것을 알려주셨다. 하나님께서 하실 말씀이 있으니 말을 하지 말고 기다리라는 것이었다. 기다리는 동안 하나님은 우리와 가까운 사랑의 관계를 원하시며 대화하기 원하신다는 것을 배웠다. 또 하나님의 마음을 이해하게 되고 그분의 사랑을 알게 되었으며 그분이 무엇을 원하시는지 알기 위해서는 침묵기도를 하는 것이 필요하다는 것을 깨닫게 되었다.

침묵기도를 하는 동안 전화통화와 다른 이들과 대화도 제한하며 하나님과 보내는 시간을 가장 많이 보내려고 노력하고 있다. 오래전에 집에 TV도 없앴으며 세상에 대한 정보도 신문을 대충 훑어보는 것으로 대신한다.

시간날 때마다 들던 찬송도 듣지 않고 운전할 때조차 아무것도 듣지 못하게 하신다. 주님께 개인 예배를 드릴 때나 교도소에서 예배를 인도할 때 외에는 음악을 전혀 듣지 않는다. 전에는 묵상기도를 할때 찬송음악을 사용했는데 주님께서 그것도 원치 않고 침묵을 연습하게 하신다. 개인적인 멘토도 중단하고 침묵기도 외에는 사역과 책 쓰는 일만하고 있다. 다른 사람들과 대화를 많이 하는 것을 원치 않으실 때는 그들에게 설명하기 곤란할 때도 있다. 주님은 밖으로부터 듣는 음성을 최대한으로 제한하고 주님의 음성만을 듣게 하시려고 한다. 그런지 4달이 되었는데 얼마나 더 오래 이런 상태를 원하시는지 알 수 없지만 순종하려고 노력한다. 일상속에서 내가 하고 있는 침묵기도 생활을 함께 나누고자 한다.

1. 꿈 저널 – 아침에 깨자마자 간밤의 꿈을 기록하고 주님께 무엇을 말씀하시려는가 여쭈어본 후 주시는 말씀을 적는다. 주님은 꿈 뿐만 아니라 하고 싶은 말씀을 하시는 때가 많이 있다.

2. 성경말씀 – 요즘은 내가 쓴 『하나님 사랑합니다』 책을 하루에 한장씩 읽고 묵상을 한다.

3. 기도 – 나와 여러 사람들을 위해서 기도를 한다. 특히 영적인 지도자들을 위한 기도에 초점을 둔다.

4. 침묵기도 – "주님, 하실 말씀이 있으시면 하십시요" 하고는 눈을 감고 기다린다. 오랫동안 아무 말씀을 하시지 않아도 기다리거나 음성을 주시고 또 마음에 보여주시는 것이 있을 때 무슨 뜻인지 여쭈어 본다.

5. 저널 – 침묵기도 시간중 하신 말씀이 있으면 적는다.

하루종일 기도할 것이 생각날 때마다 기도하며 또 걸으면서도 주님 음성을 경청하는 침묵의 시간을 실행한다. 어떤 일을 하면서도 그분의 음성을 들으려고 마음을 비우고 주님께 말씀하시라고 한다.

저녁에 자기전에는 꿈 저널을 빼고는 똑같이 모든 것을 반복하고 침묵기도의 예배를 드린다.

3부

마음의 빈깡통과 하나님 사랑

침묵기도에서 주님께서 가르쳐주신 것은 하나님은 우리의 마음에 빈깡통을 주셨는데 이 깡통은 하나님의 사랑과 인정으로만 채워진다. 우리가 주님께 겸손히 순종하고 기도로 구할 때 그 분만이 채워 주실 수 있다. 또 우리에게 사랑과 인정을 받고 싶어하는 마음을 주셨는데 그것은 주님과 우리 사이에 가까운 사랑의 관계를 갖기 위해서 주신 것이다. 그것을 모르는 사람들은 타인에게서 사랑과 인정을 받으려고만 추구한다. 그러나 사람들이 주는 것으로는 결코 마음의 빈깡통을 채울 수 없다. 마치 구멍 난 깡통에 물을 붓듯이 계속 넣어도 채워지지 않으므로 실망의 연속일 뿐이다.

이 마음의 빈깡통을 채우려면 하나님 사랑하는 것을 배워야 한다. 그것을 배우려면 알거지의 신학이 필요하다. 알거지는 아무것도 없는 사람이고 어디서 구걸을 해야 되는 지도 안다. 알거지는 체면을 생각하지 않고 목적만 생각한다. 또 알거지는 보통 거지와 달라서 겸손함과 지혜, 용기와 끈기가 필요하다는 것을 안다. 하나님이 주신 마음의 빈깡통을 채우려면 우리는 알거지의 마음으로 구하는 것을 배워야한다. 네 부분으로 깡통이 채워진다.

첫째, 우리의 믿음으로 깡통의 ¼인 25퍼센트가 채워진다. 우리가 하나님을 사랑하는 첫단계인 것이다. 교회에서 예배보고, 성경읽고, 기도하는 것이다. 많은 사람들이 이 곳에 머무른다. 그래도 사람들이 마음속 깊은 곳에 자기들에게 채워지지 않은 것이 있다는 것을 깨닫게 된다. 그래서 무의식 중에도 사랑과 인정의 깡통을 채우려고 다른 사람들을 의지한다. 어떤이들은 다른 사람들에게 사랑과 인정을 많이 받아서 그것으로 만족하는 사람도 있다. 그러나 역시 부족함을 느끼고 목말라한다.

둘째, 우리가 다른 사람들을 섬김으로 깡통이 ¼이 더 채워져서 50퍼센트가 되는 단계다. 우리의 은사, 시간과 물질의 희생 등이 섬김이다. 이 단계에서 자기가 하나님을 사랑한다고 믿으며 스스로 만족하는 사람들도 있다. 아직도 반이 채워지지 않은 것을 사람들의 사랑과 인정으로 채우려고 하는 사람들이 있다. 그러나 그것은 실망만 가져다 준다. 왜냐면 사람들이 주는 것은 받는 대로 새버리기 때문이다.

셋째, 개인의 헌신 예배와 기도와 침묵 속에서 하나님을 찾는 것을 배우는 사람이다. 그들은 하나님을 기다린다. 하나님의 사랑과 인정을 깡통에 채우기 위해서 전심을 다해 구한다. 그러는 중에 ¼이 더 채워져서 75퍼센트가 찬다. 이것은 열성을 가지고 하나님을 찾는 사람들이다. 그분께 가까이 가면서 그분의 사랑을 더 알게 되고 그러면서 깡통이 채워지는 것이다.

"나를 사랑하는 자들이 나의 사랑을 입으며 나를 간절히 찾는 자가 나를 만날 것이니라" (잠언 8:17).

넷째, 나머지 25퍼센트는 하나님께서 우리에게 오실 때 채워지게 된다. 그분의 임재하심 속에서 그분의 사랑을 느끼고 그분을 사랑 하지 않고는 못배기게 된다. 우리의 깡통에 그분의 사랑으로 가득차게 될 때는 주님이 우리의 사랑을 인정하고 찾아와 주신 것이다. 그 때 우리의 깡통이 100퍼센트 차게 된다. 이럴 땐 다른 사람에게도 사랑과 인정을 나누어 가질 수 있다. 그렇지만 다른 사람들이 당신에게 받는 것으로는 오직 25퍼센트밖에는 영향을 받지 못한다. 또 그것은 금새 없어지고 다시 음식을 구걸해야 하는 것이다. 그래서 그들도 하나님을 사랑하고 가까이 가게되면 그 마음의 빈깡통이 차게 된다는 것을 알려주어야 한다.

하나님을 사랑을 이해하고 그분을 사랑하는 것을 배우면 우리의 마음의 빈깡통은 넘쳐흐른다. 당신의 깡통은 어디까지 채워져 있는가? 하나님께서 내 깡통은 50퍼센트만 채워져 있다고 하셨다. 나는 실망했다. 내심 내 깡통은 제법 채워졌다는 평가를 받을 거라고 기대했기 때문이다. 시험공부는 열심히 하지 않고 점수만 잘 받기 원하는 얌체 신학을 가진 것이 바로 나였다. 그러나 나의 현실점검을 정확히 하는 것은 중요하다. 그래서 하나님을 전심으로 찾고 싶었지만 사역에 바빠서 자꾸 그분을 만나는 것을 등한시 했다. 하나님은 다른 사람들의 사랑과 인정으로 내 빈깡통을 채우려 했다는 것을 알고 계셨다. 그래서 나에게 침묵기도를 시키시고 나의 영적인 상태를 보여주셨다.

나는 오랫동안 하나님이 주시는 영적 음식을 먹지 못해서 죽어가는 거지였다. 나는 그럼에도 불구하고 계속 다른 사람들에게 내 것을 나누느라 시간을 보냈다. 그러다 보니 내 깡통을 채울 생각조차 못한 채 굶어 죽어가며 기진맥진한 상태였다. 나의 상태를 파악하게 된 후 나는 겸손을 배우는 알거지가 되어야했다. 일어날 힘도 없이 누워서 주님께 음식을 달라고 구했다. 조금씩 하나님이 주시는 음식을 받아 먹기 시작했지만 아직도 배가 차지 않았다. 그래서 끊임없이 구한다. 침묵기도는 나의 배고픈 배를 채운다.

또 내게는 용기가 필요하다. 내게 가장 필요한 분은 하나님이라는 것을 다른 사람들에게 알려야 한다. 하나님께 더 구해서 많이 받아 먹어야 내가 일어날 수 있다는 것을 알려야 한다. 내가 먼저 살아나야 다른 사람들을 도울 수 있다는 것을 배우고 있다.

하나님께서 침묵기도로 부르시기 전까지는 내 깡통이 바닥을 드러내서 더 이상 남에게 줄 것이 없는 줄도 모르고 헛수고를 하고 있었다. 하나님은 그런 나의 상태를 알려주기 위해 침묵기도를 시키신 것이다. 또 알거지 신학에서 가장 중요한 것 중 하나는 끈기다. 몸이 조금 회복이 되었다고 하나님께 더 이상 구걸하지 않으면 전과 같이 죽어가는 상태가 된다. 그래서 계속 깡통에 아직도 안찬 부분이 있다고 알고 계속 구걸해야 한다. 하나님을 사랑하는 법을 배우는 것은 그분이 주신 깡통을 어떻게 채우는가를 배우는 것이다. 당신의 깡통은 얼마나 채워져 있는가? 당신은 하나님의 사랑과 인정에 고갈되어 있는가? 당신은 하나님의 사랑을 배우려 침묵기도를 하고 있는가? 당신은 계속 다른 사람들에게 퍼주다 보니 자신은 빈깡통이라 영양실조에 걸리지 않았는가? 당신은 아파서 누워서 몸도 못 움직이는 상태에 있는가? 당신은 어떻게 하나님의 영양가 있는 음식을 받아 먹고 있는가? 하나님은 당신에게 어떻게 깡통을 채우라고 말씀하시고 계신가? 당신은 당신의 깡통을 사람들의 사랑과 인정으로 채우려고 하고 있는가? 결론은 우리는 알거지가 되어야 한다. 자신을 알고 겸손히 하나님께 구하는 것을 배우자. 우리를 사랑하시는 하나님께 헌신과 예배를 주일예배는 물론 개인의 시간을 내서 드리자. 침묵기도를 연습하자. 조용히 마음을 가다듬고 주님께 말씀하시라고 하고 기다리는 기도를 하자.

"주님, 사랑합니다. 당신의 사랑을 알기 원합니다. 당신을 기쁘게 해드리는 순간순간의 삶이 되기 원합니다. 당신의 사랑으로 내 마음의 빈깡통을 채워주세요. 당신으로 가득차게 해 주세요. 그래서 당신의 사랑이 내 삶을 통해서 나타나기를 기도합니다. 예수님의 이름으로 기도드립니다. 아멘."

4부

거지 깡통과 자기사랑

하나님을 열정적으로 사랑하려고 노력하며 성경을 읽고 기도를 해도 왜 자기자신을 사랑하고 인정하며 받아들이지 못할까? 자기를 사랑하는 것은 불가능하다고 느끼는 사람들도 있다. 하나님의 자녀로서 하나님이 주신 마음의 빈깡통을 채우려고 그분께 구하는 것은 절대적으로 필요하지만 왜 우리는 다른 사람들로부터 사랑과 인정을 받기위한 노력을 끊임없이 하는 걸까?

사실 그 이유는 우리가 자란 환경에 따라서 사람들이 만들어 낸 거지 깡통을 태어날 때 받았다. 하나님이 주신 사랑과 인정의 깡통은 우리의 마음에 있지만 사람들이 준 깡통은 실제 볼 수는 없어도 자신과 타인은 볼 수 있다.

자기를 사랑하고 인정하지 못하면 늘 남의 관심에 목마르게 되고 그것이 삶의 습관이 되어 남에게 사랑받아야 자신이 가치 있는 사람이라고 착각하게 되는 것이다. 하나님을 믿은 후에도 오직 그 분을 통해서만 마음의 빈깡통이 채워진다는 것을 아직도 잘 모르는 사람들이 있다. 그래서 그들은 계속 사람들에게서 받은 거지 깡통을 채우려고 구걸을 한다. 자신을 사랑하는 것을 배우지 못한 사람은 이웃을 사랑할 수 없다.

왜 우리가 이런 거지의 신분이 되었을까? 왜 우리를 위하여 죽기까지 사랑하신 예수님을 믿는다고 하지만 자신들을 사랑하지 못할까? 세상에는 다른 사람들을 사랑하고 인정하기 보다는 서로를 비교하고 판단해서 깎아내리려고 혈안이 되어 서로에게 상한 감정을 계속 만들어 내고 있기 때문이다. 하나님은 모든 사람들을 귀하게 여기시고 가치있게 생각하신다. 예수님은 하나님 아버지께서 우리를 얼마나 사랑하시는지 말씀하셨다. "하나님이 세상을 이처럼 사랑하사 독생자를 주셨으니 이는 그를 믿는 자마다 멸망하지 않고 영생을 얻게 하려 하심이라. 하나님이 그 아들을 세상에 보내신 것은 세상을 심판하려 하심이 아니요 그로 말미암아 세상이 구원을 받게 하려 하심이라" (요한복음 3:16~17).

세상사람들의 가치 기준은 하나님의 가치 기준과 다르다. 그래서 우리는 자신을 사랑하는 습관을 길러야 한다. 사람들에게 사랑과 인정을 받으려고 하는 갈구의 종류는 다음과 같다.

- 내가 가진 것의 자랑
- 내가 얼마나 예쁘고 젊고 잘 생기고 똑똑한가?
- 학력은 어느정도인가?
- 어떤 집에서 살고 있나?
- 가정환경이 어떤가?
- 어떤 차를 가졌는가?
- 어떤 친구들이 있는가?
- 부모와 친척은 무엇을 하는가?
- 건강한가? 아니면 병이 들었는가?
- 돈이 얼마나 많은가?
- 여자 아니면 남자로서 어떤 면에서 자랑할 것이 있는가?
- 얼마나 비싼 옷을 입었나?
- 내가 할 수 있다는 자랑
- 하나님의 일과 선교를 얼마나 열심히 하고 있는가?
- 기도를 얼마나 하는가?
- 성경을 얼마나 읽었나?
- 어떤 직장을 다니는가?
- 얼마나 헌금하며 구제하는가?

다시 말해서 내가 가진 것과 내가 할 수 있는 것이 무엇인가에 따라 자신의 가치가 결정된다는 것이다. 기억할 것은 여기의 리스트가 무조건 나쁘다는 이야기가 아니라 그것으로 인간의 가치를 판단해서 적용을 시킬 때 우리는 자신을 사랑 할 수 없고 다른 사람을 하나님께서 원하시는 대로 사랑할 수 가 없다. 우리에게는 부모와 환경등 자신의 의지로 선택이 불가능한 것들이 많이 있다. 그러므로 그런 기준으로 서로 비교, 판단한다면 결국 거지깡통을 채우려는 것에 지나지 않는다.

아무리 내가 가진 것이 많고 재능이 뛰어나다 해도 세상은 비교할 대상이 넘쳐난다. 늘 비교속에서 내가 가지지 못한 것에 초점을 맞춘다면 평생 낮은 자존감속에서 고통당할 뿐이다. 세상의 가치관에 물들어서 상처받고 치유되지 못하면 제대로 자신을 사랑하지 못하게 된다.

어떻게 자신을 사랑하는 것을 배울 수 있을까? 우리가 자신을 사랑하려는 것을 배우려면 하나님의 말씀과 성령님의 치유의 능력이 필요하다. 그것은 잘못된 생각과 가치관과 비교하는 습관을 버리고 하나님의 사랑의 말씀으로 우리를 받아들이는 새로운 습관으로 바꾸는 것을 연습해야 한다.

자신을 사랑하는 기준은 반드시 하나님께 속해야한다. 그럴 때 알거지의 신학이 여기서 또 필요하다. 겸손, 지혜, 용기, 끈기가 우리에게 절대적으로 필요하다. 사람들에게 사랑과 인정을 받으려고 하는 것을 겸손하게 내려놓아야 한다. 사랑과 인정을 받으려고 하는 생각이 들어올 때마다 하나님의 지혜의 성경말씀과 기도 생활에 초점을 두라. 생각을 바꾸는 것이 힘이 들더라도 용기를 가지고 사람들이 준 거지깡통의 비교, 판단의식을 버리고 자신을 하나님께서 사랑하신 사랑으로 사랑하라. 또 끈기를 가지고 매일 개인예배에서 주님의 음성을 듣는 침묵의 기도의 시간을 보내라. 생각을 바꾸는데 오랜 시간이 걸릴 수 있으나 하나님의 관점에서 자신을 사랑하는 것에 초점을 두면 점점 자신을 사랑하는 것을 배우게 된다.

예수님은 사람들로부터 인정을 받기 원하는 이들을 꾸짖으셨다. 예수님의 제자들도 다른 사람들에게 인정을 받고자 하는 심각한 문제가 있었다. "제자 중에서 누가 크냐 하는 변론이 일어나니 예수께서 그 마음에 변론하는 것을 아시고 어린 아이 하나를 데려다가 자기 곁에 세우시고 그들에게 이르시되 누구든지 내 이름으로 이런 어린 아이를 영접하면 곧 나를 영접함이요 또 누구든지 나를 영접하면 곧 나를 보내신 이를 영접함이라 너희 모든 사람 중에 가장 작은 그가 큰 자니라" (누가복음 9:46~48).

기도: "주님, 다른 사람들에게서 사랑과 인정과 칭찬받기를 원하는 욕망에서 해방되기를 원합니다. 당신의 사랑과 인정만이 저에게 필요합니다."

하나님의 사랑을 받아들여라. 우리가 주님을 기쁘게 해드릴 수 있는 한 가지 방법이 있다면 하나님이 사랑하시는 것을 사랑하는 것이다. 하나님은 우리를 사랑하시며 우리는 자신을 사랑해야 한다.

자신을 사랑하기 위해서 우리는 하나님의 말씀대로 생각과 행동의 변화가 필요하고 영적인 성장과 치유가 필요하다. 자신을 사랑하기 위해서 우리는 우리의 영혼을 돌보아야 한다.

하나님은 당신을 창조하셨고, 죄와 영원한 저주에서 구원하시기 위해 십자가에서 죽으신 예수님을 통해서 당신을 구원하셨다. 예수님은 당신을 사랑하셨기 때문에 그 모든 것을 하신 것이다. 그래서 당신은 자신을 사랑해야 하며, 그것이 바로 하나님이 당신에게 바라는 것이다.

자신을 사랑한다는 것은 이기적으로 자기의 필요와 평안만을 생각하라는 것이 아니다. 하나님이 우리를 소중하게 여기며 사랑하고 용서하신 것을 믿고 받아들이라는 것이다. 그렇게 할 때 우리는 비교, 판단의식을 버리고 이웃도 나의 몸과 같이 사랑할 수 있는 사랑이 생기게 된다.

기도: "예수님, 제가 지금까지 저의 거지 깡통을 가지고 다니면서 사람들의 사랑과 인정을 구걸한 것을 용서하세요. 그들의 사랑과 인정을 받지 못했을 때 좌절하고 화낸 것도 용서하세요. 저 자신과 다른 사람들을 비교, 판단으로 사랑하지 않은 죄

를 용서하세요. 당신께서 우리를 보시는 사랑의 마음으로서 저 자신과 모든 사람들을 사랑으로 대할 수 있는 사랑을 주세요. 주님께서 주신 것으로 저의 것처럼 생각하고 가진 것을 없는 사람들에게 자랑하고 그들을 판단한 마음도 용서해 주세요. 주님께서 주신 재능을 주님 영광을 위해서 사용하지 않고 저 자신이 칭찬듣기 위해서 한 것도 용서해 주세요. 주님의 용서와 사랑에 감사합니다. 당신을 마음과 뜻과 정성과 힘을 다하여 저에게 맡겨진 물질을 주님의 나라를 위해서 사용하게 도와주세요. 저의 재능을 주님의 영광을 위해서 사용하여 복음을 땅 끝까지 전하기를 원합니다. 당신이 저를 사랑한 것 같이 저를 사랑하고 또 내 이웃을 내 몸같이 사랑할 수 있는 사랑을 주세요.”

5부

침묵기도를 배우는
30일 간의 기도 프로젝트

이 30일간의 기도 프로젝트는 침묵기도를 하기 위한 분들을 위한 지침서이다.

(1) 외부 음성 제한하기: TV, 라디오, 음악과 사람들과 말하는 것을 할 수 있는대로 주님에게 여쭈어 가면서 제한을 하라. 밖에서 들리는 것이 많을 때 우리의 마음에 고요히 말씀하시는 하나님의 음성을 듣기 힘들다.

기도: "주님, 제가 당신이 주시는 지혜로서 당신이 원치 않는 사람들과의 대화와 소음을 제한 할 수 있게 도와 주세요."

(2) 성경읽기: 마음에 닿는 어떤 복음서든 선택해서 읽고, 예수님의 마음을 이해하라. 이것을 연습하는 데에는 두 가지 방법이 있다. 하나는 매일 30분씩 복음서(마태, 마가, 누가, 요한)를 읽는 것이다. 다른 하나의 방법은 30일 동안 하나의 복음서를 매일 읽는 것이다.

기도: "성령님, 저를 당신의 지혜와 지식으로 채워주세요. 성경말씀을 이해하여 예수님의 마음을 알게 해 주시고 그 분의 사랑을 깨달아 사랑할 수 있기를 원합니다."

(3) 매일 30분 기도하기: 하나님께 15분 동안 말하고, 나머지 15분은 고요한 가운데 하나님의 음성에 귀를 기울이라.

(4) 주님과 당신의 대화를 기록하라: 예수님에 관해 알 수 있는 복음서를 읽은 후, 예수님이 당신의 마음안에서 하신 것이라고 생각되는 말씀들을 적어라.

기도: "주 예수님, 저에게 말씀하시고자 하는 것이 있으시면 말씀해 주세요. 성령님, 하나님의 사랑을 이해하고 사랑하는 마음을 가질 수 있도록 은혜를 베풀어 주세요."

(5) 하나님께 예배드리기: 우리는 하나님을 사랑하며 하나님께 찬양과 예배를 드리기 위해서 창조되었다. "그는 보이지 아니하는 하나님의 형상이시요 모든 피조물보다 먼저 나신 이시니 만물이 그에게서 창조되었으되 하늘과 땅에서 보이는 것들과 보이지 않는 것들과 혹은 왕권들이나 주권들이나 통치자들이나 권세들이나 만물이 다 그로 말미암고 그를 위하여 창조되었고 또한 그가 만물보다 먼저 계시고 만물이 그 안에 함께 섰느니라. 그는 몸인 교회의 머리시라 그가 근본이시요 죽은 자들 가운데서 먼저 나신 이시니 이는 친히 만물의 으뜸이 되려 하심이요. 아버지께서는 모든 충만으로 예수 안에 거하게 하시고" (골로새서 1장15~19).

교회 예배에 참석할 뿐만이 아니라 매일 하나님을 예배하는 시간을 가지고 찬양하라. 하나님을 사랑하는 것은 그 분의 현존하심을 인식하고 당신의 사랑을 경배와 찬양과 감사함으로 드리는 것이다.

(6) 회개로 용서함과 깨끗함을 받아라: 모든 이들을 용서하라 우리가 자신을 사랑하려면 자신은 물론 모든 이들을 용서해야 한다. 회개의 시간을 갖고 자신을 하나님이 사랑하시는 "용서받은 자녀"로 받아들이라. 아래의 순서를 따라서 회개를 할 수 있다.

1) 다음의 성경말씀을 읽고 묵상하면서 만약 당신이 어떤 죄를 저질렀다면, 하나씩 그 죄를 회개하라. 주님이 당신의 마음을 정결하게 하실 것이다.

"육체의 일은 분명하니 곧 음행과 더러운 것과 호색과 우상 숭배와 주술과 원수 맺는 것과 분쟁과 시기와 분냄과 당 짓는 것과 분열함과 이단과 투기와 술 취함과 방탕함과 또 그와 같은 것들이라 전에 너희에게 경계한 것 같이 경계하노니 이런 일을 하는 자들은 하나님의 나라를 유업으로 받지 못할 것이요" (갈라디아서 5:19~21).

2) 당신의 어린 시절로 돌아가 모든 이들을 기억하고. 만약 당신이 잘못한 누군가가 있다면, 하나님께 용서를 구하라.

3) 하나님보다 사람이나 물질을 더 사랑해서 순종하지 않은 것이 있다면 회개하라.

4) 당신에게 죄를 지은 모든 이를 용서하라. 그들을 축복하고, 당신이 그들을 생각할 때마다 그들을 위해 축복하며 기도하라.

5) 성령님께 당신이 회개해야 할 죄가 있는지 기억할 수 있도록 도와 달라고 간구하라.

기도: "주님, 저의 죄를 용서해 주세요. 저에게 죄를 지은 모든 사람들을 용서합니다. 그들을 예수님의 이름으로 축복합니다. 성령님, 제가 회개 할 것이 있으면 말씀해 주십시요. 주님, 저의 죄를 용서해 주셔서 감사합니다."

(7) 성경묵상: 누가복음 4장18~19절 성경을 묵상하고 암기하라. 주님과 성령의 능력으로 하나님 안에서 자유를 찾고 치유를 얻어라. 마음에 평안이 없고 혼동이 올 때 예수님의 능력을 믿고 이 말씀을 묵상하라. "주의 성령이 내게 임하셨으니 이는 가난한 자에게 복음을 전하게 하시려고 내게 기름을 부으시고 나를 보내사 포로 된 자에게 자유를, 눈 먼 자에게 다시 보게 함을 전파하며 눌린 자를 자유롭게 하고 주의 은혜의 해를 전파하게 하려 하심이라 하였더라."

이 말씀은 예수님만이 아니라 예수님을 믿는 모든 사람들을 위한 것이다. 예수님은 하나님의 일을 하기 위해서 성령의 기름 부으심을 받으셨고, 우리는 주님을 섬기고 승리의 삶을 살도록 성령의 기름 부으심을 받았다. 성령님은 회개하고 주님을 구주로 영접한 자들을 위한 선물이다.

(8) 예수님을 사랑한다고 말하기: 당신이 예수님을 생각할 때마다 그 분을 사랑한다고 말하는 습관을 길러라. 사랑은 결심이다. 주님을 얼마나 사랑하고 있는지 고백함으로써 예수님을 기쁘게 해드릴 수 있다. 예수님은 당신을 사랑하므로 사랑

받기를 원하신다.

기도: "주 예수님, 전 당신을 그 어떤 누구, 그 어떤 것보다 더 사랑합니다. 저의 사랑이 당신에게 기쁨을 가져올 수 있도록 해 주세요."

(9) 예수님 찬양하기: 당신은 "예수님, 당신을 위해 어떤 노래를 부를까요?"라고 예수님께 여쭐 수 있다. 주님은 원하시는 노래를 주실 수 있다. 하지만 만약 아무런 음성도 듣지 못했다면, 예수님이 듣고자 하신다고 생각되는 노래를 불러라. 예수님께 "예수님, 이 노래는 당신을 위한 것입니다"라고 말씀드릴 수 있다. 그리고 만약 당신의 노래가 다른 이들에게 방해가 된다면 조용히 부르거나 소리내지 말고 마음으로 읽어 드릴 수도 있다.

"그리스도의 말씀이 너희 속에 풍성히 거하여 모든 지혜로 피차 가르치며 권면하고 시와 찬송과 신령한 노래를 부르며 감사하는 마음으로 하나님을 찬양하고 또 무엇을 하든지 말에나 일에나 다 주 예수의 이름으로 하고 그를 힘입어 하나님 아버지께 감사하라" (골로새서 3장16~17).

(10) 예수님께 사랑의 편지 쓰기: 예수님께 사랑의 편지를 쓰고, 당신을 위해 하신 일들에 대해 감사드려라. 또한 예수님께서 당신을 얼마나 사랑하시는 지에 대한 사랑의 편지를 써보라.

(11) 하나님의 음성을 듣는 법 배우기: 우리의 마음에 들리는 네 가지 음성이 있다. 1) 당신의 음성, 2) 다른 사람들의 음성, 3) 사탄의 음성 (악한 음성), 4) 성령님의 음성 (선한 음성).

사탄의 음성을 받아들이고 따라간다면 당신은 마음의 평정을 잃고 죄의 굴레로 빠져 들게 될 것이다. 당신이 다시 마음의 평안을 찾기 위해서는 회개해야만 한다.

성령님의 음성은 마음에 평안함과 정신적 안정과 위안을 주시며 좋은 일을 하라고 지시하시기도 하신다. 당신이 그 음성에 순종하면 주님을 기쁘게 할 뿐만 아니라 평안과 기쁨을 얻게 될 것이다.

(12) 성령을 체험하지 못했다면, 매일 한 시간씩 고요함 속에서 음성을 듣기 위해 노력하라: 처음에는 어렵지만, 만약 꾸준히 실천한다면 결국 응답을 받게 될 것이다. 마음을 정돈하고 침묵하며 정화시키며 그 분의 응답을 기다리는 데에 많은 시간이 걸릴 수 있다. 하지만 그것은 매우 중요하다. 우리의 영적인 성장은 하나님과의 관계와 대화속에서 성장할 수 있기 때문이다.

기도: "예수님, 저에게 말씀해 주세요. 제가 듣고 있습니다."

인내를 가지고 기다려라. 그러면 당신은 주님의 음성을 듣게 될 것이다.

(13) 성만찬 성경 묵상을 하라: 예수님께서 우리에게 기억하라고 하신 것이 성만찬식이다. 그 성경을 읽고 묵상하고 외워서 그분의 사랑을 더 이해하라. 당신을 위해서 자신의 목숨까지 내어 주신 예수님의 사랑을 이해하면 그분에 대한 사랑이 자란다.

"예수께서 잡히시던 밤에 떡을 가지사 축사하시고 떼어 제자들에게 주며 말씀하시기를 '이것은 너희를 위하여 주는 내 몸이니 너희가 이를 행하여 나를 기념하라' 하시고, 식후에 또한 그와 같이 잔을 가지고 축사하시고 제자들에게 주며 말씀하시기를 '이 잔은 죄 사함을 얻게 하려고 너희와 많은 사람들의 죄를 위하여 흘리는 나의 새 언약의 피니 이것을 행하여 마실 때마다 나를 기념하라'하고 하셨습니다" (연합 감리교회 한영찬송가).

기도: "주님, 저의 죄를 위해서 고통 당하시고 피흘리신 것을 더욱 잘 이해하도록 은총을 내려주세요. 그래서 당신의 사랑을 더 알게 해 주세요."

(14) 예수님을 초청하라: 만약 당신이 아직도 예수님을 마음에 영접하기 않았다면 예수님을 초청하라.

기도: "주 예수님, 제 삶을 당신게 드립니다. 저의 삶에 임하여 주세요. 저의 모든 죄를 용서해 주세요. 당신을 따를 수 있도록 도와 주세요. 성령님의 도우심으로 당신을 기쁘게 할 수

있는 삶을 살 수 있도록 인도하여 주세요. 예수님의 이름으로 기도 드립니다. 아멘."

(15) 당신의 상한 마음을 하나님의 능력을 통해 치유를 받아라: 슬픔과 상실감에서 치유를 받아야 한다. 사랑하는 사람을 사별하거나 이혼, 아니면 관계를 잃었다 해도 그것으로 계속 슬퍼하면 하나님과의 관계에 부정적인 영향을 끼치게 된다. 왜냐하면 하나님을 사랑하는 것보다는 사람에게 초점을 두게되고 우리에게 없는 것에 중점을 두다보면 그 분에게 치유를 받기가 어려워지기 때문이다. 그 분께 초점을 두고 치유를 구하라.

하나님께 상한마음을 치유 받으려면 그 분께 모든 것을 내려놓아야 한다. 만약 당신이 그 사람을 계속 붙잡고 있다면, 당신의 마음은 얼어 붙은 것과 같아서 제 기능을 발휘하지 못하고, 하나님과 다른 이들을 사랑하는 것에 집중할 수 없게 될 것이다.

기도: "예수님, 전 당신의 손에 제 사랑하는 이를 내려놓습니다. 저의 사랑하는 사람을 돌보아 주세요. 당신이 저의 사랑하는 사람을 돌보신다는 것에 대한 확신을 가질 수 있도록 도와주세요. 제 모든 걱정, 근심, 공포를 당신께 드립니다. 제 사랑하는 사람과 함께 하고픈 마음도 가져가 주세요. 저의 상한 마음을 치유해 주세요."

(16) 영적인 공격을 받고 있다면 자유함을 받아라: 하나님을 사랑하려면 그 분에게 마음을 집중을 해야 하는데 마귀는 그것을 방해하려고 할 것이다. 우리에게 잘못된 생각을 심어주고 혼란하게 해서 죄악된 길을 가게 하려고 한다는 것을 잊지말고 예수의 이름으로 마귀를 물리치며 계속 기도와 말씀을 묵상하라.

마귀는 우리에게 하나님이 우리를 사랑하지 않으신다고 거짓말을 하려 할 것이다. 자기혐오에 갇혀 있다면, 우리는 하나님도 우리자신도 사랑할 수 없다. 예수님은 절망과 실망에서 우리를 해방시키셨다. 주님께 도움을 구하고 자신을 사랑하는 것을 배워라.

기도: "주 예수님, 절망, 실망, 무력함 등의 파괴적 생각들로 부터 저를 자유롭게 해 주세요. 당신 안에서 희망을 찾도록 도 우시고 유혹과 혼란에 저항할 수 있는 말씀을 주세요. 당신을 사랑하고, 성령님께 순종해서 자유, 평안, 기쁨을 누릴 수 있도록 도와 주세요. 생명의 복음을 다른 이들에게 전할 수 있는 믿음과 사랑과 용기를 주세요."

(17) 정결하게 살아라: 하나님께 가까이 가고 그분을 사랑하려면 정결한 삶을 살아야 한다. "끝으로 형제들아 무엇에든지 참되며 무엇에든지 경건하며 무엇에든지 옳으며 무엇에든지 정결하며 무엇에든지 사랑 받을 만하며 무엇에든지 칭찬 받을 만하며 무슨 덕이 있든지 무슨 기림이 있든지 이것들을 생각하라" (빌립보서 4:8).

기도: "성령님, 당신을 기쁘게 하는 사랑스러운 성품을 가질 수 있도록 도와 주세요. 제가 고쳐야 할 점을 깨닫고 고치므로 당신의 뜻대로 살기를 원합니다. 성령님, 예수님과 하나님을 사랑하는 것에 집중할 수 있도록 마음을 붙잡아 주세요. 하나님을 사랑하고 섬길 수 있도록 저의 생각들을 다스려 주세요."

(18) 할 수 있다면 다른 이들과 함께 화목하라: "그러므로 생명을 사랑하고 좋은 날 보기를 원하는 자는 혀를 금하여 악한 말을 그치며 그 입술로 거짓을 말하지 말고 악에서 떠나 선을 행하고 화평을 구하며 그것을 따르라. 주의 눈은 의인을 향하시고 그의 귀는 의인의 간구에 기울이시되 주의 얼굴은 악행하는 자들을 대하시느니라 하였느니라. 또 너희가 열심으로 선을 행하면 누가 너희를 해하리요. 그러나 의를 위하여 고난을 받으면 복 있는 자니 그들이 두려워하는 것을 두려워하지 말며 근심하지 말고" (베드로전서 3:10~14).

우리는 자신을 사랑하는 것처럼 남을 사랑해야 한다. 사람들은 사랑과 존경을 받기 원한다. 그래서 우리는 다른 사람을 사랑과 존경으로 대해야만 한다. "너희가 진리를 순종함으로 너희 영혼을 깨끗하게 하여 거짓이 없이 형제를 사랑하기에 이르

렸으니 마음으로 뜨겁게 서로 사랑하라" (베드로전서 1:22). "뭇 사람을 공경하며 형제를 사랑하며 하나님을 두려워하며 왕을 존대하라" (베드로전서 2:17).

기도: "주님, 당신께서 모든 사람들을 사랑하신 것처럼 사랑하게 저를 도와 주세요."

(19) 하나님의 사랑의 복음을 전파하라: 다른 이들의 영혼을 사랑하고, 예수님을 그들에게 소개하라.

"예수께서 나아와 말씀하여 이르시되 하늘과 땅의 모든 권세를 내게 주셨으니 그러므로 너희는 가서 모든 민족을 제자로 삼아 아버지와 아들과 성령의 이름으로 세례를 베풀고 내가 너희에게 분부한 모든 것을 가르쳐 지키게 하라 볼지어다 내가 세상 끝날까지 너희와 항상 함께 있으리라 하시니라" (마태복음 28:18~20).

기도: "성령님, 저로 하여금 복음을 전하며 다른 사람들의 믿음 성장을 도와 줄 수 있도록 기회와 용기와 힘을 주세요. 예수님을 증거하기를 원합니다. 성령님, 저를 축복하사 죽은 영혼들을 주님앞으로 많이 인도할 수 있도록 도와 주세요. 당신의 영광을 위해서 최대한으로 사용해 주세요. 아멘."

(20) 가난한 자들을 돌보라: 하나님께서 우리에게 주신 부요는 하나님의 영광을 위해서 다른 사람들을 섬기라고 맡겨 주신 것이다. 우리의 가진 것으로 다른 사람들의 영혼구원과 영적인 성장뿐 아니라 가난한 자들 병든자들 감옥에 있는자들을 도와야 한다. 주님은 우리가 가장 작은 이들을 돕는 것이 그 분을 돕는 것이라 하셨다. 아직 아무런 봉사를 하고 있지 않고 있다면 당신이 섬길 수 있는 교회나 단체를 찾아서 주님을 섬기는 것 같이 그들을 섬기라.

기도: "주 예수님, 당신이 원하시는대로 다른 사람들을 도울 수 있도록 허락해 주세요. 저에게 관용의 마음을 주세요."

우리는 사랑의 존재이다. 우리는 사랑받기 원하고, 사랑하기 원한다. 하나님은 우리를 자신의 형상대로 창조하셨다. 하나님이 사랑의 성품을 가지고 계시기에, 우리 역시 사랑의 성품을 가지고 있는 것이다. 우리는 다른 사람에게 사랑을 받을 때 행복함을 느낀다. 특히 우리가 사랑하는 사람에게 사랑을 받을 경우에 그 행복함은 이루 말할 수 없다.

사랑을 받지 못할 때나 사랑할 사람이 없을 때는 외로움과 슬픔을 느낀다. 그것은 우리가 인간적 사랑에 집중하기 때문이다. 인간 사랑에는 한계가 있다. 대개의 경우, 인간의 사랑은 조건적 사랑이다. 하지만 하나님의 사랑은 우리가 생각하거나 상상할 수 있는 것과는 비교할 수 없을 정도로 크시다. 심지어 우리가 하나님을 사랑하지 않아도 그분은 우리를 사랑하신다. 하나님은 사랑의 관계를 가지기 위해 우리를 만드셨으므로 우리의 사랑을 원하고 계신다. 예수님께서 십자가에서 우리의 죄를 위해 돌아가신 것은 우리를 사랑하시기 때문이다. 사랑은 하나님께로부터 출발한다. 우리는 독생자 예수를 십자가에 못박으실 만큼 우리를 사랑하신 하나님을 사랑하라고 부름을 받은 사랑받는 자녀들이다.

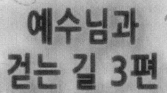

예수님과
걷는 길 3편

영적인 여정에서 위험한 함정들

Journey With Jesus Three
How to Avoid the Pitfalls of Spiritual Leadership

이영희 지음

Yong Hui V. McDonald

아도라

서문

2003년부터 아담스 카운티 교도소에서 목사로 사역을 시작한 후 하나님은 내가 그렇게도 보고 싶어하던 영적 부흥을 재소자들을 통하여 또 문서 선교를 통하여 볼 수 있는 은혜를 베푸셨다.

처음 사역을 시작했을 때 하나님께서 영적 지도자들을 훈련하라는 말씀을 하셨다. 그래서 재소자들을 멘토하면서 설교와 신앙간증을 할 수 있는 기회를 주었다. 그들의 간증을 2005년에 설립한 변화 프로젝트 교도소 문서 선교 비영리 단체를 통해서 책을 출판하고 비디오를 만들어서 미국과 한국에서도 교도소와 노숙자의 보호센터에 무료로 배포되고 있다. 그 책들을 통해서 많은 사람들이 하나님을 믿게되고 영적으로 성장한다는 편지가 계속 들어 오고 있다. 모든 것이 하나님의 은혜이다.

교도소안에서 재소자들이 예수님을 만나고 변화되어 성경공부를 인도하며 하나님을 전심으로 섬기고 있는 사람들이 많다. 미국에서 영적 부흥이 가장 강력하게 일어나고 있는 곳이 교도소이다. 나는 그것을 목격한 한 증인으로서 항상 하나님께 감사를 드린다.

재소자 중 주님을 만나서 변화된 사람들이 어떻게 자기들이 영적으로 성장하며 예수님을 섬기는데 열심을 다할 수 있는가에 대한 질문을 많이한다. 그래서 나는 그들에게 어떻게 하면 주님께 더 가까이 갈 수 있으며 더 잘 섬길 수 있는가에 대한 상담을 해왔다.

2012년에 예배에 열심히 참석하는 안토니라는 20대의 청년이 글을 써 보냈다.

영회 맥도날드 목사님께,

예배시간과 성경공부에서 많은 은혜를 받고 있어요. 목사님이 저에게 하나님께서 부르신 사명이 무엇이냐고 몇번 질문하셨을 때, 저는 하나님의 말씀을 순종하며, 경건한 기독교인의 삶을 살며, 복음을 전하는 것이라고 생각했어요. 그런데 하나님께서 저에게 어떻게해야 영적으로 성장하며, 복음을 강력하게 전할 수 있는 지혜를 얻을 수 있는지를 목사님에게 여쭈어 보라고 말씀하셨습니다. 목사님께서 책, 아니면 도움이 될 수 있는 것을 적어주시거나 충고를 해주시면 큰 도움이 될 것 같아요. 하나님의 축복이 목사님과 목사님의 가족에게 함께하시기를 기도합니다.

주님을 전심으로 따라가려는 종, 안토니

안토니의 글이 나를 격려했다. 그가 주님을 사랑하여 복음을 전파하라는 말씀에 순종하려면 어떻게 해야 하는지를 배우고 싶다고 하여 기뻤다. 나는 그를 방문하여 상담하는 것을 적어주며 설명을 했다. 안토니는 다 듣고 난 후 질문을 했다.
"목사님, 이것을 복사를 해주시면 그것을 매일 보고 기도하면서 올바른 삶의 길을 걸어가려고 노력하면서 주님을 섬기겠습니다."
그의 말에 감명을 받았다. 이렇게도 주님을 사랑하고 섬기려 노력하는 젊은 청년의 말이 나에게는 말할 수 없는 기쁨을 주었고 또 그렇게 성장하고 싶어하는 사람들을 내가 도울 수 있는 환경과 사역을 허락하신 주님께 감사 드렸다.
일주일 후에 주님께서는 안토니 같이 질문하는 사람들을 위해서 책을 써서 그들이 영적인 여정에서 잘못된 함정에 빠지지 않게 도와주라고 하셨다. 그때 내가 쓰고 있던 책을 끝내는 날이라 쉬려고 생각했으므로 마음이 내키지 않았다.
"예수님, 왜 이 책을 저에게 쓰라고 하세요?"
"네가 언젠가 다른 사람들에게 한말을 기억하냐?"

"무슨 말을요?"

"어떤 것을 가르칠 때 같은 것을 열번을 반복한다면 그것을 책으로 내서 도와 주라고 하지 않았니?"

어떤 사람들은 가르치는 은사가 있다. 그래서 나는 그런 사람들에게 책을 써서 더 많은 사람들을 도우라고 했다. 주님은 나에게 시간이 급하다는 말씀도 하셨다. 복음의 씨를 많이 뿌려야 하는데 내가 지도자들을 개인적으로 상담을 하는 것보다 책으로 내면 더 많은 사람들을 도울 수 있다고 하셨다.

안토니에게 한말은 내가 다른 지도자들에게 이미 한말이다. 그후 다른 사람에게 똑 같은 것을 이야기해 주었는데 이 사람도 내가 쓴 것을 복사해 달라고 했다. 그래서 주님께서 왜 이 책을 쓰게 하시는지 이해하기 시작했다. 그후 이 책을 쓰려고 여러번 시도했지만 진전이 되지 않았고 항상 언젠가는 해야 한다는 숙제로 마음에 남아 있었다.

그런데 2013년 12월8일부터 주님께서 침묵기도를 하라고 부르신 후 내가 좋아하는 찬송가들도 예배시간외에는 듣지 못하게 하시고 하나님의 음성을 듣는 훈련을 하게 인도하셨다. 개인적인 멘토도 못하게 하시고 주님이 원하시는 프로젝트를 하도록 인도하셨다.

침묵기도 첫 째 주에 가난한 아이들을 위한 책을 출판하라고 하시고 박영득씨가 그림을 아름답게 그려주어 『네가지 음성』이라는 아동책이 영어와 한국어로 출판이 되었다. 또 3주가 지나자 2014년 1월에 침묵기도의 중요성을 알려주는 『예수님과 걷는 길 2편』을 쓰게 인도하셨고 그 다음으로 이 책을 쓰게 하셨다.

이 책은 내가 쓴것 중에서 가장 힘들었다. 그 이유는 내가 하기 싫은 것을 주님께서 억지로 쓰게 하신다는 생각에 반항적인 나 자신과 싸워가면서 썼기 때문이다. 그러나 놀랍게도 이 책을 쓰는 과정에서 주님께서는 나의 부족한 점을 낱낱이 지적하시며, 나의 잘못을 깨닫게 해주신 은혜의 시간이 되었다. 주님은 예수님과 걷는 길 2편과 3편을 3개월 안에 영어와 한국어로 쓰도록 도와 주셨다.

주님의 관점에서 보시는 위험한 함정들을 좀 더 일찍 알았더라면 나의 여정에도 도움이 되었을텐데라는 생각이 들었다. 주님께서 인도하시지 않았다면 이 책은 절대로 쓰여질 수 없었다는 것을 알고 주님께 모든 영광을 드린다.

예수님과 걷는 길 3편
영적인 여정에서 위험한 함정들

1. 예수님의 마음

소녀는 꽃밭속에 앉아 불어오는 산들바람을 즐기고 있었다. 그런데 주님께서 그녀의 어깨를 톡톡 치시며 말씀하셨다. "나의 사랑하는 아이야, 내가 너에게 줄 것이 있단다." 예수님은 소녀에게 떡 하나를 주셨다.

"예수님, 이 떡이 왜 이렇게 달지요? 너무 맛있어요." 소녀는 행복한 미소를 지었다.

"네가 나의 마음을 알게 되면 네가 먹은 떡처럼 달고 맛있단다." 주님의 얼굴은 사랑으로 가득차 있었다.

"네? 그게 무슨 뜻이에요?"

"네가 '예수님과 걷는 길' 책을 더 쓰기를 원한단다."

소녀는 놀라며 눈을 크게 떴다. "예수님과 걷는 길을 또 쓰다니요? 사실 이제는 좀 쉬고 싶어요. 지금 쓰고 있는 책들이 아직도 있잖아요?"

"나의 사랑하는 딸아, 그래, 네가 여러가지 좋은 일들을 할 수가 있단다. 그러나 무엇보다도 내가 원하는 것은 순종이다. 모세가 양들을 치고 있지 않니. 그러나 내가 그에게 원하는 일이 있었단다. 내가 모세에게 나의 마음을 이야기하고 이스라엘 백성들을 노예에서 해방시킬 것을 말했지. 예수님과 걷는 길 2편에서는 침묵기도에 대한 것이지만 이 책은 나의 마음을 알게해 주는 것이야."

"정말요? 그런데 어떻게 주님의 마음을 알 수 있을까요?"

"그러려면 우선 너 자신과 다른 사람들의 마음을 이해해야 한단다."

"그렇게 할 수 있도록 해주세요."

"물론이지. 너의 순종을 내가 기뻐한다." 예수님은 흐뭇한 미소를 지으셨다.

"주님, 제가 침묵기도한지 두 달이 지났는데요. 언제까지 해야 하나요?"

"나는 네가 침묵기도 시간을 나의 아버지의 집에 올 때까지 하기를 원한단다. 나의 마음을 이해하려면 기도를 해야해. 세상의 잡음과 다른 사람들의 음성을 제한하지 않으면 나의 음성을 들을 수가 없어."

"저도 사실 침묵기도가 아주 좋아요. 침묵기도를 시작한 후에 제가 훨씬 건강해진 것 같아요. 이제는 피곤하지도 않아요."

"기도로 나와 시간을 보내는 동안에 치유가 된거야. 나와 같이 있다 보면 힘이 더 생길거야. 그런데 이 책을 쓰려면 성령의 음성을 듣고 순종을 해야만이 쓸 수 있어."

"이 책을 쓰는 것이 주님의 뜻이라면 당신의 뜻이 저의 삶에서 이루어지기를 원합니다."

"나의 사랑하는 딸아, 전에 너에게 영적 지도자들을 도와주기 위해서 써라고 한 책을 기억하니?"

"네, 몇년 전에 써라고 하셨는데 어떻

게 시작해야 할지를 몰라서 미루고 있어요."

"내가 그 책을 쓰도록 도와 줄 것이다. 너도 그 책을 쓰는 과정에서 많은 것을 배울거다."

"예수님, 감사합니다. 제가 이 책을 써야 한다는 것을 알면서도 시작이 너무 힘들어서 항상 마음속에 숙제로 남아있었어요. 쓰는 것을 도와주신다니 감사합니다."

"나의 사랑하는 딸아, 네가 나와 함께 걷고는 있지만 아직도 나의 깊은 마음을 이해하지 못하기 때문에 이 책을 쓰지 못하고 있었던거다. 이 책을 쓰기 시작하기 전부터 조심해야 할 것이 하나 있다. 교만마귀가 틈탈 수 있다는 것을 알고 조심하라. 교만한 사람은 나의 마음을 이해할 수가 없어. 그래서 나를 가까이 따라오면서 겸손히 나의 말을 순종하려고 하지 않으면 이 책을 쓸 수가 없지."

"맞아요. 제가 얼마나 쉽게 교만에 빠질 수 있는지 알았어요. 특히 문서 선교를 통해서 사람들의 칭찬과 찬사를 받을 땐 제가 특별한 아이가 아닌가 하는 마음이 들어 올 때도 있었으니까요. 그것이 잘못된 것이라는 것을 알아요. 예수님께서 인도하시지 않았다면 쓸 수 없었다는 것도 알고 있어요. 또 저의 모든 책들이 많은 사람들의 도움과 후원이 없었다면 출판이 될 수 없다는 것을 알고 있음에도 불구하고 우쭐한 생각이 들어올 때가 있어요. 사실 저는 쓰지 않으려고 했던 것을 주님께서 인도하셔서 쓴 책들이잖아요. 그럼에도 불구하고 어떤 땐 그것을 잊어버리고 제가 한 것처럼 생각할 때가 있어요. 저를 용서하시고 교만에 빠지지 않도록 해주세요."

"그래, 용서한다. 그리고 너를 도와서 이 책을 쓰도록 하겠다. 나를 따라오너라. 너에게 보여줄 곳이 있단다."

소녀는 꽃을 들고 예수님의 손을 잡고 따라가면서 노래를 불렀다. "예수님, 당신은 저에게 가장 아름다운 분이십니다. 당신의 마음을 알게 해주세요. 그래서 당신의 사랑을 더 이해하게 해주세요. 당신을 사랑합니다. 당신을 더 사랑하고 싶어요."

예수님의 얼굴은 기쁨과 사랑으로 가득차 있었다.

2. 교만의 구덩이

꽃밭을 지나서 이번에 예수님께서 소녀를 데리고 가신 곳은 그녀가 살고 있었던 홍수가 난 동네였는데 아직도 많은 집들과 길들이 수리 중이었다. 지난번에 그녀가 자기집을 방문했을 때에는 지붕의 여러 군데가 새서 집안이 물바다로 엉망이었는데 놀랍게도 지붕은 새집처럼 고쳐져 있었다. 그런데 집안은 전보다 정돈은 되어 있었지만 아직도 지저분했다. 소녀가 방에 들어가보니 옷장에 옷은 하나도 없고 쓰레기만으로 가득차 있었다.

소녀는 실망한 얼굴로 한숨을 내 쉬었다. "저의 집이 아직도 손질하고 청소할 것이 많네요. 언제나 이 집이 깨끗하게 청소가 될까요?"

"나의 사랑하는 딸아, 걱정하지 말아라. 네가 침묵기도를 시작한 후 성령께서 다른 사람들과 같이 지붕은 고쳤는데 아직도 네 삶에서 청소해야 할 것이 많다는 것을 보여주는거야. 계속 기도하면서 나를 따라오면 깨끗이 정돈이 될거야. 성령께서 너를 도와주기 위해서 청소를 시작했단다. 그러나 아직도 너의 집은 고쳐야 할 것이 너무 많다."

"예수님, 저의 옷장에 그렇게 많은 쓰레기가 있는 줄은 몰랐어요. 이것이 어디서 다 왔어요?"

"네가 사역을 하면서 알게 모르게 쓰레기를 모았지. 나에게 초점을 두지 않고 너 자신과 사역에 더 초점을 두었기 때문이다. 그리고 다른 사람들의 생각과 판단에 더 마음을 빼앗긴거야. 나보다 너 자신과 사역을 더 사랑한거야. 이것이 나의 많은 일군들의 문제란다. 이것을 알지 못할 때 그들은 자기와 사역에만 신경을 쓰고 나에게는 마음을 두지않아. 교만의 구덩이에 빠진자들이 많아."

"제가 너무 쉽게 이 구덩이에 빠졌어요."

"성령께서 나의 일군들을 인도하여 다른 사람들을 도와 주었을 때 그 일을 마치 자기 혼자 힘으로 해낸 것 같은 잘못된 생각을 하는 사람들이 많아. 내가 그들에게 사역을 주었고 나의 은혜로 그들이 하나님의 나라의 일을 하고 있다는 것을 잊어버리고 있어."

"주님께서 부르지 않으셨다면 절대로 저는 사역을 하려고 하지 않았을 거예요. 하나님의 은혜로 당신을 섬기고 있어요. 주님을 섬기는 것이 특권이라는 것을 알고 있어요. 그것을 기억하게 해 주셔서 감사합니다. 사역을 하라고 불러주신 은혜에 감사합니다."

"나의 사랑하는 딸아, 나의 은혜가 사람들에게 나를 섬길 수 있는 기회를 마련해 준단다. 그러나 나의 자녀들이 쉽게 그것을 잊어버리는 때가 있어. 자, 요즘에 어떻게 교만마귀가 너에게 잘못된 생각을 가져다 주었는지를 이야기 해봐라."

"예수님, 제가 책 작업하는 일이 너무 많다고 생각하고 주님께서 이 책을 쓰기 시작하라고 하셨지만 작업을 계속 미루고 있는 중에 마귀가 너는 특별한 사람이라 주님께서 이 책을 쓰게 하시려고 한다고 내 귀에 속삭이는 거예요. 책을 시작도 하지 않았는데 마귀가 나에게 잘못된 생각을 들게 하려고 했어요. 전에는 마귀가 내 간증이 별 가치가 없다고 하면서 책을 쓰지 못하게 하려고 했지만 이번같이 저의 귀에다 대고 속삭인 것은 처음이에요. 그래서 주님께서 이 책을 시작하라고 하신 말씀을 적은 노트를 읽고 난 후에 교만마귀가 틈 타려고 할 것이라고 경고한 것을 알게 되었어요. 그래서 주님께 순종하기 위해서 이 책을 바로 시작했어요. 미루

지 않고 곧 바로 순종을 했더라면 마귀에게 틈탈 기회를 주지 않았을 텐데 하는 생각도 들었어요."

"사랑하는 딸아, 네가 하나님 나라의 일을 할 때 무슨 일을 하든지 모든 영광을 나에게 주는 습관을 가져라. 그러면 교만 마귀가 틈 탈 자리가 없다. 네가 할 수 있는 일들도 모든 것이 나의 은혜이며 너에게 준 탈란트도 나를 위해서 사용해야 하는 것이다. 이 책을 쓰려고 할 때 사탄이 틈타는 이유는 사탄은 사람들이 나의 깊은 마음을 아는 것을 원치 않기 때문이지. 그래서 사람들에게 내 말을 순종하지 못하게 하려고 방해를 하려고 하지. 내 마음을 이해하려면 먼저 네 마음을 깨끗하게 해야 한단다. 마귀는 네 마음을 깨끗하게 하는 것을 원치 않기 때문에 틈을 탄 것이지. 너의 옷장이 왜 더러운지를 이제 이해하겠니? 마귀가 그 옷장을 청소하지 못하게 하려고 너에게 다른 사람들보다 더 특별한 사람이라는 교만한 생각을 주려고 한 것이지. 모든 사람들이 나에겐 아름답고, 귀중하고, 특별한 사람들이야. 네 자신의 생각을 쫓으면 내가 원하는 것을 절대 할 수 없어. 왜냐하면 너의 초점이 내가 원하는 것이 아니고 너 자신이 되어버리기 때문이야. 네가 아니더라도 다른 사람들을 통해서도 얼마든지 내가 원하는 일들을 하게 할 수 있다는 것을 알고 있지 않니? 그리고 나의 은혜로 이 책도 쓸 수 있다는 것을 알지 않니?"

"네, 이 모든 것이 당신의 은혜입니다. 제 의지로는 한권의 책도 쓸 수 없다는 것을 주님도 아십니다. 마귀는 주님께서 원하시는 것을 못하게 하려고 방해하려 하지만 저는 주님께 순종하겠어요."

"나를 따라오는 자들에게는 빠지기 쉬운 깊은 구덩이가 교만의 함정이란다. 나의 일을 하다가 초점을 자기에게 두면 이 깊은 구덩이에 빠져서 내가 원하는 것을 하지도 못하고 나를 따라올 수도 없단다. 정말 안타까운 일이지. 너는 이것을 조심하라."

소녀는 말했다. "주님, 이것을 가르쳐 주셔서 감사합니다. 그런데 교만의 함정에 빠진 사람들이 나올 수 있는 방법이 무엇인지요?"

"그들이 죄를 회개하고 나를 사랑하는 것이 삶의 초점이 되고 나의 말에 순종하면 빠져나올 수 있다. 교만한 자들은 나를 볼 수도 없고 도움을 청하지도 않아. 그러나 내 자녀들이 회개할 때 성령께서 그들의 마음을 깨끗하게 청소하도록 도와주고 마침내 그 구덩이에서 나올 수 있는 길을 열어 준단다."

"예수님, 저의 생각대로 자신에게 초점을 둔 것과 여러가지 핑계를 댄 것을 용서하세요. 주님께 순종하는 것이 가장 중요하다는 것을 항상 기억하도록 은혜 베풀어 주세요. 저의 마음을 깨끗하게 청소해 주세요."

"너를 용서한다. 네가 오랫동안 너의 생각대로 살아오고 사역을 해 온 것을 이제는 하나하나 정돈하고 내가 인도하는 대로 따라오너라. 그러면 옷장이 청소될 것이다."

"예수님, 이제 무엇을 배워야 하나요? 또 어떻게 해야 주님의 마음을 알 수 있을까요?"

"나의 사랑하는 딸아, 나의 마음을 알고 싶어하는 것이 나를 기쁘게 한다. 네가 아직도 배워야 하는 것이 아주 많단다. 너의 영적인 상태를 보여주고 가르쳐주겠다. 나를 따라와라."

3. 기도부족의 구덩이

예수님이 그 다음에 데려간 곳은 문이 닫혀 있는 방이었는데 문 밑으로 물이 철철 흘러 나오고 있었다. 소녀는 그것을 보고 어찌할 줄 모르고 당황했다. "예수님, 지붕을 고쳐서 더 이상 집안에 물이 없을 줄로 생각했는데 아직도 물이 있어요."

"이것은 네 집이 아직도 고칠데가 많다는거다."

"설명을 해주세요."

"사실 이것은 나의 많은 자녀들의 상태란다. 그들이 성경을 읽기만 하지 삶에는 적용하지를 않아. 성경공부만 계속할 뿐 하나님을 사랑하거나 경외하는 마음이 없어. 그래서 집의 기초가 흔들리며 무너지게 되는 것이야."

"주님, 죄송해요. 저도 성경공부는 많이 했지만 지식으로 끝날뿐 주님의 말씀에 순종하지 않았어요. 너무나 오랫동안 제 마음대로 살아온 것을 용서해 주세요."

"사랑하는 아이야, 이제야 그것을 깨닫는구나. 내가 사람들에게 준 것이 많단다. 그것은 나를 섬기라고 준 것인데 사람들이 자기들만 위해서 사용하고 있어. 안락하고 행복한 삶을 사는데만 초점을 두고 나를 섬기고 사랑하는데는 관심조차 없구나. 나의 나라와 의를 구해라 했는데 성경을 안다고 하면서도 실천은 하지 않아. 그래서 나를 따르려면 자기를 부인하고 자기의 십자가를 지고 따라 오라고 한 것이지. 그런데 어떤 일군들은 자신의 유익만을 구할뿐이다. 자기들의 안전과 평안만을 더 중요하게 생각하고 나의 말에 순종하지 않는단다."

"주님의 일을 한다고 하면서도 저의 생각이 앞서는 때가 많았어요. 주님이 부르지 않으셨다면 저는 탈란트를 숨기는 게으른 종이 될뻔했다는 것도 알아요. 이제부터는 주님께서 주신 성경말씀을 공부만 하지 않고 실천에 옮길 수 있도록 지혜와 믿음을 주세요. 문제는 하나님 일에 바쁘다보면 어떤 것에 순종을 못하는지도 깨닫지 못할 때가 있어요. 저를 용서하세요."

"너를 용서한다. 그런데 네가 아직도 여러면에서 알지 못하는 것들이 있어서 가르쳐 주는 거다. 자, 네가 오랫동안 성경말씀에 순종하지 않은 것이 무엇인지 깨닫니?"

소녀는 잠시동안 생각에 잠겼다. "아, 주님, 성경말씀에 '항상 기도하라'하신 것을 실천하지 못한 것을 용서해 주세요. 주님께서 침묵기도로 부르지 않으셨다면 사역에만 바빠서 주님과 시간을 같이 보내는 것을 잊어버리고 저의 힘으로만 사역을 하려고 했을 거예요. 주님과 시간을 보내야 성령님의 지혜와 힘으로 사역을 할 수 있다는 것조차 모르는 상태까지 갔어요. 기도의 시간을 매일 규칙적으로 가지며 주님과 사랑의 교제의 시간을 보내도록 성령님께서 특별히 지도해 주시기를 구합니다. 침묵기도 시작하기 전에는 사실 주님이 저를 보고 계시다는 것은 느꼈지만 주님의 마음을 깨닫지도 못한 채 제가 영적으로 기진맥진하고 아파서 죽어가는 상태가 되었다는 것도 모르고 있었어요."

"나의 사랑하는 딸아, 너 자신을 잘 보았다. 나를 위해서 일하는 일군들이 일은 열심히 하는데 나하고 시간을 보내지 않아서 나의 마음을 모르고 영적인 힘을 공급을 받지 못해서 약해진 사람들이 많다. 내가 맡겨준 사역을 자기들의 힘과 생각대로 하려고 하니 문제가 생기지. 나와 시간을 보내지 않으면 어떻게 나의 비전과 계획을 이야기하겠니? 나의 음성을 들으려고 침묵가운데 기다리지 않으면 어떻게 나의 깊은 사랑을 알 수 있겠니? 나에게 오지 않으면 어떻게 치유를 받을 수 있겠니?"

그녀는 주님의 말씀에 동의했다. "주님, 제멋대로 시간을 낭비하고 기도를 소홀히 한 것을 용서하세요. 앞으로는 기도에 더 힘쓰고 당신의 사랑의 음성을 듣고 원하시는 사역을 할 수 있게 성령님의 도우심을 간구합니다."

"네가 오랫동안 기도를 소홀히 한 것을 용서한다. 나의 은혜로 너를 침묵기도를 하라고 불렀단다. 네가 침묵기도의 중요성을 이해하는 것도 축복이다. 나의 일군들이 일에 바빠서 나에게 오지 않으므로 그들의 사역에 열매가 별로 없다. 이것이 조심해야 할 구덩이 중에 하나다. 영적 지도자들이 기도의 부족으로 빠진 구덩이에서 어떻게 나올지를 모르고 있단다. 그들이 자기들의 지혜를 나의 지혜보다 더 의지하고 있구나. 침묵기도로써 나의 음성을 들으려고 하면 내가 그들을 인도할 수 있지. 그런데 그들이 나의 음성을 듣지 않아서 바로 앞에 있는 함정도 보지못한채 빠지니 슬픈일이지. 문제는 그런 구덩이에 빠지고도 자신들이 어디에 있는지도 모른단다. 오직 회개와 성령의 도우심으로 그곳에서 나올 수 있지."

"주님, 저도 그 구덩이에서 오랫동안 있었어요. 다시는 빠지지 않게 분별력과 지혜를 베풀어 주세요."

"사랑하는 딸아, 침묵기도 시간을 늘이고 나와 계속 사랑의 대화의 시간을 매일 가져라. 나를 따라오너라. 영적 지도자들이 쉽게 빠지는 다른 함정들을 보여주겠다."

주님의 손을 잡고 따라가면서 소녀는 노래를 부르기 시작했다. "주님, 당신을 사랑합니다. 당신과 사랑의 대화를 매일 나누어 당신을 기쁘게 할 수 있게 인도해 주세요."

주님의 자애로운 얼굴은 기쁨으로 환하게 빛났다.

"그래, 내가 너를 도와 줄거야."

4. 불순종의 구덩이

이번에 예수님께서 데려가신 곳은 방문이 뒤틀어져서 닫을 수 없는 방이었다.

"예수님, 왜 이문이 뒤틀어져 있어요? 저의 집이 이렇게 수리할 것이 많은지 몰랐어요." 소녀는 한숨을 쉬었다. 몸에서 힘이 전부 빠져 나가는 것 같았다. 왜 그렇게도 집안이 엉망진창일까? 문까지 뒤틀어져 있으리라고는 상상도 하지 않았기 때문이다.

"사랑하는 아이야, 아직도 수리할 것과 청소할 것이 있는 것은 바로 반항하는 너의 마음의 상태를 말하는 것이란다. 많은 나의 일군들이 너처럼 수많은 핑계로 시간낭비만 하고 있고 자기하고 싶은 일들만하고 나의 일을 할 생각은 하지 않고 있어."

"제가 바로 그랬어요. 주님이 무엇을 하라고 하시면 핑계거리만 찾으며 시간 낭비만 해왔어요."

"문이 틀에 맞아야 사용을 할 수 있지. 나의 마음을 이해하려면 너의 생각을 비우고 내 뜻에 순종하려는 마음이 있어야 해. 나의 일군들이 나의 마음을 이해하지 못하고 불순종의 구덩이에 빠져서 나를 따라오지 못한단다."

"어떻게 저의 반항심을 고칠 수 있을까요?"

"나의 사랑을 네가 이해하면 반항심도 치유되고 이 문도 정상으로 고쳐져서 닫을 수 있다. 그래서 네가 나의 깊은 사랑을 이해하기를 바란다."

"예수님, 저에게 당신의 깊은 사랑을 알게 해주세요. 그래서 다른 사람들에게 당신의 사랑을 알리고 싶어요."

"나의 깊은 마음을 알면 나의 사랑을 알게된다. 나의 자녀들이 나의 마음을 모르므로 내가 그들에게 사역을 하라고 불러도 그들은 자신을 바라보고 할 수 없다고 하고 있어. 그들에게 준 재능과 은사가 있는데도 그것을 잘 사용하지 못하고 있어. 오직 순종의 눈으로만 볼 수 있는 것들이 있단다. 순종은 나를 알게 하는 것이란다."

"주님, 순종하는 것이 왜 이렇게 어려운지요? 주님을 위해서 일을 하겠다고 결심하고 따라간 후에도 뒤틀어진 생각과 반항이 끊이지 않았어요."

"사랑하는 딸아, 네가 아직도 모르고 있는 것들이 많이 있다. 그러나 네가 침묵기도를 계속 하면 알게 될 것이다. 내가 너를 도와서 이 책을 쓰게 할 수 있는데도 너는 계속 반항심에 시달리고 있구나."

"정말 부끄러워요. 저의 마음을 꿰뚫어 보셨어요. 순종하려고 해도 힘이들어요. 바쁜데 왜 자꾸 나에게 다른 책을 써라고 하실까 하고 불평했지요."

"너에게는 아직도 너의 계획이 나의 계획보다 더 중요하다는 생각에 시달리고 있다는 증거다. 또 너의 초점이 내가 아니고 사역이라서 이런 일이 생기는 거란다. 나의 말에 순종하는 것이 너의 삶에서 가장 중요한 것이 되어야 한다는 것이 아직도 마음 깊숙이 새겨져 있지 않기 때문이다. 뒤틀어진 문은 많은 일군들의 문제야. 나를 위해서 일을 한다 하면서도 내 뜻보다는 자기들의 뜻대로 일을 하려고 해."

"주님, 바로 그것이 저였어요. 용서하세요."

"내가 너를 용서한다. 나의 마음을 알도록 이끌어주어 내가 원하는 것을 할 수 있도록 도와 주겠다. 순종은 사랑이야. 만약 네가 나를 사랑하면 순종을 하게되지. 그러나 순종하는 마음도 나의 깊은 사랑을 알기 전에는 생기지 않는다. 그래서 네가 침묵기도를 하는 것이 얼마나 중요한가를 알아야 한다. 그래야만 이 나의 깊은 사랑을 알게 되고 순종하는 것이 차차 쉬워진단다. 불순종의 구덩이에 빠지는 일군들이 많아. 그들은 자신들의 삶을 나에게 온전히 주지 않았어. 자기들이 삶의 주인이지. 나와 시간 보내고 나의 말을 듣는데 관심이 없으면 나의 깊은 사랑을 이해하지 못하므로 내 뜻에 순종할 수가 없어. 불순종의 구덩이에 빠진 영적 지도자들은 회개하고 나오기 전에는 나를 따라올 수 없어."

"당신께 순종하겠어요. 앞으로는 제가 그런 구덩이에 빠지지 않게 제 손을 꼭 붙잡아 주세요."

주님은 웃으시면서 말씀하셨다. "사랑하는 딸아, 순종하려고 노력하고 있는 너를 보니 기쁘구나. 이제 그 구덩이에 빠지지 않도록 너의 은사를 사용해서 죽어가는 영혼들을 구원하는 작업을 해라. 오로지 내가 인도하는 대로만 순종하기를 원한단다. 너에 대한 계획이 있다. 그래서 전에 너에게 너의 미래의 계획을 나에게 달라고 하지 않았니?"

"저의 모든 계획을 내려 놓습니다. 순종할 수 있도록 주님의 깊은 사랑을 알게 해주세요. 당신의 뜻이 내 삶과 사역에서 이루어지기를 원합니다."

"다른 사람들에게 그들의 은사를 숨기지 말고 사용하라고 격려하라. 네가 하는 사역이 다른 사람들의 은사를 사용할 수 있는 기회를 줄 수 있다는 것을 알고 있지 않니?"

"예수님, 전에 알지 못했던 것을 배웠어요. 제 생각대로라면 절대로 문서 선교가 성장이 되지 않았을 거예요. 그러나 성령님께서 여러 사람들을 보내주셔서 책을 여러나라 말로 출판하여 가난한자와 재소자들을 돕는 비전을 주심에 감사드립니다. 주님을 사랑하는 다른 자원봉사자들과 함께 일할 수 있는 기회를 주셔서 감사합니다."

"나의 자녀들이 자기들의 은사를 최대한으로 사용하도록 그들을 격려하고 나의 사랑을 알도록 침묵기도를 가르쳐라."

"사랑의 주님, 당신을 섬길 수 있는 기회를 주셔서 감사합니다. 당신이 원하시는 대로 많은 사람들에게 침묵기도를 가르치고, 주님의 사랑을 알려서 그들이 주님을 더 욱더 사랑하고 은사를 최대한으로 사용할 수 있도록 격려할 수 있는 기회를 주세요."

"나의 사랑하는 딸아, 너의 뒤틀어진 문이 조금씩 고쳐지기 시작했다. 나와 시간을 보내면서 나의 깊은 사랑을 알고 순종하게 되면 너의 문이 고쳐질 것이다. 이제 네가 다른 것을 배워야 할 시간이다. 따라오너라."

5. 걱정과 두려움의 구덩이

예수님과 집을 떠나면서 소녀는 먼 길을 갈지도 모른다는 생각에 운동화를 신었다. 처음에는 편해서 좋다고 생각했는데 얼마안가서 발이 아프기 시작했다.

"예수님, 제가 이 운동화가 편하다고 생각해서 신었는데 발이 아파서 못 걷겠어요."

"나의 사랑하는 딸아, 네가 나와 걸을 때는 편한 신발을 신어야 먼 여행을 하는데 힘이 들지 않는단다."

소녀는 길가에 주저 앉아서 신발을 벗었다. "발이 아파서 더 이상 걷지 못하겠어요. 전에 이 운동화를 신었을 때 문제가 없었는데 왜 이런지 도저히 알 수 없어요."

예수님은 그녀 곁에서 물끄러미 쳐다보셨다. "너의 운동화로 인해서 생기는 문제는 영적인 문제란다. 내가 이 책을 너에게 써라고 해서 네가 순종을 하겠다고 시작은 했지만 바쁜데 할 수 있을까 하는 등의 걱정과 두려움에 마음이 무거워진 것이란다. 이 책을 네 힘과 지혜로 쓸 수 없다는 것을 알고 있지 않니? 어떤 작업도 내 도움 없이는 안된다는 걸 종종 잘 잊어버리는구나. 그러나 내가 도와주면 네가 못할 일이 없다."

"당신께서 저의 마음을 보셨습니다. 순종을 한다고 주님을 따라가려고 결정을 했지만 내가 해야 할 일이 많은데 이 책을 쓰다가 다른 일들을 못하면 어떻게 하나하고 걱정으로 시간을 낭비하고 있었어요. 제가 걱정을 한다고 되는 것도 아닌데 왜 주님께서는 바쁜 사람에게 일을 주실까 하는 생각만 자꾸 들었어요."

"나의 사랑하는 딸아, 나를 전적으로 의지하지 않는 영적 지도자들이 빠지는 구덩이가 이 걱정과 두려움의 구덩이란다. 나의 일은 너의 힘으로 하는 것이 아니라는 것을 알면서도 아직도 나의 힘과 능력을 의심하느냐? 걱정과 두려움의 구덩이에 빠진 사람들은 나에 대한 믿음과 신뢰가 부족한 사람들이야."

"예수님, 어떻게 이 걱정과 두려움의 구덩이에서 나올 수가 있을까요?"

"항상 나를 바라보고 산도 옮길 수 있는 믿음을 실천할 때 기적을 볼 것이다. 그럴 때 너의 마음에는 오직 기쁨과 평안만이 가득차지. 나의 일을 하면서도 네 생각대로 하려고 하기 때문에 걱정과 두려움이 생기는 것이란다."

"어떻게 해야 가벼운 마음을 가지고 당신을 따라 갈 수 있을까요?"

"너의 마음을 나에게 주려무나."

소녀는 그것이 이상한 질문이라고 생각했다. "제가 주님께 모든 것을 드리지 않았나요?"

"네가 말로는 네 마음을 준다고 했지. 실제로는 너의 마음을 걱정과 두려움에게 주고 있어. 그래서 내가 너의 마음을 달라고 한거야."

"당신께 저의 마음을 드립니다. 걱정과 두려움의 구덩이에서 저를 건져 주시고 주님의 평안과 기쁨으로 가득 채울 수 있도록 은혜 베풀어 주세요."

"나의 사랑하는 딸아, 우리의 아버지 집에 갈때까지 너의 마음을 나에게 주는 것을 연습해야 한단다. 마음을 준다는 것은 나를 가장 사랑하며 무엇보다도 나와 시간을 보내며 내가 원하는 것을 하는 것이다. 그렇게 하면 네가 나의 나라와 의를 구하게 될 것이다."

"어떻게 당신의 나라와 당신의 의를 구하는 것을 먼저 할 수 있나요? 제가 전심으로 그렇게 하고 싶어요."

"그러기 위해서는 나의 깊은 사랑을 알아야 한단다. 나의 깊은 사랑을 이해한다는 것은 내가 모든 사람들을 사랑하는 것으로 인해서 생기는 슬픔과 고통도 이해하는 것이란다. 그래서 나를 따라오려면 자기를 부인해야 한다는 것은 자기의 계획을 버리고 나의 계획을 따라야 한다는 것이란다. 그럴 때 사람들이 나의 나라와 나의 의를 구하는 것을 할 수 있단다."

"저는 걱정과 두려움에서 살고 싶은 마음이 없어요. 주님의 생각이 저의 생각으로 바꾸어져서 하나님의 나라와 의를 구하는 일을 하고 싶어요. 주님의 깊은 사랑을 더욱더 알게 해주셔서 당신의 아픔도 이해하고 그것을 감당할 수 있는 사랑과 믿음을 주세요. 예수님, 이제 제가 무엇을 더 배워야 하지요?"

주님은 사랑의 눈으로 소녀를 바라보면서 말씀하셨다. "나에게 배우려고 하는 너의 마음이 나를 기쁘게 한다. 내가 너를 얼마나 사랑하는지를 네가 알기만 한다면 하는 마음이다. 내가 너를 너무 많이 사랑한단다. 네가 그것을 항상 기억하기를 바란다."

소녀는 기쁨이 넘쳐서 말했다. "저에게 주님을 마음과 정성과 뜻과 힘을 다하여 사랑할 수 있는 사랑을 주세요."

주님은 활짝 웃으셨다. "나를 더 많이 사랑하고 싶다고하니 정말 기쁘구나. 네가 나의 깊은 사랑을 이해할 때 나를 진심으로 사랑할 수 있다. 그것을 가르쳐 주려고 침묵기도로 불렀으며 지금 너와 같이 걷고 있는 것이란다. 자, 이제 일어나서 함께 가자. 네게 가르쳐 줄 것이 많다."

소녀는 신발을 신고 걷기 시작했다. 그런데 운동화가 아주 편하고 꼭 맞는 것이었다. 소녀는 껑충껑충 뛰면서 환성을 질렀다. "주님, 이 운동화가 잘 맞아요. 이제는 하나도 아프지 않아요!"

주님도 만족하신 표정으로 말씀하셨다. "나의 사랑하는 딸아, 그것이 바로 순종할 때 주는 나의 싸인이란다. 순종하는데 초점을 두면 걱정과 두려움에서 해방될 수 있다. 너의 마음을 다른데 돌리지 말고 계속 나에게 주려무나. 내가 너를 치유할 수 있다. 걱정과 두려움의 구덩이에 빠진 나의 일군들이 나에게 그들의 마음을 주고 나를 섬기려고 따라온다면 평안을 얻게 될 것이라고 말해라. 걱정과 두려움의 구덩이에서 해방되는 길은 오직 순종밖에 없다."

소녀는 노래를 부르면서 예수님을 따라갔다. "저를 걱정과 두려움의 구덩이에서 나오게 해주신 것을 감사드립니다. 주님께서 저의 마음과 삶을 이끌어 주시고 다시는 이런 구덩이에 빠지지 않도록 굳센 믿음을 주세요. 당신을 사랑하며 기쁨으로 섬기며 따라가기를 원해요."

햇빛이 고요히 비치는 아름다운 숲에서 춤을 추는 소녀를 보는 주님의 얼굴은 기쁨으로 가득찼다. 주님도 소녀의 손을 잡고 춤을 추기 시작하셨고 새들도 춤추었다.

6. 영적 장님의 구덩이

예수님께서는 이번에는 소녀를 아주 크고 번잡한 도시로 데려가셨다. 한 장님이 걷고 있는데 그 뒤에 어떤 젊은 남자가 따라가고 있었다. 장님은 가끔 따라오는 남자에게 무엇인가를 가르치면서 가는 길을 지시하고 있었다.

예수님은 소녀에게 설명하셨다. "나의 사랑하는 딸아, 나를 위해서 일한다고 하는 지도자들도 영적 장님들이 많다. 그런데 그들은 자기들이 모든 것을 알고 있고 자신들의 지혜로 다른 사람들을 가르칠 수 있다고 생각하지. 그들이 지식을 가지고 있다고 생각해도 그것이 나에게서 온 것이 아니고 사람들의 지혜라는 것을 알지 못하지. 그들은 내 마음을 모른다. 그래서 장님 지도자들은 나를 따르는 진정한 영적 지도자들을 오히려 핍박한다. 장님이기 때문에 올바르게 볼 수가 없기 때문이지. 이런 사람들을 피하고 시간을 낭비하지 않도록 하라. 다른 사람들이 너를 이해하지 못한다 하더라도 실망하지 마라."

"예수님, 왜 그 젊은 남자는 장님을 따라가고 있다는 것을 모르는지요?"

"사람들이 성경을 잘 모르면 영적인 분별력이 없어. 그들은 나의 음성을 듣지 않고 사람들을 더 따르지. 장님을 따라가면 장님들이 빠지는 구덩이에 들어가게 된단다. 너도 전에 그랬던 것을 기억하니?"

"생각해보니 저에
게도 그런 일이 있었
어요. 주님을 따라가
지 않고 사람들을 따
라갔어요. 그 사람들
은 제가 존경하는 사
람들이었어요. 그들
은 착하고 올바르게
살려고 노력했고 친
절하고 저를 사랑으
로써 대했어요. 그러
나 그들은 하나님을
믿는다고 했지만 성
경말씀을 다 믿지 않
았고 지옥이 있다는
것도 믿지 않았어요. 그래서 그 사람들을 따라서 저도 지옥이
실제로 있을까 하는 의심도 가져보며 믿음에서 떨어져 나간 때
도 있었어요."

"이제야 그걸 보기 시작하는구나. 네가 나의 말을 믿지 않는
사람들을 가까이하고 나에게 관심을 두지 않을 때 그런 일이
생긴단다. 아무리 도덕적으로 바른 삶을 살고 있는 사람들이라
고 해도 나를 모르고 나의 생명의 말씀을 믿지 않으면 영적 장
님이 되는거다. 그들은 성경말씀을 믿지 않으므로 지옥이 있다
는 것을 믿지 못하는 것이지. 사람들의 지혜로는 내 말을 이해
할 수도 없고 믿을 수가 없지. 내가 왜 십자가에서 사람들의 영
혼을 죄에서 구원하려고 그 고통을 당했겠니? 만약 지옥이 없
다면 왜 내가 복음을 땅끝까지 전하라고 하겠니?"

"예수님, 죄송합니다. 좋은 행동을 하는 사람들도 영적인 장
님이 될 수 있다는 것조차 저는 몰랐어요."

"사랑하는 딸아, 내가 너하고 나의 마음을 나누고 싶은 이유
는 나의 자녀들이 나를 위해서 일한다고 말하면서도 영적인 장

님들을 따라가고 있어. 그들은 인간의 지혜를 의지하고 나의 지혜를 의지하지 않아."

"저에게 영적인 분별력을 주세요. 그래서 제가 누구를 따라 가야 하는지 알 수 있게요."

"아이야, 네가 따라 가야 하는 것은 사람이 아니고 나란다. 나에게 배우렴. 그러면 내가 너에게 다른 사람들을 가르칠 수 있는 지혜를 줄거야. 어떤 나의 일군들은 나의 말을 받아들이지 않고 믿지도 않아. 나를 위해서 일한다고 하지만 내가 가르친 것을 가르치지 않고 자기들 생각대로 가르치고 있어. 그래서 그들에겐 생명의 말씀이 없어."

"제가 어떻게 다른 사람들을 도와야 할까요?"

"복음을 전파하라. 내가 너에게 가르치는 것을 다른 사람들에게 전하라. 사람들이 미래를 준비할 수 있도록 가르쳐라. 사람들이 무엇을 믿었는가 또 어떻게 살았는가에 따라서 그것에 대한 심판이 있어. 그래서 네가 다른 사람들에게 자기들의 지혜를 의지하지 말고 나의 말에 순종하는 것을 가르치라고 하는 것이다. 어떤 사람들은 자기들의 지혜를 나보다 더 의지해. 너도 너의 지혜를 의지하면 내가 원하는 사람들에게 복음을 전할 수 없어."

"주님, 제가 장님 지도자에 대해서 무엇을 더 배워야 할 것이 있어요?"

"나의 사랑하는 딸아, 그 질문이 참 좋구나. 나와의 이 여정을 남들이 오해하더라도 실망하지 마라."

"당신 말씀이 맞아요. 어떤 사람들은 제가 왜 침묵기도를 해야 하는지를 이해 못해요."

예수님은 말씀하셨다. "내가 이미 알고 있다. 그래서 앞으로는 개인적인 멘토를 하지 말고 성령의 음성에 순종해야해. 시간이 별로 없다. 다른 사람들을 멘토하려고 하면 나와 보낼 시간을 빼앗아가게 되고 너의 침묵기도에 방해가 된다. 사람들을 네 뜻대로 도우려고 하지 말고 나의 음성을 들으려고 내 앞에서 기도하며 매일 예배를 드리고 나의 음성을 듣는 시간을 더

늘려라. 나에게 순종하면 너의 모든 것을 다 돌보겠다. 그러나 네가 사람들을 나보다 더 기쁘게 하려고 하다 보면 장님을 따라가는 것이 된단다. 영적 장님들은 구덩이에 빠져 있고 그들의 말을 듣고 따라가는 사람도 똑같이 구덩이에 빠지게 된단다."

"예수님, 장님들이 빠지는 구덩이에 대해서 더 말씀해 주세요."

"이 구덩이는 사람들이 나보다 사람들을 더 기쁘게 하려고 애쓰며 또 사람을 의지할 때 빠지게 된다."

"지금 제가 그 구덩이에 빠져 있나요?"

"네가 지금은 그 구덩이에서 나와서 나와 걷고 있단다. 그렇지만 네가 한동안 그 구덩이에 있었지."

"잘 기억을 할 수가 없네요."

"아, 네가 어떤 사람들을 나보다 더 의지하고 기쁘게 하려다가 그것을 인하여 오히려 상처를 받은 때가 있지."

"예수님께서 무슨 말씀을 하시는지 이해하겠어요. 그 당시에 주님에게 여쭈어 보지 않고 제 생각대로 사역하면서 사람들을 의지하고 그들을 기쁘게 하려고 돕다가 오히려 상처를 받았어요. 제가 사람들을 너무 믿고 의지 했다는 것이 잘못이었지요. 저에게 그들을 용서할 수 있는 마음을 주셔서 감사합니다."

"나의 사랑하는 딸아, 사람들을 도와줄 때 성령의 지시대로 따르면 된다. 그리고 다른 사람들을 도울 때 그냥 내가 너에게 맡겨준 것을 나눈다고 생각하라."

"이제는 다른 사람들을 돕는 것도 성령님의 인도하심을 따르겠어요."

"지금 네가 누구를 따라가야 한다는 것을 배우고 있는 과정이란다. 영적인 장님을 따라가지말고 가까이 하지도 마라."

"제가 영적 장님 같은 지도자들을 따라간 때가 있었는데 그 당시에는 분별력이 없어서 그들이 잘못된지도 모르고 쫓아가서 문제가 생겼어요."

"나를 위해서 일한다고 하는 어떤 영적 지도자들도 장님과 같은 사람들이 있고 선한 양심이 없어. 그들은 나를 사랑하지 않고 자기들을 더 사랑해. 그들 자신 때문에 다른 사람들이 상처를 받는 것을 생각하지 않아. 그런 사람들을 멀리해라. 그런 사람들은 우리의 관계를 방해하고 너의 마음의 평화를 빼앗아 가는 사람들이야."

"사랑의 주님, 제가 선한 양심을 갖도록 성령의 인도하심을 기도합니다. 또 장님 같은 지도자들을 의지하지 않고 미혹 당하지 않게 저의 손을 꼭 잡고 이끌어 주세요."

"나의 사랑하는 아이야, 나를 항상 바라보고 따라오너라. 그리고 내가 너에게 말하는 것을 용감하게 전하라. 그래서 그들이 나를 찾도록."

"제가 어떻게 해야 될까요? 주님이 원하시는 것에 순종하고 싶어요."

"예레미야 1:17~19절을 네 마음에 두고 내 말에 순종해라. '그러므로 너는 네 허리를 동이고 일어나 내가 네게 명령한 바를 다 그들에게 말하라 그들 때문에 두려워하지 말라 네가 그들 앞에서 두려움을 당하지 않게 하리라 보라 내가 오늘 너를 그 온 땅과 유다 왕들과 그 지도자들과 그 제사장들과 그 땅 백성 앞에 견고한 성읍, 쇠기둥, 놋성벽이 되게 하였은즉 그들이 너를 치나 너를 이기지 못하리니 이는 내가 너와 함께 하여 너를 구원할 것임이니라 여호와의 말이니라.'"

소녀는 고개를 흔들었다. "저에게 주시는 이 성경말씀은 다른 사람들과 문제가 생길 것을 예견하는 것 같아요. 주님께서 제 마음을 아시잖아요. 저는 다른 사람들하고 싸우며 시간 낭비를 하고 싶은 마음이 전혀 없어요."

"나의 딸아, 너는 마음의 준비를 해야한다. 나의 지혜를 구하고 나를 의지하면 다른 사람들에게서 너를 보호하겠다. 네가 기도를 시작하지 않았니? 너의 영적인 싸움이 이미 시작되었단다. 그래서 기도를 하면 할수록 나의 지혜와 나의 힘으로 싸우게 되는 것이란다. 나를 믿고 나의 뜻을 사람들과 나누어라."

"저의 삶을 다 드리지 않았나요? 당신의 영광을 위해서 써달라고 하지 않았어요? 당신의 뜻이 저의 삶에서 다 이루어 지기를 원합니다."

"그래, 내가 무엇을 말하려고 하는지를 네가 조금 이해를 하기 시작했다. 나의 마음을 너와 나누고 있단다. 그러나 계속 교만마귀를 조심하라."

"예수님, 경고해 주셔서 감사합니다. 당신에게 모든 영광을 드립니다. 겸손한 마음을 갖게 분별력과 지혜를 주세요."

7. 편견의 구덩이

예수님은 소녀와 걸으시면서 말씀하셨다. "나의 사랑하는 딸아, 네가 쓰는 이 책을 축복하겠다."

"당신의 사랑과 축복에 감사드립니다. 저에게서 더 원하시는 것이 있는지요?"

"아이야, 너의 침묵기도의 시간을 더 가져라. 다른 사람들이 무엇이라 말하든 나의 말을 들어라. 너를 이해하지 못하는 사람들로부터 보호하겠다. 이제 너의 마음을 청소할 시간이다. 너의 마음을 청결하게 하라."

"어떻게 저의 마음을 청결하게 할 수 있는지요?"

"내가 전에 모든 젊은 사람들을 너의 사랑하는 아들과 같이 생각하라고 한말을 기억하니?"

"네, 주님, 기억해요. 무슨 말씀을 하시려고 하세요?"

"내가 모든 세상 사람들을 사랑한다는 것을 알기를 원한다. 너무나 사랑해서 나의 목숨까지도 주었다. 너도 나처럼 모든 사람들을 사랑하여라."

"그런면에서는 저에게 도움이 필요해요. 어떻게 주님께서 원하시는 대로 모든 사람들을 사랑할 수 있어요?"

"나의 사랑하는 딸아, 어떻게 마음이 청결해 질 수 있느냐를 물었지? 그것은 너의 사역을 한 장소에만 한정을 두지 말라는 것이란다. 내 뜻대로 사역을 하려면 마음의 문을 더 열어야 한단다. 네가 사역하고 있는 교도소 사람들만 문서 선교로 도우려고 생각하고 있을 때 내가 너에게 비전이 너무 작다고 하지 않았니? 너의 비전이 나의 비전이 되어야 마음이 청결해 질 수 있어."

"저는 아직도 저의 마음의 청결과 세상 사람들을 사랑하는 것과 어떻게 상관이 있는지를 잘 모르겠어요."

"그 이유는 네가 나의 사랑과 깊은 마음을 알지 못하기 때문이다. 모든 세상 사람들을 사랑하는 것을 배우는 것이 곧 나의 깊은 마음을 알게 되는 시점이란다. 나는 모든 사람들을 사랑해. 그런데 너의 초점과 관심은 너의 자녀와 네가 사역하고 있는 곳이지. 그것이 변화되기 전에는 나와 같은 사랑을 가질 수가 없어. 사랑은 실천이 따라야되. 너는 편견을 가지고 있어. 네가 사랑하려고 하는 사람들을 미리 결정하고 그 사람들만 사랑하려고 하고 있어. 그 생각을 바꾸기 전에는 너의 마음이 청결할 수가 없어."

"아, 저에게 모든 사람들을 사랑하고 배려하는 것이 필요하다는 것을 가르쳐 주시려고 하시는군요?"

"그렇지. 그러나 나의 마음을 이해하는 것만으로는 부족해. 너의 사역의 비전이 현재 하고 있는 곳을 넘어서서 열방을 향한 기도와 열방을 선교지역으로 삼아야 한다는 거지. 너에게 마음이 청결해야 한다는 부분은 아직도 너의 생각으로만 사역의 비전을 세우고 있다는 것이야."

"제가 생각지도 못했던 것을 알려주시네요. 제가 편견이 있다는 것조차 몰랐어요. 이제야 무슨 말씀을 하시려고 하는지 알았어요. 주님이 원하시는 대로 섬기려면 열방의 사람들을 위해서 기도하고 열방을 향해 선교의 비전을 가지고 계획을 세울 수 있는 사람이 되어야 한다는 것을 가르쳐 주시는군요. 왜 그것을 이해하는 것이 이렇게 힘이 드는지요?"

"그것은 너의 이기심 때문이고 비전이 작기 때문이야. 네가 나의 마음을 가지고 싶다고 했는데 내가 세상 모든 사람을 사랑한다는 것을 아는 지식이 부족해. 나의 사랑과 비전을 가지고 사역을 할 때 다른 사람들을 영적으로 돕고 복음의 씨를 더 많이 뿌릴 수 있어. 네가 청결해야 된다는 것은 편견에서의 자유가 있어야 땅끝까지 전도할 수 있다는 것이다. 내가 십자가에서 고난을 당한 것은 모든 사람들을 위한 것이지 어떤 사람들만 위한 것이 아니야. 너의 편견이 나의 뜻을 방해한다는 것을 알아야해."

"아, 이제 조금 이해가 가네요. 주님께서 저를 사역을 하라고 부르셨을 때에는 저는 미국 사람들에게만 선교하라고 부르신 줄로 알고 또 저도 그것을 원했어요. 그런데 저에게 미국 사람들뿐만 아니라 한국 사람들과 함께 일하는 것을 원한다고 말씀하셨을 때, 저는 한인사회에서 오랫동안 살지 않았고 한인들이 편견이 많다는 것을 생각하고 그들과 같이 일하고 싶은 마음이 전혀 없었어요. 그것도 저 자신의 편견이었다는 것조차 몰랐어요. 그런데 주님께서 한인들과 교도소 선교와 문서 선교를 같이 하게 하신 후 그것이 큰 축복이었다는 것을 깨달았어요."

"나의 사랑하는 아이야, 이제야 내 마음을 좀더 이해하는구나. 영적 지도자들이 이 편견의 구덩이에 빠져서 비전이 작은 사람들이 많아. 그들은 자기들이 원하는 것 외에는 아무런 관심이 없어. 내가 무엇을 그들에게서 원하는지도 모르고 말이야. 어떤 영적 지도자들은 자신들의 사역을 한정을 시키고 있어. 그래서 내가 비전이 큰 선교사들을 그들의 교회에 보내도 끄떡도 하지 않아. 왜냐하면 그들은 자기들이 원하는 사역을 계획하고 자기들의 뜻대로만 하고 있어. 너의 마음의 문을 열고 내가 바라는 것을 해라. 그러면 내가 너의 선교의 문을 넓게 열어줄 것이다. 그러나 먼저 내가 얼마나 사람들을 사랑하는가를 알고 그 사랑으로 사역을 해야만 큰 비전을 가지고 일할 수 있어. 그래서 전에 너에게 모든 젊은이들을 너의 아들과 딸과 같이 사랑하라고 한 것이다. 나는 네가 너의 자식들에게 가지고 있는 특별한 사랑으로 모든 사람들을 사랑하기를 원해. 그들이 영적으로 침체될 때 그들을 위해서 눈물을 흘리며 사랑과 긍휼로써 기도해 주기를 원해. 그럴때에 너의 선교의 비전이 커지고 내가 원하는 것을 할 수 있게된다."

"사랑이 많으신 주님, 당신이 원하시는 대로 모든 사람들을 제 자녀들에게 가진 사랑으로 대할 수 있기를 원합니다. 그런데 어떻게 당신이 원하시는 사랑과 비전을 가질 수 있는지요?"

"계속 침묵기도에 힘써라. 그러면 나의 사랑과 비전을 알게 된단다. 나의 음성을 들으면서 너에게 열방을 선교하라는 비전을 주었다는 것을 알고 실천하고 순종을 해야해. 그러면 나의 사랑과 비전이 너의 것이 될 것이다. 나의 일군들이 편견의 구덩이에 빠지는 이유 때문에 자기들의 선교를 한정 시키고 있어."

"주님, 용서하세요. 저는 그것이 잘못이라는 것조차 몰랐어요. 당신께서 한인 재소자 한 사람을 구원하기 위해서라도 한국에서 문서 선교를 시작하겠느냐고 물어보시지 않으셨다면, 한국에서 변화 프로젝트를 시작할 생각도 못했을 거예요. 그것을 시작함으로 인해서 복음의 씨를 뿌리게 하시고 또 믿음 있고 헌신적인 한인들과 선교할 수 있는 문을 열어 주셔서 감사합니다."

"내가 너를 용서한다. 모든 사람들을 사랑하는 사람들은 나의 말을 들으므로 큰 비전을 가지고 선교의 제한을 두지 않고 있어. 교회 안에서도 다른 사람들에 대한 편견이 선교를 막는 일이 있어서 하는 말이란다. 편견을 청소하는 작업도 네가 하려므나. 그러나 그것을 하기 전에 너의 마음이 먼저 깨끗하게 청소가 되어야 다른 사람들을 도울 수가 있으므로 내가 너를 훈련을 시키고 있단다."

"교도소 선교를 시작한 후에 미국교회의 성도들이 왜 교도소 선교에 관심이 없는가에 대해서 전혀 이해를 할 수 없었어요. 그런데 한인들도 어떤 사람들은 재소자들에 대한 편견을 가진 사람들도 있다는 것을 알게 되었어요. 왜 믿는 사람들도 편견을 가지게 될까요?"

"편견이 깨져야 나의 일을 더 할 수 있다는 것을 모르기 때문이란다. 모든 족속으로 제자를 삼아서 가르치라는 성경말씀이 모든 사람들에게 적용되는 것이란다. 그런데 선교를 자기들의 생각대로 결정하고 자기들이 관심있고 원하는 사람들에게만 하려하니 비전이 작고 많은 죽어가는 영혼들을 구원하는 일을 하지 못하는거야."

소녀는 말했다. "아, 주님, 그 성경말씀은 잘 알고 있어요. 그러나 그 말씀을 저의 사역에 적용을 시키지 않았어요. 제 마음의 문이 열려있지 않았어요."

"나의 사랑하는 아이야, 네가 이제 배우는구나. 나의 일군들이 자기들의 안전과 평안에 더 초점을 두고 내가 하라고 하는 것에는 마음을 주지 않기에 이 구덩이에 빠지지."

"주님, 제가 그런 사람이었어요. 사역을 제 마음대로 계획한 것을 용서하세요. 주님, 이제야 왜 제 마음이 청결해야 한다는 말씀을 이해하겠어요."

"마음이 청결하면 편견이 있을 수 없고 모든 사람들을 사랑하게 된다. 마음이 청결한 자는 복이 있나니 그들이 하나님을 볼 것이다. 모든 사람들을 사랑하는 사람들은 마음에서도 만날 뿐아니라 다른 사람들을 통해서도 하나님을 볼 수 있는 기회가 올 것이다."

"저의 마음을 깨끗하게 해주세요. 그리하여 주님께서 원치 않는 편견을 말끔히 치워 주세요."

"그래, 이 배움은 무척 중요한 것이다. 앞으로 더욱 많은 사람들에게 선교를 하라고 할 때 순종하거라. 나의 일군 중에도 비전이 작은 사람들과 이 편견의 구덩이에 빠진 사람들이 많단다. 그런 사람들은 다른 사람들을 판단하는 죄에 빠진 것뿐만이 아니라 그들이 영적 지도자일 때는 나의 양들이 사역할 수 있는 길까지도 막고 있어. 그들이 그 구덩이에서 나와서 나의 복음을 전하도록 나의 깊은 사랑을 모든 사람에게 전하라."

"사랑하는 주님, 당신을 기쁘게 해드리고 싶어요. 순종하겠어요. 당신의 사랑과 비전 그리고 용기를 가지고 깨끗한 마음으로 모든 사람들을 사랑하며 주님의 사랑의 복음을 많은 사람들에게 알릴 수 있도록 문을 열어주세요."

8. 돈 사랑의 구덩이

어떤 마을을 지나가는데 소녀는 은행에서 한 사람이 강도질을 하고 도망갔다는 뉴스를 들었다. 그런데 알고 보니 소녀의 친척 중에 한 사람이 그런 범행을 저질렀다는 것이었다. 그 소식은 그녀에게 충격을 주고 슬프게도 했다. 어떻게 해서 강도질을 했을까? 마음이 아팠다. 그런데 그 강도질 한 사람이 소녀를 찾아와서 아무런 일도 없었던 것처럼 반가워하며 가방에서 돈을 꺼내어 필요한데 사용하라고 하는 것이었다.

그녀는 고개를 흔들면서 뒤로 물러서서 절대로 그 돈을 받을 수 없다고 말했다. "은행에서 돈을 훔쳐갔다는 소리를 들었어요. 지금이라도 당장 경찰에 자수해요. 언젠가는 붙잡히게 될 테니 더 이상 기다리지 말아요."

그 남자는 실망한 얼굴로 아무말 하지않고 고개를 흔들면서 떠나버렸다. 소녀는 눈물을 터뜨렸다. "주님, 왜 그는 내 말을 이해하지 못할까요? 어떻게 그를 도와야 할지 모르겠어요."

예수님의 눈은 슬픔으로 가득찼다. "나의 사랑하는 딸아, 그것이 어떤 나의 자녀들의 영적인 상태란다. 사람들이 나보다 돈을 더 사랑하고 내 일군들도 돈을 사랑하여 나를 떠나 멸망의 길로 간 사람들도 있단다. 참 슬픈일이지. 이것이 사람들이 돈을 나보다 더 사랑해서 빠지는 구덩이야. 이 함정에 빠진 사람들은 사람들에게서만 도둑질을 하는 것이 아니

라 하나님에게서도 도둑질을 한단다."

소녀는 눈을 크게 뜨고 말했다. "주님, 사람들이 어떻게 하나님께 도둑질을 해요. 도저히 상상할 수 없어요?"

주님은 한숨을 쉬면서 말씀하셨다. "사람들이 내가 세상을 창조했고 그들을 만들었고 그들에게 재능과 시간과 물질을 주었다는 것을 잊고 있어. 그들에게 준 것들은 하나님의 나라를 위해서 사용하라고 주었다. 그런데 그들은 내가 원하는 것에 대해서는 관심이 전혀 없고 자신들만을 위해서 사용하고 있지. 내가 준 것에 감사하는 마음도 없고 내가 맡겨놓은 것을 자신들의 것이라고 생각한단다. 내가 원하는 것은 그들이 내 사랑을 이해하고 나를 전심으로 사랑하는 것이다. 그러나 돈을 사랑하는 사람들은 나를 사랑할 수 없어. 나의 사랑을 알려면 그들이 나를 찾고 만나려는 간절한 마음이 있어야 해. 그러면 나를 만나게 되고 나의 사랑을 알게되지. 그런데 내가 준 삶을 자기 멋대로 사용하고 오히려 나를 우습게 생각하고 비웃는 사람도 있단다. 그러니 내가 준 것을 나를 위해서 사용하지 않는 자들은 나에게서 도둑질을 하는 사람들이다. 그러나 나는 계속 그들이 나에게 오기를 기도하면서 기다리고 있지. 네가 할 일은 내가 세상 모든 사람들을 사랑한다는 것을 알리는 것이다. 그래서 그들이 나를 어떻게 사랑하는 가를 배워서 그들의 재능과 물질, 그리고 시간과 생명을 바쳐서 나의 나라를 위해서 일을 해야 한다는 것을 너는 가르쳐야 한다."

"저의 죄를 용서하세요. 오랫동안 사역을 하면서도 주님이 저에게 무엇을 원하시는지를 진정으로 생각해 본적이 없었어요. 저도 주님께 도둑질 한 것이 많다는 것을 알게되니 그저 부끄럽네요. 저의 생각대로 살아온 것을 용서하세요. 이제 저에게서 무엇을 원하시는 지요?"

"사랑하는 딸아, 너를 용서한다. 내가 가장 원하는 것이 네가 나와 시간을 같이 보내는 것이란다. 내가 너를 사랑하기 때문이다. 내 자녀들이 나와 시간을 보내고 찬양으로 나를 기쁘게 하고 나의 사랑을 알게 되는 것이 나를 기쁘게 한단다. 너의 시간을 나에게 주면서 나를 경배하는 시간이 너의 마음을 내게 주는 것이고 나를 사랑하는 것이란다. 그렇게 될 때 너에게 맡긴 것들로 어떻게 나의 나라를 위해서 사용할 수 있는지를 가르치겠다."

"당신께 예배를 드리고 찬양드리는 것이 저에게는 정말 즐거운 시간이예요. 전에는 왜 성령님께서 자꾸만 기도를 하라고 하시는지를 잘 이해 못했어요. 그런데 주님께서 침묵기도를 시작하라고 하신 후 저는 주님과 시간을 보내는 것이 정말 즐겁고 행복한 시간이라는 것을 알게 되었어요. 제가 교도소에서 예배를 인도할 때도 행복하지만 주님과 보내는 시간은 더 큰 행복감을 느껴요. 주님께서 예배 시간을 그렇게도 기뻐하시는지를 몰랐어요."

"사랑하는 딸아, 너의 예배는 나의 정원에 아름다운 꽃의 향기란다. 나를 경배하는 시간이 너에게는 나의 향기로운 꽃밭에서 나와 같이 걷는 것이란다. 그래, 교회에서 예배 인도하는 시간에만 나를 찾는 것이 아니고 매일의 삶 속에서 예배를 통하여 나를 만나는 기쁨을 다른 사람에게 이야기해 주려므나. 내가 나의 영광을 드러내기 위하여 사랑으로 사람들을 창조했어. 그것을 알면 너의 침묵기도의 시간이 조금도 아깝지 않을거야."

"예수님, 저는 절대로 당신과 지내는 시간이 아깝다고 생각하지 않아요. 제가 오랫동안 당신과 시간 보내는 것을 소홀히 한 것을 용서하세요. 주님을 더 가까이하고 사랑하며 알기를 원합니다. 저에게 주신 모든 것을 당신의 영광을 위해서 사용할 수 있도록 은혜를 베풀어 주세요. 이제 무엇을 제가 더 알기를 원하세요?"

"딸아, 네가 알아야 할 것은 시험에 빠져서 너만을 위해 물질을 사용하지 말고 성령께서 인도하는 대로 사용하고 돈과 자신을 나보다 사랑하는 구덩이에 빠지지 않도록 주의하라. 또 다른 사람들에게도 이것을 가르치고 경고하라. 도둑질한 돈을 세느라고 구덩이에 빠진 것도 모르는 사람들이 있어. 구덩이에 빠지면 그 돈을 사용할 수도 없다는 것을 생각하지 못하고 계속 돈을 움켜지고 가난한 사람들을 돕지않아. 그러다 그곳에서 죽는 사람들이 있어.”

“제가 주님보다 돈을 더 사랑하지 않도록 손잡아 이끌어 주세요. 당신을 가장 사랑하는 것에 초점을 두고 섬기게 해주세요. 저를 당신의 빛의 길로 인도해 주세요.”

9. 잡음의 구덩이

“사랑하는 아이야, 나의 사랑과 자비와 나의 아픔까지도 이해할 수 있는 사람을 찾고 있단다. 그런 사람들은 다른 사람들의 아픔도 알 수 있고 도와줄 수 있단다.”

“제가 무엇을 어떻게 하는 것을 원하세요?”

“계속 가난하고 어려운 환경에 있는 사람들과 복음을 듣지 못한 사람들에게 복음을 전파하라. 그래서 너의 책들이 여러곳으로 갈수 있도록 선교의 범위를 넓혀라. 그러나 네가 다른 사람들의 아픔을 알기 전에는 그들을 도울 수 없다.”

“어떻게 사람들의 아픔을 더 이해할 수 있을까요?”

“계속 침묵기도에 힘쓰면 내가 너에게 다른 사람들의 아픔을 이해하도록 도와 주겠다. 사람들이 많은 잡음속에서 살고 있으므로 나의 음성을 듣지 못하고 나의 마음을 알 수 없다. 나를 따라와라. 보여줄 것이 있다.”

예수님께서 소녀의 손을 잡고 데려가신 곳은 시끄러운 음악과 TV 소리가 나오는 구덩이였다. 그곳에서 사람들이 음악에 맞춰서 춤을 추는데 너무 시끄러워서 도저히 사람들이 이야기를 주고 받을 수 없는 상황이었다. 한구석에서는 배가 고파서 구걸을 하는 사람들과 땅바닥에서 죽은 사람같이 누워있는 사람들도 있었다. 어떤이는 아파서 신음하며 울고 있지만 너무나 음악소리가 커서 아무도 못듣는 것이었다.

“어떤 나의 일군들은 세상적인 음악과 잡음에 취해서 세상의 즐거움만 추구하고 나의 음성을 들으려고 하는 않는다. 그래서 세상에서 배고프고 굶주리고 아파서 죽어가고 있는 사람들의 신음소리를 듣지 못하고 있단다.”

“저도 사실 그런 사람중의 한 사람이에요. 다른 사람들의 아픔을 생각하기보다는 저의 필요한 것, 저를 기쁘게 하는 것들만 생각했어요. 용서하세요.”

“내가 너를 용서한다.”

“예수님, 왜 저 같은 사람에게 하나님의 마음에 대해서 써라고 하시는 지요?”

“이것은 너의 기도의 응답이란다. 네가 나에 대한 사랑을 가지게 해달라고 기도하지 않았니? 나를 더 사랑하기 위해서는 나의 마음을 알아야 하기 때문이다. 나의 마음을 안다는 것은 내가 아프고, 고통속에서 신음하고, 가난한 사람들을 얼마나 사랑하는지도 알아야 한단다.”

“얼마전에 저에게 저의 마음을 달라고 하셨는데 그 당시에는 이해를 못했어요. 이제 조금 이해 할 수 있을 것 같아요. 당신의 도움이 아니고는 다른 사람의 아픔도 당신의 사랑도 이해할 수 없으니까요. 제가 주님과 시간을 보내는데 방해되는 것이 없도록 이끌어 주세요. 그리고 어떤 일을 하든지 주님을 기쁘게 하고 싶어요.”

“나와 시간 보내는 것에 방해되는 것을

잘 극복한다면 내 마음을 알게 된단다. 내 마음을 이해하면 순종하는 것이 쉬워지지. 나의 음성을 들으려고 노력하라."

"어떻게 해야 주님의 음성을 더 잘 들을 수 있나요?"

"나와 보내는 시간을 늘리고 침묵기도를 계속하면 들을 수 있고 나의 마음을 알게되. 어떤 나의 일군들은 세상의 잡음과 쓸데없는 음성들에 더 관심을 가지고 나의 음성을 들으려고 하지않아. 그래서 그들은 내가 원하는 것을 알지도 못하고 할 수도 없어. 내가 하라고 하는 것만 하면 모든 것이 순조롭게 된단다."

그녀는 이제 예수님께서 무슨 말씀을 하시는지를 조금 더 알 수 있는 것 같았다. "사랑의 주님, 당신의 깊은 사랑과 인내와 은혜에 감사드립니다. 제가 오랫동안 다른 사람들의 음성과 저 자신의 음성을 듣는 데에만 마음을 썼어요. 이제는 주님께서 왜 제가 좋아하는 찬송도 예배시간외에는 끄고 주님의 음성을 듣는 것을 연습시키시는 지를 이해하겠어요. 이제 주님의 음성 듣는 것을 방해하는 것들은 제지해야 함을 배웠어요."

"사랑하는 아이야, 나의 영광의 얼굴의 빛을 바라보려고 노력하면서 따라오너라. 내가 너를 인도하겠다."

10. 사람 사랑의 구덩이

조용한 햇빛이 비치는 아름다운 숲속을 소녀와 예수님과 걸어가고 있었다. 그런데 어디선가 울음소리가 들려왔다. 길가에 있는 깊은 구덩이에서 들려오는 것이었다.

어떤 여자의 목소리가 울려왔다. "주님, 제가 당신을 따라가지 못한 것을 용서하세요. 당신을 섬기고 싶었지만 여러가지 문제가 생겼어요. 저의 어머니를 잃어버린 후에 도저히 당신이 원하는 것을 할 수 없었어요. 그 후 돈 문제도 있었고 아이들에게 제가 더 필요했어요."

그 여자의 처참한 울음소리와 함께 또 다른 곳에서 여러 사람들의 목소리가 들려왔다. 소녀는 물었다. "주님, 제가 한 여자만 보는데 왜 여러가지 음성이 들려오나요. 이산에 여러 사

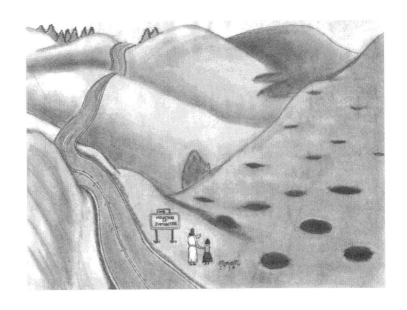

람들이 있는 것 같아요."

"나의 사랑하는 딸아, 이산을 시험의 산이라고 한단다. 이산에는 나를 따라오겠다고 했으나 시험이 왔을 때 이기지 못하고 깊은 구덩이에 빠진 사람들이 많단다."

소녀는 놀랐다. "그들이 구덩이에서 나올 수 있나요?"

"모든것이 가능하다. 그들이 회개하고 성령의 지시를 따르면 나올 수 있단다."

"그럼 왜 이 여자는 나오지 못하나요?"

"이 여자는 자신의 가족을 나보다 더 사랑해서 항상 할 수 없다고 말만해. 자신의 가족을 나보다 더 사랑하는 자들은 나를 따라올 수 없어. 나를 따라오는 자들은 자신의 계획보다는 내 계획을 따르고 내가 원하는 것을 해야되. 이 여자는 말로만 용서해 달라고 하고 실제로는 그곳에서 나와서 나와 같이 걸을 생각도 하지 않아. 그래서 항상 자신이 사랑하는 사람들에게만 초점을 두고 나를 따를 준비가 되어 있지 않아. 이 여자는 아프리카에 선교사로 부름을 받았어. 지금이라도 늦지 않았어. 다만 짧은 기간이라도 순종하면 선교를 할 수 있는데 그것조차도 순종할 마음이 없어. 그래서 구덩이에서 있는 것을 더 편하게 생각하고 나오려고 하지 않고 있어. 매일 자기가 해야 할 일을 못했다고 슬퍼하면서도 정작 할 수 있는 환경이 주어졌는데도 실천을 못하니 안타까운 일이지."

"주님, 이런 구덩이에 빠지기가 아주 쉬운 것 같아요."

"얘야, 전에 너도 이런 구덩이에서 오랜 시간을 보냈는데 그걸 알고 있니? 자, 그곳으로 가보자."

예수님은 조금 더 걸어가시더니 한 구덩이를 보여주셨다. 그 안에서는 어린 여자 아이가 인형을 가지고 놀고 있었다. 가까이 가보니 그것은 소녀 자신이었다.

"제가 저를 보고 있어요. 그런데 왜 제가 그 구덩이에서 그렇게도 오랫동안 있었어요?" 소녀는 못 믿겠다는 듯이 고개를 흔들면서 말했다. "그땐 왜 그렇게 주님 따라가기가 싫었는지 이해할 수가 없어요. 부끄러워요."

"나의 사랑하는 아이야, 너를 방해한 것은 너 자신이었어. 너 자신을 나보다 더 사랑했어. 그러면 나를 따라올 수 없어. 그리고 네가 나를 위해서 일하는 것은 아무 소용없는 일이라고 결정을 했었단다. 내가 너에게는 중요한 사람이 아니었기 때문이지. 너는 말로만 너의 삶을 나에게 준다고 했지. 사실 너는 세상에 있는 것들을 더 즐기고 인형을 가지고 노는 것에만 큰 즐거움을 느끼고 너의 계획대로 사는 것만 원했었어. 나를 따라오려는 생각은 전혀 없었어."

"용서하세요. 주님이 얼마나 저에게 소중한 분이란 것을 몰랐기 때문에 당신이 따라오라는 것도 못 들은 척 했어요. 또 사역을 하는 사람들은 생각이 부족한 사람들이며 고생을 사서하는 사람들이라고까지 판단을 했었어요. 그래서 주님께서 저를 일하라고 부르셨을 때에는 하기 싫어서 눈물을 일년이나 흘렸어요. 제가 왜 인형들을 주님보다 더 사랑했는지 알 수가 없어요. 당신의 아름다운 마음에 반한 저는 이제는 주님만 따라가고 싶어요. 생각해보니 저는 눈에 보이는 것을 하나님보다 더 사랑했어요. 세준 집들을 고치고 일하는 것에 보람을 느끼고 주님의 음성을 들으려 하지 않았어요."

"보이는 것을 나보다 더 사랑하는 사람들이 빠지는 구덩이에 네가 빠진 거란다. 눈에 보이는 것을 사랑하다보니 내가 너에게서 무엇을 원하는 지는 생각을 하지 못했던거지. 그뿐아니라 나를 따르는 사람들이 무언가 잘못된 사람들이라고 생각한거지."

"용서하세요. 다시는 이런 구덩이에 빠지지 않게 지혜를 주세요. 주님만 따라갈 수 있도록 은혜를 베풀어 주세요."

"너를 용서한다. 나의 사랑하는 딸아, 이산에는 위험한 구덩이들이 많이 있는데 나의 자녀들이 그것을 모르므로 함정에 빠져서 나를 따라오지 못하므로 다른 사람들을 도와줄 수가 없어. 구덩이 안에 빠지면 오랜 시간이 걸려서 회개하고 나오는 사람이 있는가 하면 어떤 사람들은 아주 그곳에서 나오지 못하고 죽는 사람들도 있어. 문제는 나의 일군들이 그 구덩이에 빠진 후 쉽게 나올 수 있는데도 나의 말을 듣지 않기 때문에 어떻게 나오는지 모르는 이도 있다는 거지. 그래서 네가 사람들에게 이 위험한 구덩이에 빠지지 않도록 경고를 해라."

"당신께서 저에게 가르쳐주시면 다른 사람들에게 말하겠어요."

"눈에 보이는 것들은 잠시뿐이고 보이지 않는 영의 세계가 영원한 세계라는 것을 가르쳐라."

"당신의 은혜에 감사합니다. 저의 영의 눈을 열어주셔서 당신의 나라를 위해서 힘써 일을 할 수 있도록 가르쳐 주세요. 어떻게 해야 그렇게 할 수 있을까요?"

"사랑하는 딸아, 나에게서 눈을 떼지 말아라. 네가 다른 사람들과 너 자신과 세상을 나보다 더 사랑하게 되면 이런 구덩이에 빠지게 된단다."

"당신을 똑바로 바라보고 손을 꼭 붙잡고 따라갈 수 있게 해주세요. 다시는 세상을 주님보다 더 사랑하지 않겠어요. 주님을 누구보다도 무엇보다도 사랑합니다."

"나도 너를 사랑한다. 내가 너에게 가르칠 것이 많단다. 나를 따라와라. 더 보여줄 것이 있다."

11. 실망의 구덩이

얼마 걷지 않아서 길옆에서 어떤 사람의 한숨 쉬는 소리가 들려왔다. "난 더 이상 이 일을 할 수 없어." 그의 애처로운 음성은 골짜기에서 울렸다.

"나의 딸아, 이 구덩이에 빠진 사람들은 나를 위해서 일하는 것이 소용이 없다고 생각하는 사람들이란다. 나의 일군들이 나의 일을 하면서 어려움을 당할 때가 있지. 교회 사람들하고도 문제가 생기게 되어 있어. 그런데 이 남자는 문제만 바라보고 나를 바라보지 않아서 자신이 감당할 수 없다고 생각하고 나를 따라오기 보다는 자기의 생각대로 사역을 그만두려고 하는 거란다."

"이 사람이 어떻게 이 구덩이에서 나올 수 있어요?"

"나하고 기도로 시간을 더 보내고 나를 믿고 성령의 지혜를 얻어 문제를 해결하게 되면, 힘을 얻고 실망의 구덩이에서 나와 나를 따라올 수 있어. 아직도 그는 겸손하게 나만을 의지하는 것을 배우지 못하고 자신만을 의지하고 문제를 해결하려다 이 고통을 당하고 있는거야. 그러나 언제든지 그가 겸손히 나를 찾고 나를 온전히 의지하면 모든 문제를 잘 해결하고 이 구덩이에서 나올 수 있지. 사람들에게서 실망을 했다는 것은 사람들을 의지했다는 것이지."

"저도 사람들 때문에 실망한 때가 있었어요. 왜 사람들이 교도소 선교에 관심이 없을까 했는데 사실 저도 주님께서 교도소 선교를 하라고 부르지 않으셨으면 전혀 교도소 선교에 대해서는 알지도 못했고 관심도 전혀 없었을 거예요. 그런데 주님께서 제가 실망하는 것은 사람을 의지했기 때문이라고 하셔서 이제는 주님만 의지해요."

"네가 전에 어떤 사람들이 너를 도와주지 않는다고 실망한 때가 있었는데 내가 너의 사역을 도와주는 것이지 사람들이 하는 것이 아니라는 것을 기억해라. 내가 너를 도와 줄 수 있는 사람들을 계속 보내주겠다."

"감사합니다. 주님께서 지금까지 저와 같이 일할 수 있는 사람들을 보내주시지 않으셨다면 제가 문서 선교를 계속하지 못했을 거예요. 그런데 주님만을 의지하고 사람에 대해서 실망하지 않는 것이 왜 그렇게 힘든지요?"

"왜냐하면 사람들은 나를 의지하기보다는 눈에 보이는 것에 더 소망을 두기 때문이지. 믿음은 보이지 않는 것에 소망을 두고 꾸준하게 자기의 할 일을 해나가는 것이다. 그러나 나를 따라오면서 섬기려 할 때 어려움이 올 때가 있다. 또 사람들에게 사랑과 인정을 받는 것이 아니고 오히려 오해와 무시를 당할 때가 있어서 상처를 받는다. 그럴 때 나에게 와서 치유 받는 것을 배우지 않은 일군들은 고기를 낚는 그물을 버리고 나를 떠나서 실망의 구덩이에 빠져 버리는 사람들이 있어. 너는 그것을 명심하고 절대로 사람들을 의지하지 마라. 만약 조금이라도 사람에 대해서 실망하는 생각이 들면 나에게 와서 왜 그런 문제가 생기는지를 물어보고 내 말을 듣고 소망을 찾고 오히려 사역에 더 열중하기를 바란다."

"어떤 일이 닥쳐도 주님안에서 소망과 용기를 찾고 절대로 사람 때문에 실망하지 않게 해주세요."

"나의 사랑하는 딸아, 네가 성령의 음성에 귀를 귀울이면 어떤 사람들을 조심해야 하는지 경고를 받을 수 있단다. 나를 따라오며 섬기는 사람들은 내가 인도할 것이다. 네가 벌써 잊었니? 성령께서 너에게 여러 말씀으로 필요할 때마다 너를 인도하지 않았느냐?"

소녀는 생각에 잠겼다. 성령께서 어떤 일이 미리 일어날 것을 알게 해주시고 어떤 사람들은 멀리하라고 하신 때가 상기되었다. "예수님, 맞아요. 성령님께서 여러번 꿈으로 어떤 사람들이 나의 삶과 사역에서 문제를 일으킬 수 있다는 것도 경고를 하셨는데 꼭 그것이 맞았어요."

"그래, 사역을 하면서 또 너의 삶에서 성령의 음성에 귀 귀울이면 어려움을 피할 수 있는 길을 열어준단다. 문제를 일으키는 사람들도 네가 감당할 수 있는 사람들이 있고 없는 사람들이 있다. 가까이 하지 않아야 할 사람은 무조건 피해야만 네가 어려움을 당하지 않고 실망의 구덩이에 빠지지 않는단다. 실망이 커지면 절망적이 마음이 자라서 사역까지도 그만두게 되는 일도 생긴단다. 그것이 곧 사단이 원하는 것이지. 한 영적 지도자가 실망하고 사역을 그만두면, 교회에 많은 손실을 초래한다. 사람들이 교회안에서의 문제에 치중하다 보면 죽어가는 양들을 돌볼 수가 없어. 지도자를 의지하던 사람들도 실망을 하고 교회를 떠나서 멸망의 길로 가는 자들도 있단다."

"주님, 실망의 구덩이에 빠진 모든 사람들에게 회개와 치유를 구합니다. 그들이 당신만을 의지하게 해 주세요."

"성령께 순종하라. 그러면 네가 많은 사람들을 돕게되고 기적을 보게 될 것이다."

"지금까지 저는 성령님의 기적을 많이 보았는데 더 볼 수 있기를 원합니다. 그런데 사역을 시작하기 전에는 기적을 본 기억이 별로 없어요. 왜 하나님의 능력을 체험하지 못하나? 왜 영적 부흥을 보지 못할까? 왜 교회가 생명이 없는 것 같은 느낌이 들까? 왜 하나님의 임재를 예배에서 느끼지 못하는가? 그런 모든 질문들이 교도소 사역을 시작한 후에 대답을 찾았어요. 주님께 순종하지 않고 해야 할 일을 하지 않고 불순종의 길로 가고 있었기 때문에 영적인 부흥을 경험하지 못했고 또 어디에서 영적인 부흥이 일어나고 있다는 것도 몰랐어요. 『예수님과 걷는 길』 책을 쓰면서 주님이 저의 마음을 바꾸어 주셨어요. 이 기적인 마음으로 살아 갈때는 앞으로 어떻게 하면 좀더 편안한 삶을 유지할까 하는 급급함과 걱정과 두려움으로 지냈어요. 그런데 주님을 따라서 사역을 시작한 후에는 영적인 부흥은 물론 성령님의 놀라우신 기적을 문서 선교를 통해서 보았어요. 사역을 하라고 불러 주셔서 감사합니다." 소녀는 주님을 경외의 눈으로 바라보았다.

예수님은 만족한 미소를 지으며 말씀하셨다. "나의 사랑하는 딸아, 내가 너의 기도에 응답했다. 너는 네가 보고 싶어하던 영적 부흥뿐아니라 나의 은혜를 많이 체험했다. 네가 은혜를 많이 받았으므로 이 책도 쓰고 있는 것이란다. 자, 아직도 이 책을 쓰기 싫어하는 마음으로 고심하느냐?"

"그런 마음이 이젠 없어요. 성령님께서 하루에 2시간씩 이 책을 써라고 하신 후에는 마음이 평안해 졌어요. 다음은 무엇을 가르쳐 주실까 하며 부푼 기대를 하게 되요."

"네가 이제야 조금 더 마음의 문을 열고 내가 원하는 것이 무엇인지를 이해하기 시작했다. 이제 내가 너에게 계속해서 가르쳐 줄 것이다. 나를 따라오너라."

12. 펑계의 구덩이

예수님은 소녀의 손을 잡고 숲속을 걸으셨다. 그런데 얼마안가서 울음소리가 들려왔다. "나는 할 수 없어요." 그 음성은 흐느끼는 소리로 바꾸어져서 메아리를 치는 것같이 들려왔다. 소녀는 그 소리가 가까운데서 들리는 것같아서 가보니 깊은 구덩이에 한 여자가 얼굴을 손으로 가리고 어깨를 들썩이며 울고 있었다. 그 여자는 할 수 없다는 말을 계속 되풀이 하고 있었다.

예수님은 안쓰러운 얼굴로 소녀를 바라보았다. 주님은 슬픔이 가득찬 눈으로 한숨을 쉬시더니 말씀하셨다. "이 구덩이에 빠진 사람들은 나를 사랑한다고 하며 나의 일을 하겠다고 말만 하는 사람들이란다. 일을 시작하기도 전에 여러가지 핑계로 하지 못한다고 하는 사람들이다."

"저도 이 구덩이에 오랫동안 빠져있었어요. 말로만 주님이 저의 삶에서 가장 중요한 분이시며 주님을 위해 일한다고 하고는 막상 부르심을 받자 핑계만 대었어요. 영어도 잘 못하는 저를 왜 부르실까? 세상에는 나보다도 모든 면에서 재능이 있고 더 잘할 수 있는 사람들이 있는데 왜 나를 부르실까? 하기 싫은 사역을 왜 하라고 하실까? 목사가 많은데 왜 나를 부르실까? 그런 모든 질문들이 성령님의 능력을 체험한 후 저의 힘으로 하는 것이 아니고 하나님이 하신다는 용기가 생겨서 순종하고 주님의 일을 하겠다고 했지요."

"네가 어떻게 느꼈다는 것을 안단다. 내가 사람들을 부를 때는 그들이 재능과 모든 것이 갖추어져 있기 때문이 아니다. 능력이 없는 사람들일지라도 성령의 도움으로 불가능을 가능하게 할 수 있어. 이 여자는 자기의 재능과 능력이 부족하다고 생각하지만 진짜 문제는 자기자신을 과소평가하며 불순종하고 있어. 나를 바라보아야 성령의 능력을 알게 되고 따라올 수 있는 거야."

"어떻게 하면 이런 구덩이에서 나올 수 있어요?"

"사랑하는 딸아, 사람들이 나에 대한 신뢰가 필요해. 그리고 성령의 능력에 의지하는 것을 배워야되. 어떤 나의 자녀들은 성령께서 그들과 함께하고 도와줄 수 있다는 것을 모르고 있어. 그들에게 성령의 능력에 대해서 알려라. 그래서 그들이 자기들의 힘으로 하는 것이 아니고 성령의 힘으로 한다는 것을 알아야 해."

"예수님, 저에게 당신을 신뢰할 수 있는 믿음을 주세요. 그래서 주님이 원하시는 것을 할 수 있게요. 당신의 말씀에 순종하여 성령님에 대해서도 알릴 수 있도록 기회를 주세요. 바울과 같은 믿음을 주셔서 어떤 환경에서도 '내게 능력 주시는 자 안에서 내가 모든 것을 할 수 있느니라'하는 간증을 할 수 있게 은혜 베풀어 주세요."

"네가 해야 할 일은 다른 사람들에게 나에게 순종하라고 계속 말하는 것이란다. 순종하면 기적을 볼 수 있다고 해라. 순종하는 사람들을 성령께서 인도하시고 섬길 수 있게 도와줄 것이다."

13. 자기를 의지하는 구덩이

얼마안가서 또 어떤 사람의 한탄하는 소리가 들렸다. "내가 15년을 이곳에서 사역을 했는데 이런 삶을 어떻게 15년을 더 살 수 있을까?"

이 사람이 있는 구덩이에 가보니, 한 남자가 구덩이 안에서 낚시질을 하고 있었다. '물이 없는데서 왜 고기를 잡으려고 할까'하고 소녀는 의아했다.

그는 다시 실망한 목소리로 말했다. "고기가 하나도 안 잡히네. 왜 그럴까?"

그는 낚싯대를 계속 여기저기로 옮기면서 고기를 잡으려고 안간힘을 쓰고 있었다.

예수님은 고개를 흔들면서 슬픈 얼굴로 말씀하셨다. "이 사람은 왜 고기가 안 잡히는지도 모르고 있어."

"왜 땅에서 낚시질을 하나요?"

"나의 사랑하는 딸아, 그는 영적인 장님이라서 구덩이에 빠져서 그것도 모르고 있단다. 그래서 땅에서 낚시질을 하고 있다는 것도 모른단다. 지금 그는 호수에 있다고 생각하고 낚시질을 하고 있어. 그런데 그가 장님이니 그것을 보지 못하고 있어. 그가 먼저 잘못된 장소에서 낚시질하는 것을 깨닫고 그곳에서 나올 생각을 해야되. 그런데 그는 보지 못하므로 현재 있는 곳에서 나오려는 생각을 전혀 하지 않아."

"어떻게 이 사람이 볼 수 있을까요? 주님께서 장님의 눈도 뜨게 하실 수 있잖아요? 왜 이 사람을 그냥 내버려 두세요?"

"그가 시력을 잃은 이유는 자기의 안전과 평안만을 위해서 일을 하기 시작한 후부터였어. 그리고 나의 생명의 말씀을 경청하기보다는 생명이 없는 세상적인 책들과 벗이되고 세상의 일들에 더 관심이 많아졌어. 그는 사역을 열심히 하는 사람 같아 보이지만 고기를 잡지 못하는 낚시꾼이야. 고기가 안 잡히는 것을 알면서도 내가 다른데로 가서 낚시질을 하라고 말해도 듣지 않아. 자기가 원하는 곳에서만 있으려다 영적인 방향 감각을 잃어버린 것이지. 인간의 지혜로는 사람을 낚는 어부가 될 수 없지. 그리고는 나를 위해서 일하는 것이 재미없고 지루하다는 절망적인 생각이 들어가기 시작했어. 그래서 하나도 잡지 못하는 낚시질을 언제까지 해야 할까 하고 고심하고 있어."

"주님의 일을 하는 것이 정말 어려운 것 같아요. 이 사람은 자기가 어려운 상태에 있다는 것을 알면서도 그곳에서 어떻게 나올 수 있는지를 모르는 것 같아요. 그렇게도 오랫동안 낚시질을 하고도 고기를 하나도 잡지 못했으니 어떻게 해야 이런 구덩이에 빠지지 않을 까요?"

예수님은 말씀하셨다. "나의 사랑하는 딸아, 슬픈 일은 이런 상태에 있는 나의 일군들이 많단다. 이 사람은 자기가 좋아하는 세상적인 것에 한눈을 팔면서 자기의 의지대로 나를 섬기려고 하기 때문에 고기도 없는 곳에서 낚시질을 하고 있단다. 나에게 부르짖는 사람들과 고통속에 살고 있는 사람들이 있다는 것은 생각하지 않는단다. 또 다른 사람들의 고통의 소리를 들으려고 하지도 않고 그런 사람들과는 절대로 같이 일을 하면 안 된다고 결정하고 자기의 평안과 안전만을 생각하지."

소녀는 부끄러웠다. "주님, 저의 말씀을 하고 계셔요. 제가 아픈 사람들에게 오랫동안 관심이 없었어요. 그러면서도 왜 하나님의 역사가 나타나지 않는지에 한탄을 한적이 많아요. 그러고보니 이 사람의 상태는 제가 주님에게 왜 영적인 부흥을 볼 수 없느냐고 간절히 기도하던 그때를 상기하게 해주네요. 하나님의 은혜로 교도소 사역을 통해서 주님이 살아계시며 성령님께서 아픈 사람들을 치유하시고 강하게 역사하신다는 것을 가르쳐 주셨어요. 주님께서 저를 부르시지 않으셨다면 저는 지금도 고통에서 신음하는 사람들을 도와주려고 생각조차 하지 않았을 거예요. 저 역시 저의 안락과 세상 것만을 사랑하고 쫓았으니까요."

예수님은 말씀하셨다. "내 아이야, 네가 이제야 너 자신을 보는구나."

"제가 이런 구덩이에 빠지지 않도록 하려면 어떻게 해야 할까요?"

"잘 물어보았다. 네가 무엇이든 해야 할 일에 최선을 다했다고 생각하고 거기에 만족한다는 것을 느낄 때 조심해야 한다."

"더 설명을 해주세요."

"어떤 나의 일군들이 모르는 것은 내가 그들을 향한 비전과 계획이 있다는 것이야. 그런데 그들 자신이 어디서 나를 섬길 것에 대해 스스로 결정을 하고 자기들이 최선을 다했다고 생각해. 내가 그들에게 무엇을 원하는지를 염두에 두지 않고 자기 뜻대로 일을 하기 때문에 문제가 생긴다는 것도 모르지. 어디에서 낚시질을 해야 하는지를 네가 결정하지 말고 성령의 음성을 듣고 따라라. 네 계획을 네가 세우지 말고 나에게 맡겨라. 그렇지 않으면 다른 자리로 옮겨야 할 때가 와도 그것을 모르고 계속 마른 땅에서 낚시질을 할 수가 있단다."

"예수님, 저는 도저히 이해가 안돼요. 왜 그렇게도 주님의 마음을 이해하는 것이 어려울까요? 제가 사역에만 초점을 두면 되는 줄 알았어요. 어떻게 성령님의 인도를 받아 언제, 어디서 사역을 해야 하느냐는 것은 제가 결정해도 된다고 생각했었어요. 그런데 주님께서 저에게 미래의 계획을 달라고 하신 후에 생각해 보니 저 역시 저 자신에만 초점을 두었고 주님께서 원하시는 것이 무엇이란 것을 숙고해 보지 않았다는 것을 발견했어요. 주님을 섬긴다고 하면서도 저의 안전과 평안에만 초점을 두고 오랫동안 일을 해 왔다는 것을 알게 되었어요. 어떻게 주님께서 원하시는 것을 할 수 있을까요?"

"나의 딸아, 너는 지금 그것을 배우고 있단다. 나를 가까이 따라오면 성령께서 이런 잘못된 구덩이에 빠지지 않도록 경고할 것이다. 너에게 침묵기도 시간을 가지라고 부른 것도 그 이유란다. 이 남자는 15년을 나를 섬긴다고 했지만 자기가 계획을 세우고 일하면서 나를 섬긴다고 생각했지. 또 앞으로의 15년의 계획도 자기가 이미 만들고 계속 마른 땅에서 고기가 안 잡힌다고 실망하고 있지."

"어떻게 이 사람이 이곳에서 나올 수 있나요?"

"그가 자기의 계획을 버리고 겸손하게 기도하기 시작하며 나의 말씀을 경청하고 나의 음성을 듣고 순종하며 따라오는 것이지. 그러면 성령께서 그가 사람을 낚는 어부가 되게 할 수 있어."

"이 사람에게 하나님의 말씀을 경청하고 싶은 마음을 주세요. 또 그와 같이 구덩이에 빠진 사람들을 불쌍히 보시고 그들의 영의 눈을 열어주시고 주님의 음성에 순종하는 마음을 주세요. 그들의 마음을 여시어 주님을 따라갈 수 있게 해주세요. 저에게도 저의 계획을 버리고 기도하면서 주님의 음성을 듣고 순종하며 따라 갈 수 있는 마음을 주세요. 그래서 저의 사역을 통해서 주님께 영광을 돌리고 많은 사람들이 주님을 만나 구원을 얻고 소망의 삶을 살수 있도록 해주세요."

"나의 딸아, 네가 나를 기쁘게 한다. 나를 따라 오너라. 너에게 가르쳐 줄 것이 아직도 많다."

14. 쾌락을 사랑하는 구덩이

소녀는 말없이 예수님을 따라갔다. 이산에서 주님은 그녀에게 영적 지도자들도 얼마나 쉽게 잘못된 구덩이에 빠져서 주님을 따라 갈수 없는지를 배우고 있었다. 그런데 얼마 가지 않아서 한 구덩이에서 남자의 소리가 들려왔다.

"아. 정말 맛이 있는데!"

그 구덩이에는 술병들과 마약들로 지저분한 쓰레기가 싸여 있는 곳이고 한 남자가 술에 취해서 정신이 반은 나간 사람처럼 벽에 기대어 앉아 있었다. 술병 안에는 지렁이들이 헤험치고 있었고 그의 술잔 안에는 움직이는 검은 벌레들이 있었다. 그는 맛있다고 하면서 계속 마시고 있었다.

소녀는 이해할 수가 없었다. "주님, 왜 이 사람은 징그러운 벌레들을 보지 못해요?"

"나의 사랑하는 딸아, 이 구덩이에 빠진 사람들은 영적인 눈이 멀어서 나를 위해서 일한다고 하지만 술과 마약과 쾌락을 나보다 더 사랑하고 죄 된 삶을 살면서 회개를 하지 않고 있어."

"왜 이 사람은 이런 상태가 되었어요?"

"성경말씀이 이런 사람들이 빠지는 구덩이에 대해서 경고를 했어. '너는 이것을 알라 말세에 고통하는 때가 이르러 사람들이 자기를 사랑하며 돈을 사랑하며 자랑하며 교만하며 비방하며 부모를 거역하며 감사하지 아니하며 거룩하지 아니하며 무정하며 원통함을 풀지 아니하며 모함하며 절제하지 못하며 사나우며 선한 것을 좋아하지 아니하며 배신하며 조급하며 자만하며 쾌락을 사랑하기를 하나님 사랑하는 것보다 더하며 경건의 모양은 있으나 경건의 능력은 부인하니 이같은 자들에게서 네가 돌아서라' (디모데후서 3:1~5). 자기의 쾌락을 나보다 더 사랑하는 사람들은 자신의 삶을 망치고 자신들만 해칠뿐아니라 다른 사람들에게도 상처를 준단다."

"주님, 정결한 삶을 산다는 것이 정말 어렵다는 것을 느껴요. 왜 죄 속에 살면서도 우리가 모를까요?"

"이런 일들이 나의 자녀들에게서도 일어나고 있다. 나를 온 마음을 다해 사랑하지 않고 자기와 쾌락과 세상을 더 사랑하기 때문에, 영적인 장님들이 된단다. 이 구덩이에 빠진 사람들은 자기들만 죄 속에서 살게 하는 것이 아니고 다른 사람들도 쾌락의 구덩이에 붙이 들이지."

"예수님, 어떻게 이 구덩이에서 나올 수가 있나요?"

"모든 것이 성령의 도움으로 가능하다. 어떤 죄에 빠졌더라도 누구든지 회개를 하고 나에게 도움을 청하면 용서를 받고 깨끗함을 얻으며 상처도 치유 받을 수 있어."

"쾌락의 구덩이에 빠진 사람들이 그것이 죄란 것을 깨닫고 회개하여 세상보다 당신을 더 사랑하게 이끌어 주세요."

"나의 사랑하는 딸아, 나의 생명의 말씀이 그들의 마음에 정결함을 주고 세상을 사랑하는 것에서 해방시킬 수 있단다. 그러기 위해서는 그들이 먼저 선한 삶을 살기를 원하는 마음이 있어야되. 그리고 그들이 나에게 와서

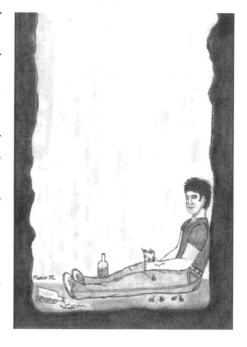

회개하고 깨끗함을 받지 않으면 선한 양심을 가지고 살수가 없어. 나를 사랑하기 원하는 사람들은 선한 양심을 가지고 선한 삶을 살려고 노력해야되."

"사랑하는 주님, 제가 어떤 삶을 살아야 주님을 기쁘게 해 드릴 수 있을까요?"

"나의 사랑하는 아이야, 네가 시험을 받을 때 나를 바라보아라. 그래서 어떻게 선한 양심을 따라서 살수 있는지를 성경을 통해서 배우고 시험을 이기도록 하라. 나에게 오면 너의 마음이 깨끗해 질 수 있단다. 죄가 처음에는 달콤한 것 같지만 곧 쓰고 그들의 영혼을 죽이는 독이 될 수 있다는 것을 모르는 사람이 많아. 그럴 때 그들의 마음이 병이든단다. 그러나 그들이 회개를 하고 나에게 돌아올 때 치유를 받을 수 있어."

"예수님, 제가 당신의 선한 양심을 가지고 살 수 있게 해주세요. 그래서 제 마음에 병이 들지 않게요."

"나를 따라오너라. 그리하면 내가 너를 도와줄 것이다. 자, 이제 가자. 너에게 보여줄 것이 있다."

15. 분노의 구덩이

소녀는 예수님을 따라가면서 이번에는 무엇을 가르쳐 주시려고 하실까 하는 마음이 들었다. 얼마 동안 정적이 흘렀다. 이제 모든 구덩이를 다 지나갔나 하는 생각도 해보았다. 그런데 별안간 사람들의 비명소리가 나며 싸움하는 소리가 들렸다. 가까이 가보니 한 구덩이에서 두 남자가 서로에게 돌을 던지며 욕을 하고 서로를 치면서 싸우고 있었다.

예수님은 소녀에게 말씀하셨다. "이 사람들은 평화가 무엇인지 모르고 있어. 그리고 그들은 계속해서 서로에게 돌을 던지고 있지. 슬픈 일은 여기에 맞붙어서 싸우고 있는 사람들은 나를 위해서 일한다고 하는 사람들이야. 나를 사랑한다고 하는 사람들이 다른 사람들에 대한 사랑이나 존경이 없는 사람이 많아. 하나는 목사이고 하나는 평신도 지도자야. 그들은 분노에 가득차서 작은 일로 싸우고 있어. 서로 자기들이 옳다고 생각하는 것만 주장하고 싸우느라고 죽어가는 영혼을 위해서 복음의 씨를 뿌리는 것은 전혀 생각할 여유가 없어. 나를 사랑한다고 하며 따라온다는 사람들에게도 이런 문제가 있어. 자기들의 혈기로 분노의 구덩이에 빠져서 삶을 망치고 있어. 그들은 어떤 문제에 닥쳤을 때 어떻게 문제를 평화롭게 해결해야 할지를 몰라. 그래서 자기들 뿐만 아니라 다른 사람들까지도 구덩이로 끌어들이지. 그것이 마귀가 원하는 것이지. 그래서 지도자들이 자기네들이 해야 할 일들을 까마득하게 잊어버리고 서로에게 화를 내고 내 영광을 가리는 일을 하고 있어."

"주님, 어떻게 제가 화를 내지 않고 평화를 만들 수 있을까요?"

"분노로 사로잡힌 사람들과 시간을 보내지 않도록 조심하라. 그렇지 않으면 너도 그들이 있는 구덩이에 끌려 들어갈 수 있다."

"어떻게 하면 분노의 구덩이에 빠진 사람들을 피할 수 있을까요?"

"분노의 구덩이에 빠진 사람들은 쉽게 다른 사람들에게 화를 내지. 그런 사람들을 피해라."

"예수님, 그런 사람들을 피하지 않고 제가 그런 사람들이 평화를 찾을 수 있도록 도와줄 수는 없을까요?"

"어떤 사람들은 네가 도와 줄 수가 있다. 그런 사람들은 이미 돌을 던지는 것이 잘못이라는 것을 깨닫고 하나님의 말씀에 순종하려고 구덩이에서 나오려는 사람들이다. 그러나 대부분의 분노의 구덩이에 빠진 사람들은 쉽게 화를 내므로 네가 그들과 시간을 보내게 되면 너도 화를 내게 되고 그 구덩이에 빠질 수 있다는 것이지. 네가 사람들에 대한 분노로 인해서 거기에 초점을 두다보면 네가 나와 시간을 보내는 것에 방해가 된다. 또 네가 마음의 평안을 잃어버릴 수도 있다."

"예수님, 저에게 지혜를 주세요. 그래서 분노의 구덩이에 빠진 사람들을 피하게 해 주시고 주님께 초점을 맞추고 당신을 사랑하는 삶을 살게 해주세요."

"네가 성령의 음성을 듣고 순종하면 그런 사람들을 피할 수 있다."

"주님, 성령을 따라갈 수 있는 마음을 주세요. 그런데 분노의 구덩이에 빠진 사람들은 어떻게 나올 수 있어요?"

"그들이 나를 바라보고 분노가 죄라는 것을 회개하고 그들이 모든 사람을 용서하는 것을 배우면 성령의 도우심으로 그곳에서 나올 수 있어. 말씀에 순종하는 것을 배우면 성령의 도우심으로 누구든지 온순한 사람이 될 수 있어. 성령께서 그들의 아픔을 치유해주고 사랑을 하도록 도와 줄 수 있어. 그렇게 되면 쉽게 화를 내던 사람들도 사랑으로 가득찬 사람으로 변화 될 수 있어. 모든 것이 성령의 도우심으로 가능하단다."

"예수님, 모든 것이 가능하다면 왜 제가 이런 사람들을 피해야 하죠?"

"그건 나와 함께하는 소중한 시간을 빼앗기 때문이다. 너에게 가장 중요한 것은 나와 시간을 보내고 나의 음성을 듣는 것에 초점을 두어야 해. 그래서 너는 내가 원하는 사람들을 도와주고 치유하는 사역을 해야하기 때문이다. 다른 사람에 대한 사랑과 존경이 없는 사람들과 시간을 보내면 네가 그들이 빠진 구덩이에 빠지게된다. 그런 사람들을 잘 감당 못한다는 것을 잘 알고 있지 않니?"

"당신의 말씀이 맞아요. 그러나 같이 사역하는 사람들이 쉽게 화를 내면 어떻게 피할 수 있을까요?"

"네가 그런 사람들은 가까이 하지 말고 기도에 더욱 힘써야 한다. 그러지 않으면 너도 그 사람들과 같이 분노의 영에 사로 잡히게 된다."

"그런 사람들을 도와 주려다 저도 그 구덩이에 빠지기가 쉽다는 것을 말씀하시는 거예요?"

"그렇단다. 그들의 목표는 너를 그 구덩이에 끌어 들이는 것이지. 그것이 마귀가 원하는 것이지."

"주님, 감사합니다. 이제와 생각해보니, 나에게 화내는 사람을 만났을 때 저 역시 그 사람과 똑 같은 행동을 했었던 때가 있어요."

"나의 사랑하는 딸아, 그것이 내가 곧 너에게 가르쳐 주려는 것이란다. 분노의 구덩이에 빠져 있는 사람들은 어떻게 하면 다른 사람들을 구덩이에 끌어 들일 수 있다는 것을 알고 있어."

"예수님, 저 또한 그 구덩이에 빠져 있었지만 용서를 통해서 나올 수 있었어요."

"나의 사랑하는 아이야, 나의 자녀들이 이 구덩이에 잘 빠진단다. 교회에서 나의 자녀들이 서로에 대한 사랑과 존경이 부족해. 사람들이 서로를 비판하고 무시하면서 서로가 잘났다고 하고 사랑과 인정만 받으려는 사람들이 이 구덩이에 빠져있단다. 그런 사람들은 나를 따르며 잃어버린 양을 구하려는데는 관심이 없어. 너는 이런 사람들이 서로 사랑하고 용서할 수 있도록 끊임없이 기도하라."

"제가 쉽게 화내지 않고 편견과 비판이 없는 깨끗한 마음을 가질 수 있게 해주세요. 분노에 가득찬 사람들에게 회개의 영을 부어주세요. 당신의 도움이 필요합니다. 세상 사람들이 당신의 사랑을 알게되고 사랑의 복음으로 변화 되도록 성령님께서 역사해 주세요. 나의 마음의 평화를 빼앗아 가는 사람들을 가까이 하지 않게 도와 주세요. 제 주위에 평화를 추구하는 사람들로 둘러 싸이게 해 주세요."

"나의 사랑하는 딸아, 평화를 지키지 않는 사람들은 사람들의 마음에 혼란과 불안을 가져온다."

"예수님, 제가 가장 원하는 것이 마음의 평화예요."

"내가 너에게 평안을 준단다."

"주님과 시간을 보내고 당신의 사랑의 음성을 듣는 것이 평안을 가져다 준다는 것을 배웠어요. 당신의 평안이 저의 평안이 되었습니다."

"사랑하는 딸아, 그래서 너에게 나보다 시간을 더 많이 보내는 사람이나 나보다 더 가까운 사람을 두지 말라고 한 이유란다. 다른 사람은 아무리 평화가 있다 해도 그들은 내가 너에게 주는 평안을 줄 수가 없어. 그런 사람들과 시간을 보내면 너의 평화를 빼앗아 가게 되어 있어. 그렇지만 나의 평화는 네가 계속 나와 시간을 보낼 때 너의 마음에 채워주는 것이란다. 그래서 너에게 침묵기도를 하라고 불렀단다."

"침묵기도를 하라고 불러 주셔서 감사합니다. 주님의 평화가 저를 감싸고 있어요. 이 평화를 다른 사람들이 빼앗아 가지 않도록 성령님의 인도하심을 구합니다. 이제 주님이 주시는 평화의 뜻을 더 알게 되었어요."

"네가 얼마전에 분노의 구덩이에 빠질뻔했어. 너를 배려하지 않는 사람들이 분노의 구덩이에 넣으려고 했지."

"맞아요, 주님, 이제와 생각해보니 너무 쉽게 이 분노의 구덩이에 빠질 수 있다는 것을 알게 되었어요. 어떤 사람들은 자기들이 나에게서 원하는 것을 주지 않았을 때, 나에게 화를 냈어요. 그때는 마치 분노의 영이 나에게 더러운 물을 확 뿌린 것 같았어요. 당신의 도움으로 다시 평안함을 찾았어요. 당신의 지혜로써 저의 평안을 빼앗아 가는 사람들을 멀리 할 수 있게 해 주세요."

"나의 사랑하는 아이야, 네가 지금 그것을 배우고 있다. 나의 생명의 말씀이 상처받은 심령들을 치유하고 평안과 사랑의 마음을 줄 수 있다. 지금부터는 나와 시간을 더 많이 보내며 그들의 평화를 위해서 기도하라. 그들이 나를 만날 때 마음에 평화를 찾을 수 있어. 계속 복음을 전파하라. 복음을 책으로 전할 때 구원을 얻고 사람들이 나를 만날 수 있어."

"저에게 마음에 평화를 주실 수 있는 분은 당신 밖에 없어요. 당신과 끊임없는 사랑의 관계를 통해 저의 마음에 평안이 넘치게 해주세요."

"나의 아이야, 나와 계속 걸으면 마음의 평안을 찾을 수 있다. 그러니 나의 마음을 품고 계속 복음의 씨를 뿌려서 나의 평화의 씨를 다른 사람들의 마음에도 심어라."

"예수님, 당신은 평화의 왕입니다. 당신의 평화의 복음을 땅 끝까지 전하게 해 주세요. 당신을 사랑하고 찬양합니다." 소녀는 춤을 추기 시작했다. 예수님의 얼굴은 기쁨으로 가득차서 소녀와 같이 춤을 추기 시작하셨다.

16. 마귀의 구덩이

소녀는 조용히 예수님을 따라갔다. 산의 들꽃들은 하나님의 영광을 드러내며 피어있었다. 몇송이 꽃을 들고 주님의 손을 잡고 따라가는 길은 평화의 길이었다. 그런데 얼마안가서 울부짖는 소리가 들렸다. 가까이 가보니 한 구덩이에서 어떤 남자가 얼굴을 감싸고 땅바닥에서 울고 있었다. 짐승같이 생긴 마귀가 채찍으로 계속 남자를 때리고 있었다. 그 남자는 아파 신음을 하면서도 대항해서 싸우지않고 맞기만 하며 계속 울고 있었다.

예수님은 슬픈 얼굴로 말씀하셨다. "나의 아이야, 나를 위해서 일한다고 하는 일군들이 영적인 싸움을 모르고 있어. 그들이 마귀에게 맞고 있으면서도 어떻게 대적해야 하는지를 몰라."

"저도 사실 전에 그런 일이 있었어요. 마귀에게 공격을 당해 고통속에 살면서도 어떻게 이길 수 있는 지를 몰랐어요. 그런데 성경 말씀을 통해서 어떻게 영적인 공격에 대항해야 하는지를 배우고 나서 이겼어요. 그런데 왜 이 사람은 마귀를 물리치지 않고 계속 맞고만 있어요?"

"그것은 이 남자가 영적인 눈이 어두워져 마귀가 공격하는 것을 알지 못한단다. 문제는 그가 성경을 다 안다고 생각하는 것이다. 그러나 성경지식이 아무리 많아도 영적인 싸움이 있다는 것을 믿지 않기 때문이다."

"왜 이 사람은 볼 수 없어요?"

"나의 어떤 자녀들이 성경을 온전히 믿지 않아. 그래서 그들은 영적으로 장님이 되어버려 마귀에게 고통을 당하면서도 어떻게 싸워야 되는지를 몰라. 그들은 그냥 아파서 고통을 당하고 있는 줄로 생각하고 있어. 아주 슬픈일이야. 나의 말을 믿는 사람들은 영적인 눈으로 마귀가 공격한 다는 것을 느낄 수 있지. 물론 영적 분별력을 받은 사람들은 마귀를 눈으로 볼 수도 있어. 너도 영적인 싸움이 있다는 것을 알고 있지 않니?"

"예수님, 마귀와의 싸움에서 당신의 이름에 의지하여 싸움에서 이길 수가 있었어요. 제가 어떻게 다른 사람들을 도울 수 있을까요?"

"나의 사랑하는 딸아, 먼저 그런 사람들을 위해서 기도를 시작해라. 그 다음에 그들에게 영적인 싸움이 있다는 것을 가르쳐라. 그들이 어떻게 성경말씀과 믿음으로 영적인 고통에서 해방된다는 것을 가르쳐라. 마귀가 사람들에게 나쁜 길로 빠지도록 유혹하는 생각들을 가져다 준다는 것도 모르고 있어. 나의 생명의 말씀으로 영적인 전쟁에서 승리할 수 있으며 나를 따라오는 자들에게는 마귀를

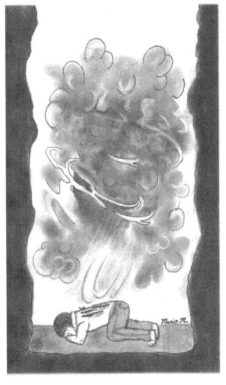

이길 수 있는 모든 필요한 능력의 말씀을 주었지. 그러나 말씀을 어떻게 적용하는 지도 몰라서 고통속에서 살고 있지."

"어떻게 영적인 싸움에서 이길 수 있는지를 더 말씀해 주세요. 어떤 것들이 우리들의 영적인 무기예요?"

"나의 사랑하는 딸아, 기도란다. 기도의 능력은 사람들에게 영적인 싸움에서 이길 수 있는 힘을 준단다. 사람들은 마귀를 자기들의 힘으로 물리칠 수 없어. 또 성령의 힘과 내 이름으로 이길 수 있어. 물론 경건한 삶을 살아야 마귀가 틈을 타지 않게 되지. 그런데 어떤 나의 일군들도 마귀가 그들의 마음에 나쁜 생각을 가져다 주어 죄에 빠지게 한다는 것도 모르고 있어. 그래서 죄에 빠지고 마귀들에게 맞고 고통속에서 살아. 내가 이미 마귀에게서 승리의 삶을 살 수 있도록 모든 능력과 권세와 지혜의 말씀을 주었는데도 마귀에게 계속 맞는 사람들이 있어. 참 안타까운 일이야."

"제가 어떻게 영적으로 어려움을 당하는 사람들을 도울 수 있는지 알려 주세요."

"나의 아이야, 네가 본 것보다 더 마음 아픈 일들이 많단다. 나를 따라오너라." 예수님은 소녀를 다른 구덩이에 데려 가셨는데, 그곳에는 두 남자가 있었다. 그런데 사탄이 한 남자의 귀에다 속삭이기를 다른 한 사람을 공격하라고 하자 그 남자는 재빠르게 가만히 있는 다른 사람에게 공격을 했다. 둘이는 큰 싸움이 붙어 바닥에서 뒹굴며 싸우는 동안 마귀는 손뼉을 치고 춤을 추면서 비웃고 있었다.

예수님은 말씀하셨다. "싸움을 걸은 사람은 교회에서 평신도 지도자라고 하는 사람인데 마귀의 잘못된 말을 듣고 목사를 공격한 것이지. 그 평신도 지도자는 계속 교회에서 문제를 일으키고 목사를 비판하는 사람이야. 그는 마귀에게 이용을 당하고 있다는 것도 모르고 있어. 나는 나의 자녀들이 사랑으로써 하나가 되기를 원해. 어떤 사람이 너를 공격할 때 그것은 그냥 사람의 공격이 아닐 때가 있다는 것을 알아야해. 마귀가 사람들의 마음을 휘저어 싸우라고 충동질을 할 때 그것이 마귀의 장난이야. 마귀의 말을 듣고 따르는 이들은 마귀에게 이용을 당하고 있는 사람들이야."

"제가 어떻게 이런 사람들을 도와 줄 수 있을까요?"

"사랑하는 딸아, 기도하라. 그들에게 회개의 영을 부어달라고 기도하라. 나의 자녀들이 사랑으로 하나되고 평화가 교회에서 이루어져 나의 나라가 각자의 마음에 있게 되기를 위해서 기도하라. 추수할 것은 많은데 나의 자녀들이 마귀에게 이용을 당하여 문제를 일으키고 있단다. 싸우는 사람들은 나의 말을 순종할 수도 없고 추수하는 사람들이 아니야. 서로에게 계속 상처를 주고 받는 상태에서 회개하고 돌아와야 복음을 전할 수 있다."

소녀는 노래를 했다. "예수님, 우리가 서로를 판단하고, 비판하며, 무시하고, 정죄하므로써 잘못된 태도와 말과 행동으로 죄에 빠질 때 회개할 수 있는 은혜를 부어주세요. 우리의 마음을 열어주시어 깨끗하게 청소 해주시고 당신을 기쁘게 하는 삶을 살도록 은혜 베풀어 주세요. 모든 사람들과 평화를 추구하며 사랑으로 연합 될 수 있도록 우리의 마음을 당신의 사랑으로 채워주세요. 당신의 평화를 우리에게 주세요. 우리에게 분별의 영을 주시어 영적인 세계에서 어떤 일이 일어나는지를 알게 하시어 성령님의 음성을 듣고 순종하게 해주세요. 평화와 연합을 깨뜨리는 사람들을 회개시켜 주세요. 그리하여 그들이 평화를 추구하는 사람들이 되어 당신의 복음의 씨를 심는 자들이 되도록 축복해 주세요. 상처 받은 사람들을 치유해주세요. 전쟁을 일으키는 정부의 지도자들을 회개 시켜주셔서 그들이 평화를 추구하도록 인도 해주세요. 주님, 사랑합니다. 당신이 원하시는대로 영적 지도자들을 도울 수 있는 지혜를 주세요. 당신께서 원하시는 말씀을 전할 수 있는 용기를 원합니다. 당신을 더 사랑하기를 원합니다. 당신의 깊은 사랑을 더 알게 해주세요."

예수님은 미소를 지으셨다. "나의 사랑하는 딸아, 네가 나의 음성을 듣는 것을 기뻐한다. 이 책을 내가 축복한단다. 네가 영적 지도자들을 도울 수 있도록 문을 열어 주겠다."

소녀는 주님을 위해서 춤을 추기 시작했다. 주님께서 활짝 미소를 지으시면서 말씀하셨다. "자, 이제 잃어버린 양을 찾아 나갈 때다. 그 잃어버린 양들 중에는 영적 지도자들도 있어. 그들은 나를 모르면서도 자기들이 지도자들이라고 생각하지. 그들은 나의 평화를 알지 못해. 그러니 너는 계속 복음을 전파하라. 그래서 많은 사람들이 사랑을 알게되고 평화의 씨를 심도록."

"예수님, 사랑합니다. 당신이 원하시는 사람들에게 평화의 복음을 전할 수 있도록 문을 열어 주세요. 영적 지도자들이 주님을 간절히 찾는 마음을 주시고 당신을 만날 수 있도록 은혜 베풀어 주세요."

"나의 사랑하는 딸아, 침묵기도를 계속하라. 그렇게 하면 네가 많은 사람들을 도울 수 있을 것이다."

"정말요? 주님은 저에 대한 비전과 계획이 많이 있으신 것 같아요."

"나는 너의 책을 통해서 많은 사람들에게 복음의 씨를 뿌리기를 계획하고 있다."

"예수님, 저에 대한 당신의 비전과 계획을 이해할 수 있게 해주시고 순종할 수 있게 도와주세요."

"그렇게 하자면 네가 나와 시간을 많이 보내야 한단다. 네가 책을 통해서 사람들을 도울 수 있어. 그래서 내가 쓰라고 하는 책을 써라. 내가 많은 사람들을 돕게 하겠다."

"당신의 뜻이 저의 삶에서 이루어 지기를 기도합니다. 저의 마음을 열어주시어 당신께 순종하게 해주세요. 당신이 원하시는 것을 하고 기쁘게 해드릴 수 있도록 은혜 내려 주세요."

주님의 얼굴은 웃음으로 가득했다. 소녀도 가득한 웃음과 기쁨으로 주님의 손을 잡고 따라갔다.

17. 꽃밭

소녀는 주님께서 어떻게 인도하실지 모르지만 어디로 가든지 주님과 걷는 길은 그분께 대한 믿음이 성장하는 길이라는 것을 알고 있다. 그분의 깊은 사랑을 더욱 알게되고 사랑 하는 것을 배우는 길이라는 것도 알고 있다.

예수님은 말씀하셨다. "사랑하는 딸아, 나를 따라 오너라. 내가 너로 하여금 사람을 낚는 어부가 되게 하리라."

얼마를 걸어서 산을 지나니 새들이 노래하고 꽃들이 피어 있는 꽃밭에 도착했다. 소녀는 소리를 질렀다. "주님, 제가 가장 좋아하는 민들레 꽃밭으로 다시 데려오셨네요."

"나의 사랑하는 아이야, 너를 또 다른데 구경을 시켜줄 때까지 네가 좋아하는 꽃들을 맘껏 즐기고 쉬어라. 내가 너를 많이 사랑한다."

"저도 당신을 사랑합니다. 예수님, 당신의 마음을 알게될 때 달콤하다는데 그것이 무슨 뜻인지 설명해주세요."

"나의 사랑하는 딸아, 이 책을 쓰면서 배운 것은 내 마음의 조그마한 일부분만을 나눈 것이란다. 나의 사랑과 긍휼이 달콤함이란다. 나의 마음을 이해하고 사랑을 나눌 수 있다는 것이 달콤한 것이란다. 침묵기도의 시간을 가지면서 내가 하는 말을 더 이해하는 것이 달콤한 것이다. 나를 간절히 찾는 자가 나를 만날 것이니라. 계속 전심을 다하여 나의 마음을 이해하려고 노력해라. 그래서 때가 되면 너에게 더 많은 것을 가르치겠다. 그 시간이 올 때까지 이곳에서 너는 꽃을 즐기거라."

"주님, 감사합니다. 당신의 깊은 사랑을 더 알게 해 주세요. 당신을 더욱 사랑하기를 원합니다."

소녀는 기뻐서 들에서 뒹굴다가 민들레 꽃씨를 후후 불기 시작했다. 예수님께서 소녀를 사랑의 눈으로 바라보시는 것이 달콤한 것이라고 느끼며 그녀는 자기가 가장 행복한 사람이라는 생각이 들었다. 예수님과 함께 있는 곳은 어디나 사랑과 달콤함과 즐거움과 평화가 있다는 것에 소녀는 행복했다.

예수님과 걷는 길 4편
복음의 능력

Journey With Jesus Four
The Power of The Gospel

이영희 지음
Yong Hui V. McDonald

아도라

서문

　내가 쓴 다른 책들처럼 이 책은 내가 계획한 것이 아니고 하나님께서 인도하시고 쓰게 하셨다. 2015년 4월에 학교 숙제로 너무 지쳐있던 상황에서 주님은 10일 동안 다른 것을 못하게 하시고 이 책을 쓰도록 인도하셨다. 이 책을 쓴 후에 더 영적인 힘을 얻었다. 4편을 쓰기 시작할 때 안토니 프레즈가 삽화를 그려줄 수 있도록 인도하신 하나님께 감사드린다.

　이 책은 주님께서 나에게 복음을 전하는 중요성을 다시 일깨워 주신 것 같이 독자들도 주님의 음성을 듣는 시간이 되기를 위해서 기도한다.

예수님과 걷는 길 4편
복음의 능력

1. 아름다움

소녀는 민들레 꽃밭 속에 앉아 불어오는 산들바람을 즐기고 있었다. 그런데 주님께서 그녀의 어깨를 톡톡 치시며 말씀하셨다. "나의 사랑하는 아이야, 네가 아직 가보지 않은 곳을 보여주고 가르쳐 줄 것들이 있단다."

소녀는 대답했다. "사랑하는 예수님, 주님께서 어디든지 보여주시고 싶으신 곳이 있으면 보여주세요. 주님이 어디든지 인도하시는 대로 따라 가겠어요."

예수님의 얼굴은 기쁨으로 가득차셨다. "나를 따라오렴."

소녀는 일어나서 주님을 따라가면서 노래를 부르기 시작했다. "예수님은 이세상에서 가장 아름다운 분이에요. 제가 무엇을 배워야 하는지를 아시고 항상 인도하시니 저는 주님을 찬송합니다. 주님은 나에게 기쁨과 평안을 주시는 분이지요. 주님을 사랑합니다. 주님을 더 사랑하는 법과 제가 오늘 배워야 할 것을 가르쳐 주세요."

예수님은 사랑이 가득찬 눈으로 소녀를 바라보시면서 만족한 웃음을 지으셨다. "애야, 네가 그렇게 기뻐하면서 나를 따라오는 것이 나를 기쁘게 한다."

소녀는 행복한 미소를 지으면서 대답했다. "예수님, 제가 전에는 왜 주님께서 자꾸 바쁜 나에게 여러가지 일을 더하기를 원하실까 하고 생각했는데 지나고 보니 모든 것이 결국 저를 위한 것임을 알게 되었어요. 그래서 이제는 순종이 기쁨과 평안을 가져다 준다는 것을 깨닫게 되었어요."

"내 사랑하는 딸아, 이제 다시 '예수님과 걷는 길 4편'을 쓸 때란다."

"정말 좋은 소식이예요. 학교 숙제로 바쁘기는 하지만 그래도 주님께 순종하는 것이 우선이고 주님은 모든 것을 감당하도록 도와 주실 것이란 것을 알고 있어요."

노란 민들레 밭을 지나서 다른 곳으로 주님께서 소녀를 데려가신 곳은 전에 보지 못했던 많은 쓰레기가 널브러져 있는 산이었다.

소녀는 주님을 바라보면서 고개를 흔들었다. "주님, 저는 그렇게 아름다운 민들레 밭 가까운 데에 이렇게 지저분한 쓰레기가 있는 산이 있다는 것을 몰랐어요."

"그건 내가 보는 사람들의 마음이다. 나를 알지 못하고 세상을 사랑하며 자기의 육체의 욕망을 따라서 죄속에 사는 사람들의 마음이 이렇단다."

"이곳은 썩은 냄새가 나네요."

"그렇다. 그러나 사람들이 나를 만나고 나의 사랑을 알게되고 나를 사랑하게 되면 그들의 마음이 깨끗해진단다. 그때에서야 이곳은 아름다운 정원으로 바꾸어 질수 있단다. 네가 무엇을 해야 하는지 알겠느냐? 복음을 전하는 곳에 아름다운 마을이 생기지."

"네, 주님 알겠어요. 당신의 사랑을 알게 될 때 사람들도 역시 사랑을 하게 된다는 것을 알아요. 그럴 때 우리는 마음이 깨끗해진다는 것을요."

"딸아, 네가 나의 마음을 아는구나. 나는 아름다운 세상을 창조했어. 나를 아는 사람들이 나의 사랑을 전하면 더 많은 사람들이 사랑으로 아름다운 세상을 만들 것이야."

"그런데 주님, 어떻게 사람들에게 주님의 사랑을 알게 할 수 있을까요?"

"나는 이미 세상 모든 사람들을 사랑한다는 것을 보여주었다. 너는 내가 사람들의 죄를 용서받게 하기 위해서 십자가에서 죽었다 살아난 것을 말하면 된다. 나의 할 일은 다했다. 그러니 나의 사랑을 아는 일꾼들이 나의 사랑과 부활을 세상에 알리면 돼."

"그렇게 간단한데 왜 이렇게 힘이 드는지 모르겠어요."

"그 이유는 사람들이 나의 말을 순종하는 것보다 자기들의 생각이 앞서기 때문이지."

"나의 일꾼들이 다른 사람들에게 계속 나를 어떻게 사랑하는 가를 가르쳐야 해. 그래서 네가 '하나님 사랑합니다' 책을 쓴 것은 잘한 일이야."

소녀는 미소를 띠면서 대답했다. "그래서 주님께서 '하나님 사랑합니다'를 쓰라고 하셨군요. 그런데 많은 사람들이 하나님을 어떻게 사랑하는지 모르는 사람들이 많다는 것을 발견했어요."

"그래서 내가 추수할 곡식은 많은데 일꾼이 적다고 한말이 그말이다. 나를 사랑하는 사람들은 나의 말에 순종해서 복음의 씨를 심으려고 노력한단다. 그래서 너에게 지도자들의 영적 훈련을 시작하라고 한말이 그말이다."

"주님, 제가 그 일을 잘 못하고 있는 것 같아요. 주님의 지혜가 필요해요."

"그 이유는 네가 아직도 나에게 더 많은 훈련을 받아야 하기 때문이다. 그래서 내가 계속 너를 가르치고 있는거야. 나에게 배우지 않으면 너는 가르칠 수가 없어."

"주님께서 원하시는 것을 저에게 가르쳐 주세요."

"내가 너에게 가르쳐 줄 것이 많다. 따라 오너라."

2. 경주차

그다음으로 예수님께서 소녀를 데리고 간곳은 넓은 운동장이었는데 경주하는 차들이 대기하고 있었다. 그런데 거의 모든 차들이 타이어가 펑크가 났는지 내려앉은 채 였고 오직 몇 대만 타이어에 바람이 들어 있었다. 경주를 시작하는 소리가 나자 차들은 서둘러 엔진에 시동을 걸었으나 거의 모든 차들이 움직이지 않고 몇 대만 출발할 수 있었다. 그중 몇 대는 조금 가다 더 이상 움직이지 못했다. 그 차들은 타이어에 바람이 충분치 않았다. 많은 관람객들이 빠르게 달리는 차를 보고 환성을 지르는 반면 출발하지 못하는 차들을 보고 많은 사람들이 실망하고 한숨쉬는 소리가 들렸다.

소녀는 말했다. "주님, 왜 운전사들과 그들의 차를 관리하는 사람들이 타이어에 바람이 없다는 것을 몰랐을까요?"

예수님도 한숨을 내시며 말씀하셨다. "내 아이야, 네가 보고 있는 것은 많은 나의 일꾼들의 영적인 상태란다. 많은 사람들이 자신들이 영적으로 바람이 다 빠진 타이어와 같은 삶을 살고 있다는 것을 모르는 구나. 그러니 그들이 생명과 복음의 메세지를 교회안에서나 조금 전하고는 그것을 교회밖 길거리나 세상으로 힘차게 선포를 하지 못하는구나. 정말 안타까운 일이야."

소녀도 안쓰러운 얼굴로 주님을 쳐다 보았다. "주님, 용서하세요. 제가 그런 삶을 오랫동안 살았어요. 저를 용서하세요. 어떻게 하면 주님의 마음을 더 잘 알아 사랑의 복음을 전할 수 있을까요?"

"바람이 없는 타이어는 성령을 의지하지 않는 사람들의 모습이다. 성령께서 나의 자녀들에게 꿈과 비전을 주면서 복음을 전파하라고 인도하신단다. 나의 마음을 가진자들은 문제없는 타이어처럼 준비되어야 한다. 그래야만 성령께서 하라고 하실 때 순종할 수 있단다."

"제가 어떻게 해야 하나요?"

"성령의 인도하심을 구하고 순종하라. 순종하는 사람만 성령께서 부르신다. 순종하지 않는 사람들은 타이어에 바람이 없는 사람들이다."

"예수님, 이 레슨을 감사드립니다. 어떻게 제가 주님의 꿈과 비전을 가지고 순종할 수 있을까요?"

"기도란다. 내가 너에게 침묵기도의 중요성을 말하지 않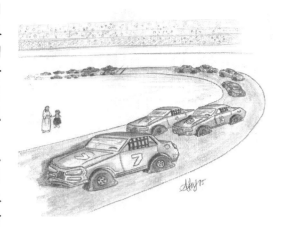

았니? 나와 시간을 보내고 나의 음성을 들으려고 할 때 성령께서 네가 해야 할 일과 나의 마음을 알게 도와 주신단다. 영적인 삶이 경주와 같다는 것을 바울이 말하지 않았니? '내가 복음을 위하여 모든 것을 행함은 복음에 참여하고자 함이라 운동장에서 달음질하는 자들이 다 달릴지라도 오직 상을 받는 사람은 한 사람인 줄을 너희가 알지 못하느냐 너희도 상을 받도록 이와 같이 달음질하라 이기기를 다투는 자마다 모든 일에 절제하나니 그들은 썩을 승리자의 관을 얻고자 하되 우리는 썩지 아니할 것을 얻고자 하노라 그러므로 나는 달음질하기를 향방 없는 것 같이 아니하고 싸우기를 허공을 치는 것 같이 아니하며 내가 내 몸을 쳐 복종하게 함은 내가 남에게 전파한 후에 자신이 도리어 버림을 당할까 두려워함이로다' (고린도전서 9:23~27). 너도 다른 사람들 같이 이 경주에 부름을 받았다. 너의 타이어가 경주할 준비가 되었는지 점검하여라. 그래서 내가 원하는 것을 네가 할 수 있도록."

"주님, 이제 성령님의 도우심이 얼마나 필요한지를 더욱 알게 되었어요. 제가 성령님을 잘 알지 못하여 불순종했을 때 나의 타이어가 바람이 다 빠진 상태였다는 것을 몰랐어요."

"얘야, 너의 타이어는 바람이 완전히 빠져 펑크가 나 있었지."

"주님, 저의 영적인 상태가 형편 없었네요."

"성령께서 너의 타이어를 고쳐 주셨단다."

"주님, 이제는 성령님을 의지하겠습니다. 순종하겠습니다."

주님은 만면에 미소를 지으면서 말씀하셨다. "네가 순종하겠다는 말이 나를 기쁘게 한다."

운동장을 몇바퀴 돌던 차들은 두대였고 일등과 이등으로 상을 받았다.

소녀는 말했다. "많은 사람들이 경주에 참여했는데 오직 두 차만 끝냈어요. 어떻게 해야 제가 주님께서 시작하라는 시간과 끝내야 하는 시간에 끝낼 수 있을 까요?"

"오직 기도 밖에 없다. 기도하면서 나의 마음을 알게 되면 시작 할 때와 끝낼 때를 잘 맞출 수 있단다. 내가 너에게 시작하라고 말한 시간보다 지연되고 있다는 것을 알고 있니?"

"주님, 당신의 말씀이 맞아요. 제가 기도에 더욱더 힘쓸 시간이란 것을 새삼 느껴요."

"내가 너에게 500교회를 방문해서 교도소에서 일어나고 있는 영적 부흥을 전하라고 했지?"

"알고 있어요. 그런데 주님의 인도하심이 없이는 움직일 수가 없네요."

"나는 너를 인도하며 너와 함께 할 것이다. 너에게 해야 할 말도 줄 것이다. 너에게 문들을 열어 주겠다. 그전에 내가 너에게 가르칠 것이 더 많이 있다. 계속 성령의 음성을 듣고 순종하라. 그러면 네가 언젠가는 너 자신이 경주하는 자들과 함께 있다는 것을 알게 될 때가 올 것이다."

"사랑하는 주님, 당신의 인내와 가르치심에 감사를 드립니다."

"얼마나 많은 사람들이 경주를 시작조차도 못했는 줄 아느냐? 너도 그 상태에서 오랫동안 있었어."

"예수님 말씀이 맞아요. 저는 복음을 전파하는 것에 마음을 쓰기 보다는 오랫동안 제자신의 평안만을 생각해 왔어요. 성령님의 음성을 들어야 한다는 생각도 못하고요."

"네가 지금 나에게 배우고 있는 것이 기쁘단다. 네가 경주를 시작해야 할 때를 알려주겠다."

"주님, 감사합니다. 당신을 기쁘시게 해드리는 딸이 되고 싶어요."

예수님의 얼굴은 기쁨의 광채로 빛났다. 소녀의 머리를 쓰담으셨다. "나의 사랑하는 딸아, 내가 너를 훈련시켜서 나의 제자로서 복음을 전파하도록 도와 주겠다. 나를 따라오너라. 아직도 보여줄 것이 많이 있다."

3. 사자와 고양이

예수님의 손을 잡고 걸어가는 길은 행복했다. 소녀는 노래를 부르며 미소띤 예수님의 얼굴을 보면서 그녀도 따라서 미소를 지었다. 별안간 산속에서 사자의 울부짖는 소리가 들렸다. 사자가 작은 고양이를 쫓아가고 있었다. 고양이는 작은 굴을 보고 그안에 들어가서 숨었다. 사자는 그안에 들어가지 못하고 으르렁 거리다가 지쳤는지 그곳을 떠났다. 예수님이 가까이 가시자 무서워 떨던 고양이가 예수님의 품안으로 안겼다.

예수님은 고양이를 품에 안았다가 동네가 가까워 지자 안전한 곳에 고양이를 놓아 주었다.

예수님은 소녀를 자상한 눈으로 쳐다보시면서 말씀하셨다. "딸아, 그 사자와 고양이의 이야기는 영적인 레슨이 란다. 그 사자는 사람들을 공격해서 두려움에 빠지게 하는 마귀와 같단다. 그것을 모르는 사람들이 계속 고통속에서 살고 있단다. 그러나 능력의 복음이 전파되면 마귀의 세력이 물러가지. 그렇게 되면 사람들이 고통과 소망이 없는 삶에서 해방이 된단다. 나를 믿는 자들은 마귀를 물리칠 성령의 능력이 있단다."

"주님, 그 사자는 어디 갔어요. 그냥 사라졌어요."

"그 사자는 마귀와 같이 먹이를 구하려고 지금도 어딘가 헤매고 있다. 그러나 나의 자녀들은 마귀의 먹잇감이 되지않고 승리를 선포한다. 내가 그들에게 마귀의 권세를 이길 수 있는 성령을 주었다. 네가 그것을 다른 사람들에게 알려야 한다."

"주님, 어떻게 제가 다른 사람들을 도울 수 있을까요?"

"많은 사람들이 고통과 불안과 아픔을 느끼고 있어. 내가 그들에게 기쁨과 평안을 준다고 선포해라. 내가 너를 통해 나의 자녀들을 도울 것이야."

"감사합니다. 제가 주님안에서 기쁨과 평안을 찾았어요."

"그것을 다른 사람들에게 말해야 한다. 그러나 나의 많은 자녀들이 내가 그들에게 마귀를 제어할 수 있는 권세를 준 것을 잊어버리고 아직도 마귀에게 고통을 당하고 있는 사람들이 있단다. 네가 그것에 대해서 나에게 더 많이 배워서 성령으로 물리치는 능력을 가르쳐라."

"저에게 가르쳐 주시면 다른 사람들을 가르치겠어요."

얼마 가지않아 다른 동네에 도착했을 때, 낮은 언덕에 작은 구멍들이 있었는데 예수님이 한 구멍에 가서 "얘야, 나오너라" 하고 말씀하시자 아주 어린 꼬마 아이가 나왔다.

예수님은 그 아이를 가슴에 안으시고 그의 집을 어떻게 아시는지 데려다 주고는 소녀에게 설명하셨다.

"그 어린아이는 길을 잃어버렸는데 이제는 안전하게 집으로 갔지. 그런데 그애가 네가 기도해주던 아이란 것을 아니?"

그때야 소녀는 하나님의 큰 손안에 그 어린아이가 자고 있는데 그의 몸이 깨진 항아리처럼 금이 가 있는 것을 보았다. 소녀는 마음이 아팠다. "주님, 어쩌다가 이 아이는 이렇게 깨진 상태가 되었나요?"

"그애가 나를 모르고 잘못된 길에서 방황하다가 받은 상처를 네가 보고 있단다. 이제 아이가 나를 만났고 또 내가 그를 도와준다는 확신이 생겨서 나를 따라올 것이다. 그래서 네가 그애에 대해서는 걱정을 안해도 된단다."

"사랑의 예수님, 당신의 사랑과 긍휼에 감사를 드립니다. 제가 그애 때문에 염려했다는 것을 아시고 나의 걱정을 덜어 주셨습니다."

"내가 너의 기도에 응답했다. 그 아이는 나를 따라와서 섬길 아이다. 그러니 네가 걱정을 할 필요없다."

"주님, 감사합니다. 당신의 뜻이 그 아이의 삶에서 이루어지기를 기도합니다."

"너도 내가 많은 치유를 했다."

"네, 주님의 사랑과 능력으로 당신을 따라가고 있습니다."

"나를 따라와라."

4. 죽음의 골짜기

그 다음에 예수님을 따라 간곳은 소녀가 상상할 수 없이 많은 사람들이 죽어가고 있는 골짜기 였다. '에스겔의 죽음의 골짜기가 이랬을까?' 하는 생각이 소녀에게 들었다. 거의 모든 사람들이 다 죽어있다는 생각까지 했었는데 많은 사람들이 기진맥진한 채 숨을 쉬기도 어려워하며 목이 마르다면서 물을 달라고 하는 것이었다. 그러고보니 그곳에 있는 사람들은 먹을 것이 없어서 죽어가는 사람들이었다.

예수님께서 한 죽어가는 남자에게 가까이 가셔서 컵에 물을 주시며 말씀하셨다. "누구든지 목마르거든 나에게 와서 마셔라. 그 생수는 나에게서 나오고 누구든지 내가 주는 물을 마시는 자는 영원히 목마르지 않을 것이다."

예수님께서는 그에게 성경을 주셨다. 거의 죽어가던 남자는 물을 마신후 언제 어디서 그런 기운이 생겼는지 벌떡 일어나서 성경을 읽고 또 손에 들고 외치기 시작했다.

"여러분들! 우리가 하나님이 안 계시다고 오랫동안 소망없는 삶을 살아와서 우리의 영혼이 죽어가고 있었습니다. 우리의 소망은 예수님으로부터 옵니다. 회개하고 예수님을 믿고 구원을 받으십시오. 우리가 필요한 것은 영적인 양식입니다. 내가 성경을 읽어 드릴 테니 잘 들으십시오. 하나님이 세상을 이처럼 사랑하사 독생자를 주셨으니 이는 믿는 자마다 멸망치 않고 영생을 얻게 하려 하심이니라."

그의 말을 들은 사람들이 조금씩 힘을 얻어서 일어나기 시작했다. 그것은 기적이었다.

소녀는 예수님께 말했다. "주님, 주님의 말씀은 능력이 있어

요. 죽어가던 사람들이 살아나고 있어요."

"네가 배우는 레슨이 무엇이냐?"

"복음을 전하여 죽어가는 영혼들을 살리라는 말씀이시군요."

"네가 잘 이해했다. 먹을 음식이 없어서 죽어가는 사람이 많다. 그러나 하나님의 말씀을 듣지 못해서 죽어가는 영혼들이 더 많단다."

"하나님의 말씀은 생명이 있어요." 소녀는 말했다.

"많은 사람들이 나의 말이 그들의 영에 생명을 준다는 것을 모르고 있다. 네가 그것을 말하라."

"주님, 하나님의 말씀을 묵상하는 삶은 하나님의 임재를 더 체험하게 한다는 것을 배웠어요. 그것이 나에게 힘과 소망을 줘요."

"나의 말은 생명이다. 네가 하고 있는 책 프로젝트도 나에 관한 간증이므로 사람들에게 복음을 전하는 것이다. 많은 사람들이 복음을 듣지 못했고 나에 대해서 모르고 있으니 너는 계속 책을 배포해라. 그래서 그들에게 내가 구원자인 것을 알도록."

한 사람이 계속 설교하자 죽어가던 사람들이 일어나서 성경을 읽으면서 힘을 얻는 것을 볼 수 있었다. 절망의 골짜기에서 많은 사람들이 살아나서 주님을 찬양하는 노래를 부르기 시작했다. 죽음의 골짜기가 기쁨과 소망의 골짜기로 바뀐 것을 볼 수 있었다.

"내 사랑하는 딸아, 많은 재소자들 가운데 영적인 성장이 일어나고 있다. 네가 교도소에 책을 보내는 것은 그들에게 복음을 전하는 것이다. 내가 그들의 구원자란 것을 알려주기 때문이지."

"감사합니다. 더욱더 많은 책들을 배포하도록 인도해 주세요."

"내가 너를 도울 수 있는 사람들을 보내겠다. 내가 너를 도와 주겠다. 자 이제 이곳을 떠날 때다."

5. 벌레집

예수님은 소녀를 나무가 많은 숲으로 데려가셨다.

소녀는 감탄을 했다. "여기는 나무들이 너무 아름다워요."

다음 순간 나무에 가까이 간 소녀는 흠칫 뒷걸음을 쳤다. 그렇게 아름다운 나무들의 가지에는 벌레들이 총총히 집을 지어서 나무들이 죽어가고 있었다.

"예수님, 이 나무들이 벌레 때문에 죽어가고 있네요."

"그렇단다. 나의 많은 자녀들이 이렇게 영적으로 죽어가는 상태에 있단다. 나를 위해서 일한다는 자녀들도 상처투성이고 치유를 받지 못해서 죽어가는 상태에 있는 사람들이 있단다."

"어떻게 해야 그들이 살아날까요?"

"그들이 나를 바라보고 모든 사람들을 용서

해야 한다. 많은 이들이 상처받는 것만 생각하고 나를 바라보지 않아. 이것이 그들의 큰 잘못이지. 그들이 나에게 온다면 치유를 받을 거야."

"주님, 왜 그것이 그렇게 어려울까요?"

"회개가 첫째로 필요하다. 하나님의 말씀에 순종하지 않고 자기 멋대로 화내고 성내는 것이 하나님의 영광을 가린다는 것을 알아야한다. 회개한다는건 벌레가 지은 집들을 하나하나 청소하는 것이란다."

"또 무엇을 해야 하나요?"

"나를 따르려는 사람들에겐 하나님의 말씀이 그들의 마음속에서 살아 움직여야 한다. 하나님의 말씀은 살아있다. 용서하는 마음도 하나님의 말씀에서 온다. 용서할 수 없는 자를 축복하고 기도하는 것이 치유의 방법이다. 그러나 나의 많은 자녀들이 말씀에 순종하지 않아서 용서를 못하지. 그럴 때 영적으로 죽어가고 내가 원하는 일들을 할 수 없어."

"주님의 은혜로 제게 모든 사람들을 용서하는 마음을 주세요."

"말씀에 순종하라. 내가 너에게 더 보여줄 것이 있다. 자, 가자."

6. 모종

예수님이 다음으로 소녀를 데려간 곳은 나무를 모종하는 동네였다. 그 동네 옆에는 산이 있었는데 나무가 별로 없었고 사람들이 작은 나무를 심고 있었다.

예수님은 자랑스럽게 그들을 가르치면서 말씀하셨다. "이들은 나를 위하여 일하는 자녀들이란다. 그들은 다른 사람들이 가지 않는 곳에 가서 복음의 씨를 심는 선교의 사명을 감당하는 자녀들이다. 나는 너도 그렇게 하기를 원한단다."

"주님, 당신이 원하는 일을 할 수 있게 도와 주세요."

"네가 교도소에 책을 보내는 일이 곧 그 일을 하고 있는 것이란다. 많은 이들이 복음을 듣지 못했어."

소녀는 대답했다. "주님, 더 많은 책을 보내게 도와주세요. 그래서 복음을 듣지 못한 사람이 듣고 구원을 얻을 수 있게요. 주님께서 2800만권의 책을 전세계의 재소자들과 아픈 사람들에게 배포할 수 있게 저에게 문을 열어 주세요."

"내 사랑하는 딸아, 너의 힘으로는 할 수 없으나 기도하면서 성령의 인도하심을 구하면 도와 주실 것이다."

"예수님, 감사합니다. 그런데 왜 제가 그렇게 많은 책을 배포하기를 원하는지 알 수 없어요. 물론 복음의 씨를 뿌려야 하기 때문이란 것은 알지만요."

"내가 너한테 큰 비전과 꿈을 주었다. 내가 너를 더 도와 줄 수 있는 사람들을 보내주겠다."

소녀는 예수님을 기쁘시게 하려고 찬송을 불렀다. "주님, 당신을 사랑합니다. 당신의 미소로 가득찬 영광의 얼굴을 보기를 원합니다. 당신의 사랑의 복음이 전세계에 선포되기를 원합니다. 그리하여 많은 사람들이 당신의 사랑을 알고 구원을 받고 당신을 사랑할 수 있도록."

예수님이 사랑스러운 눈으로 바라 보셨다. "나는 네가 계속 침묵기도로서 나의 마음을 알기를 원한다. 그렇게 되면 내가 원하는 것을 할 수 있게 된단다. 나는 네가 영적 지도자들과 손잡고 일하기를 원한다. 그리하여 너의 사역이 더 많은 열매를 맺도록. 많은 지도자들이 너를 도울 것이다."

"어떻게 지도자들과 더 일을 할 수 있는지요?"

"나와 같은 마음을 가진 지도자들과 일할 수 있게 계속 기도하라. 성령께서 그런 사람들이 누구인지 알게 해주실 것이다."

"주님과 같은 마음을 가진 지도자들과 일할 수 있게 문을 열어주세요."

"나의 딸아, 계속 영혼구원을 위해서 책들을 배포하라."

"주님께서 문을 열어주시는 대로 책을 배포하겠어요."

"내가 많은 문을 열어줄 것이다. 너는 계속 내가 쓰라고 하는 책들을 준비하라. 하늘을 보려무나."

소녀가 하늘을 보니 많은 책들이 공중에 날아 다니고 있었

는데 그중 그녀가 재소
자들과 함께 쓴 책들이
있다는 것을 보고 그녀
는 기뻐하며 환성을 외
쳤다.

"주님, 당신은 정말
놀라우신 분이예요."

그 책들이 많은 사
람들이 죽어가는 골짜
기에도 떨어지는 것을
볼 수 있었다. 몇 사람
이 책을 받고 기뻐하며
읽기 시작하는 것도 보였다.

"네가 복음의 씨를 뿌리려고 수고하는 것을 내가 알고 있다.
나와 복음을 위해서 회생하고 수고하는 자들은 언젠가는 그 열
매를 거둘 것이다. 그들이 누구인지 내가 알고 있다."

"예수님, 당신은 정말 사랑이십니다. 또 저에게 보여 주고
싶은 것이 있으신지요?"

"내 사랑의 얼굴빛을 바라보아라. 나의 사랑이 너의 빈 마음
을 가득 채우기를 원한다."

"네, 주님의 사랑이 내 빈 마음에 차고 넘치네요. 나의 마음
에는 당신을 사랑하는 마음으로 가득차 있어요."

예수님은 다시 하늘을 가리키셨다. "하늘을 바라보아라."

하늘에는 시멘트로 만들어진 큰 다리가 공중에 떠 있었다.
소녀는 놀라서 말을 잃었다.

'어떻게 저렇게 무거운 다리가 공중에 떠 있을까?'

"나의 사랑하는 딸아, 내가 너로 복음을 더 전할 수 있도록
열방의 많은 나라들과 다리를 연결 시켜주겠다."

"왜 이 다리는 아무데도 연결이 되어있지 않아요?"

"내가 너를 위해서 놓아주는 다리지 사람들이 만든 다리가
아니기 때문이다. 네가 알지 못하는 많은 사람들과 사역하도록

연결을 시켜주겠다. 내가
너를 도와 줄 수 있는 사
람들을 보내주겠다. 너의
책 배포하는 사명은 나의
계획이다."

소녀는 기뻤다. "주님,
감사합니다."

예수님은 미소를 지으
시며 말씀하셨다. "내가
너의 필요한 것을 다 채
워주겠다."

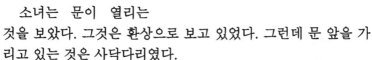

소녀는 문이 열리는
것을 보았다. 그것은 환상으로 보고 있었다. 그런데 문 앞을 가
리고 있는 것은 사닥다리였다.

예수님은 말씀하셨다. "나의 사랑하는 딸아, 내가 너에게 많
은 문을 열어주기 전에 너는 염려하지 말라. 네가 책을 출판하
는데 필요한 선교자금을 내가 마련해 주겠다." 소녀가 여러 지
방으로 가서 간증할 때 비용 걱정한 것을 주님께서 알고 계셨
다. "사닥다리는 네가 선교비용을 걱정하고 있다는 것을 보여
준다. 나를 위해서 일하는 모든 자녀들의 필요한 것을 내가 채
워 줄 것이다. 모든 것이 내 것인데 왜 걱정하느냐?"

소녀는 미안해하는 표정으로 말했다. "주님, 죄송해요. 제가
학교에서 필요한 모든 것도 주님께서 장학금으로 채워주셨어
요. 당신의 은혜가 저에게 족하다는 것을 가르쳐 주셨어요. 그
런데도 제가 선교 비용을 걱정한 것을 용서하세요."

"나의 딸아, 네가 피곤해져서 걱정이 더 많아졌다. 내가 너
를 안고 갈 테니 쉬려무나."

"주님, 오랫동안 걸었더니 저의 마음과 다리가 피곤해졌어
요. 당신 품안에서 쉬고 싶어요."

예수님은 소녀를 안고 걷기 시작했다. 소녀는 주님의 사랑을
더욱 느낄 수 있었다.

주님은 말씀하셨다. "나를 위해서 일하는 자녀들은 내가 돌보고 있다. 내가 너를 다음에 보여줄 곳으로 인도하겠다."

7. 두 나무

주님께서는 소녀를 한 여자가 모종을 하고 있는 곳으로 데려가셨다. 중년쯤 된 여자는 두 화분에 자란 나무를 옮겨 심는데, 먼저 건강해 보이는 나무를 화분에서 빼지 않고 구덩이에 넣고, 다른 모종할 나무를 화분채로 위에 얹어 놓고는 가버렸다. 그 여자는 모종이 끝난 것이라고 생각하는 것 같았다. 두 나무는 결국 시들어서 죽어버렸다.

소녀는 이해 할 수 없었다. "주님, 왜 그 여자는 두 나무를 그대로 죽도록 내버려 두었을까요?"

"그녀는 그렇게 하면 나무들이 살 것이라고 생각했기 때문이지. 이것은 영적인 교훈이란다. 나의 많은 일꾼들이 이렇게 모종을 하고 있어."

"이해 하기 힘들어요. 설명해 주세요."

"나의 많은 자녀들이 영적으로 성장하지 않는 이유는 그들이 성령을 의지해야 하는데 사람을 의지한단다. 많은 사람들이 영적인 지도자들을 성령보다 더 의지하고 있어."

"그 여자는 두 나무를 죽여 버렸어요."

"많은 영적인 지도자들이 성령에 순종하는 것을 모르므로 그것을 가르치지 않고 있어. 자기들의 지혜로 다른 사람들을 멘토하고 있어. 그렇게 할 때 사람들은 지도자들을 의지하게 되고 끝내는 지도자와 따르는 사람들 둘 다 영적

인 죽음의 길을 가는 거란다."

"주님, 성령님을 의지하는 것이 왜 그렇게 어려울까요?"

"많은 지도자들이 나를 의지하지 않으며 다른 사람들에게 나를 간절히 찾아야 만난다는 것을 가르치지 않고 있어. 자기들의 지혜로 자기를 따르는 사람들을 가르치려 하니 인간의 지혜로는 도저히 영적인 것을 가르칠 수 없어. 이 여자의 잘못된 생각으로 두 나무가 죽었듯이 인간의 지혜를 의지하면 생명을 구할 수 없어."

"그럼 지도자들이 다른 사람을 멘토하지 말아야 하나요?"

"멘토는 오직 나를 바라보게 하는거야. 그러나 지도자들이 자기를 높이고 바라보게 하고 자기를 위해서 사람을 모은단다. 생명이 없는 멘토가 바로 그것이다."

"주님, 제가 그렇게 많이 한 것 같아요. 다시는 그런 실수를 하지 않게 도와주세요."

"내가 내양을 먹이라 한말을 나의 자녀들이 오해했어. 양들을 먹이면서 사람들이 나를 따라와야 하는데 자기들을 따라가게 만들었어. 네가 조심해야 할 것은 사람들이 너를 따르지 않게 하라. 그들이 나를 따르게 항상 격려해야 해. 내가 그것을 너에게 가르치려고 하는 것이란다."

"예수님, 이 레슨을 감사드립니다. 제가 어떤 때 멘토하면서 힘이 많이 빠진 것 같은 때가 있었어요. 저의 힘으로 했기 때문이었던 것 같아요."

"네가 멘토하면서 힘이 빠졌다는 것은 네 힘으로 하려고 했다는 증거다. 하나님의 일은 네 힘으로 하는 것은 아무 것도 없다. 오직 성령의 힘으로 다른 사람들을 도울 수 있다. 그들에게 성경말씀을 마음에 깊이 새기고 성령의 음성을 듣고 순종하면서 힘을 얻으라고 말해주어라. 그래서 너의 지혜에 의지하지 않도록."

"주님, 제가 오랫동안 영적인 지도자들이 나에게 가르쳐 준 것이 별로 없다고 불평을 했는데 사실 그들의 지혜에 의지한 것 때문에 그런 불평을 한 것 같아요. 이제 다른 사람들도 나의 지혜를 의지하면 절대로 안된다는 것을 배웠어요. 다른 사람들에게 당신을 알게 하는 것이 나의 임무라는 것을 깨달았어요."

"그래, 네가 이제야 깨닫는구나. 많은 나의 자녀들이 자기들의 지혜를 의지하므로 다른 사람들을 영적으로 성장하는 것을 돕지 못하고 있어. 너는 항상 성령을 의지해서 많은 나무들이 잘 성장하도록 좋은 땅에다 모종해야 한다. 너 자신이 기도가 부족하면 다른 사람을 도울수 없다. 너 자신과 다른 사람들을 위해서 먼저 기도로서 도와주어라."

"당신의 말씀에 순종할 수 있도록 도와 주세요."

"내가 너를 도와주겠다. 네가 다른 사람들을 돕다 힘이 빠지기 전에 그들에게 성경말씀과 성령을 의지하라고 가르치고 나를 따라가라고 말하면 된다."

"주님을 따르는 것이 무엇인지 다시 말씀해 주세요."

"나를 따른다는 것은 나의 사랑을 이해한다는 것이다. 그리고 나를 의지함으로서 사랑, 평안, 격려와 힘을 얻는 것이다. 영적인 지도자들이 이것을 줄 수 없다. 그래서 네가 다른 사람을 멘토할 때 그들이 나에게 오도록 격려해야 한다는 것을 알고 실천해야 한다."

"왜 내가 이것을 진작 몰랐을까요? 그것을 몰라서 전에 멘토하면서 도와준 사람들이 나하고 문제가 생겼었어요. 저의 지혜로 그들을 도와주려 한 것을 이제야 알겠어요. 제가 좋은 일을 하는 줄 알았는데 실수를 많이 했어요."

"또 멘토의 위험한 것 중 하나가 사람들이 나를 의지하지 않고 다른 사람들에게서 기쁨과 평안과 행복을 찾으려 한다는 것이다. 그렇게 될 때 그들은 나를 찾는 것이 아니고 다른 사람들을 의지하므로 영적으로 힘이 없다. 바울사도는 나를 알기 위해서 노력했다. 너도 그렇게 하려므나."

"주님, 무엇을 가르치시려는지 이제 이해했어요. 그렇게 하겠습니다. 당신을 전적으로 사랑하고 따르게 도와 주세요."

"내가 너를 도와주겠다. 나를 따르라."

8. 그물

예수님을 따라서 숲속을 지나는데 아주 못생긴, 짐승같은 귀신들이 숨어 있다가 한 여자가 지나가는 것을 보고 그물을 던졌다. 그런 후 귀신들은 낄낄 웃다가 그녀를 집어다가 한적한 곳에 던지고 가버렸다. 그물은 흰색인데 안에서 도저히 밖을 볼 수 없는 천으로 만들어졌고 그녀가 비명을 지르며 나오려고 그물을 이리저리 치는 것을 볼 수 있었다.

소녀는 놀라서 말했다. "주님, 도와주세요."

주님은 슬픈 얼굴로 말씀하셨다. "네가 보는 것은 영적인 환상이야. 이 여자는 자라면서 많은 어려움을 겪었어. 많은 상처를 받았고 그 상처가 치유가 되지 않았어. 용서하지않고 계속 왜 그런 일이 일어났는가를 생각하면서 슬픔속에서 지내고 있어. 용서 못하는 것으로 인해서 마귀의 그물에 잡혀있어. 죄속에서 사는 사람들이 마귀의 그물에 갇혀있단다."

"어떻게 그 그물에서 해방 될 수 있어요?"

"그녀 자신이 마귀의 그물에 잡히도록 문을 열었어. 용서를 하고 안하고는 그녀의 선택에 달렸다."

"주님, 그녀를 도와주세요."

"숨막히는 그 그물 안에서 25년 동안 갇혀있다."

"제가 어떻게 하면 도울 수 있을까요?"

"용서 못하는 사람들이 용서할 수 있도록 회개의 영을 부어 달라고 기도하라. 그녀가 회개할 때 그 그물에서 해방이 될 수 있어. 기도가 영적인 도움을 준단다."

소녀는 그물 가까이 가서 그 안에 있는 여자가 들을 수 있게 기도를 했다. "성령님, 저를 회개시켜주시고 세상에서 주님을 모르는 사람들과 마귀의 그물에 잡혀서 숨도 쉬기 어려운 사람들을 회개 시켜주시고 해방시켜 주세요."

얼마동안 그 그물 안에서 잠잠하던 여인이 흐느끼기 시작했다. "주님, 저를 용서해 주세요. 저 자신도 많은 잘못을 했으면서도 그것은 생각하지 않고 다른 사람들을 용서 하지 못한 것을 용서해 주세요. 천사들을 보내사 이 그물에서 저를 구해 주세요. 숨을 쉬기도 어렵네요.”

그러자 두 천사가 가위로 그물을 찢기 시작했다. 그러자 그 속에서 나오려고 버둥거리던 여자가 얼굴을 쑥 내밀고 한숨을 쉬었다. “휴, 내가 그안에서 죽는 줄 알았네. 주님, 저를 용서하시고 죄악의 그물에서 해방시켜주셔서 감사드립니다.”

예수님은 소녀에게 말했다. “자, 내가 너에게 왜 기도를 계속하라고 하는지를 알겠니? 용서못하는 사람들이 마귀의 그물에 잡혀서 고통속에서 숨을 쉬기도 힘들고 빠져나올 수 없어. 오직 회개만이 용서를 받고 나의 도움을 받아야 나올 수 있어. 모든 사람들을 위해서 기도하라. 너도 모든 사람들을 용서하라.”

“주님, 제게 모든 사람들을 용서할 수 있는 사랑을 주세요.”

“내가 너를 도와주겠다. 나를 따라 오너라. 아직도 너에게 보여줄 것이 많다.”

9. 짝짝이 신발

예수님을 따라가는 길에서 소녀는 피곤함을 느꼈다. “예수님, 왜 내 다리가 갑자기 걷기 어렵고 힘이 드네요. 좀 쉬었다 가요.” 그녀는 잔디밭에 앉아서 예수님을 바라보았다.

“애야, 너의 신발을 보아라.”

소녀는 그제야 한발엔 구두를 한발엔 운동화를 신고 있는 것을 보고는 깜짝 놀랐다. “어머나, 내가 어떻게 이런 짝짝이 신을 신었지?”

“너의 구두는 너의 생각과 의지를 나타낸단다. 운동화는 내가 간단히 준비하라는 대로 편안한 여행을 준비하고 있는 거란다.”

“예수님, 이번에 주님을 따라가는 것은 전보다는 쉽게 따라 나섰지만 제가 주님이 정말로 이것을 원하시는 것인가에 대한 의심을 했어요. 내가 숙제가 밀려서 시간이 전혀 없는데 주님께서는 내가 써야할 책이 있다고 하시니 저는 황당했어요. 그러나 지난해에도 내가 숙제 때문에 바쁠 때 주님께서 ‘예수님

과 걷는 길'을 쓰게 하시고 모든
것을 다 할 수 있도록 인도하셔
서 올해도 쓰게 해 주실 것으로
생각하고 불평하지 않고 따라 나
섰지만 지금도 주님이 이 책을
왜 하필이면 내가 가장 바쁠 때
쓰라고 하실까 하는 마음이 들었
어요. 왜 주님의 인도하심에 자
꾸 의문을 가질까요? 그냥 순종
만 하면 되는데."

"내가 네 마음을 잘안다. 너의 계획을 나에게 달라고 하지
않았니? 네가 그렇게 하겠다고 했다. 네가 모든 면에서 나를 온
전히 믿기 전에는 나의 계획을 따를 수 없다. 지금은 순종하는
방법을 배울 때이다. 너는 그냥 꽃밭에서 노는 것을 더 원하지
만 영적인 레슨을 나에게 배우지 않고서는 나를 모르는 사람들
에게 나눌 것이 없어."

"주님, 어떻게 당신에게 항상 순종하면서 따라갈까요?"

"너 자신의 계획과 지혜를 의지하지 말고 내 마음을 아는 것
에 초점을 맞추어라. 자, 이제 내가 너에게 맞는 신발을 주겠
다."

예수님은 그녀에게 새로운 운동화를 주셨다. 그것은 그녀의
발에 편했다.

"주님, 감사합니다. 이제 당신의 계획대로 따르겠어요."

소녀는 주님께 미소를 지으면서 손을 붙잡고 따라가면서 노
래를 부르기 시작했다. "예수님, 당신은 나의 마음을 어느 누구
보다 더 잘 아십니다. 나의 계획은 항상 주님의 계획과는 다른
것 같아요. 새 신발을 주셔서 감사합니다."

예수님의 얼굴은 환한 미소로 가득했다. "나의 사랑하는 딸
아, 계속 침묵기도로 나와 시간을 보내며 나를 위해서 찬양해
라. 그것이 네가 나의 계획과 나의 마음을 알게 될 수 있는 길
이다."

10. 교회문 손잡이

숲속을 지나가다 작은 교회가 보였다. 교회에 도착하자 소녀는 찌그러져서 볼품이 없는 교회문 손잡이를 보았다. "주님, 왜 이 손잡이가 이렇게 찌그러졌어요? 좀 아름다운 것으로 장식을 하면 주님의 성전이 아름다울 텐데."

"나의 아이야, 이 손잡이는 나를 위해서 일하는 많은 자녀들이 영적으로 어려운 길을 갔고 또 힘든 상태라는 것을 알려주는 것이란다."

"더 말씀해 주세요. 무슨 뜻인지요?"

"찌그러진 손잡이가 나를 위해서 일하는 사람들의 희생을 보여주는 것이란다. 많은 사람들이 복음을 듣고 이교회를 찾아 왔을 때는 모든 사람들이 이 손잡이를 사용해야 했단다. 그래야 하늘 나라에 들어 갈 수 있는 복음을 들을 수 있지."

"주님, 찌그러진 손잡이에 대해서 말씀해 주세요."

"더 많이 사용된 곧 찌그러진 손잡이는 복음을 전하기 위해 더 많은 희생을 한 사람들의 상태란다. 복음을 위해서 나의 자녀들이 사람들에게 핍박과 어려움을 당한 것이지. 나를 모르고 나를 핍박하는 자들은 나를 위해서 일하는 자들을 핍박한다."

"어떻게 그런 환경을 피할 수 있을까요?"

"기도로서 분별력을 구하라."

"어떻게 어려움을 당하는 지도자들을 도울 수 있어요?"

"영적인 지도자들을 위해서 기도하라. 많은 나의 자녀들이 어려움을 당하고 고통속에서 지쳐 있다. 많은 이들이 나를 의지하여 힘을 얻지 않으므로 마귀의 공격에 시달리고 있다. 기억하라! 네가 문제에 부딪혀 힘이 빠져 있을 때 나에게 와서 기도에 더 힘쓰고 능력을 얻어라."

"네, 그렇게 하겠습니다. 당신을 의지하지 않고는 제가 영적인 싸움에서 전혀 이길 힘이 없다는 것을 압니다. 당신을 의지하지 않았을 때는 저는 영적으로 죽어가는 상태였어요. 절대로 제자신을 의지하지 않도록 도와주세요."

"내가 너에게 이것을 알리는 것은 많은 나의 일꾼들이 영적인 싸움에 힘들어 하고 있기 때문이다. 그들이 성령의 힘을 의지하여 승리하도록 기도하라."

"주님, 당신을 위해서 일하는 종들을 위해서 기도합니다. 성령의 능력으로 그들의 아픔을 치유해 주시고 힘을 주세요."

"나의 사랑하는 딸아, 계속 기도하라. 따라 오너라."

11. 채찍

예수님은 소녀를 교회안으로 데리고 들어갔다. 한 여자가 맨발인 채로 엎드려 기도를 하고 있는데, 한 남자가 채찍으로 여자의 발을 마구 때리며 입에 담지 못할 욕을 하는 것이었다. 여자의 한 발은 피가 흘러내리고 있었으나 그녀는 움직이지 않고 계속 기도만 하고 있었다. 소녀는 그 끔찍한 광경을 보고 주님께 물었다. "왜 이런일이 교회에서 일어나고 있어요?"

예수님은 눈물을 흘리셨다. "정말 슬픈일이야. 나를 위해서 일하는 많은 자녀들이 기도를 더 많이 해야 하는데 기도를 방해하고 상처주는 사람들이 많이 있어. 이 여자는 이 교회의 한 영적인 지도자고 이 남자도 교회의 지도자야."

"왜, 이 남자가 여자를 채찍으로 때려요?"

"이 남자는 자기가 원하는 대로 여자가 하지 않으면 공격하고 상처주는 사람이야."

"그런데 왜 이 여자는 그대로 맞고만 있어요? 발에서 피가 나잖아요?"

"네가 보는 것은 영적 비전이다. 그다음에 무슨 일이 생기는지를 보아라. 이 여자가 수호천사의 도움을 요청하는 기도를 하고 있어."

그 다음에 일어난 일은 소녀가 상상치 못한 것이었다. 두 천사가 나타나서 한 천사가 검은 천으로 그 남자의 눈을 가리니 그 남자는 볼 수 없으므로 채찍을 휘두르는데 도 그 여자의 발을 더 이상 때리지 못했다. 또 다른 천사는 남자의 손을 뒤로 붙잡아 매었다. 헝겊으로 눈을 가린 천사는 남자의 입을 천으로 싸매었다. 그 남자는 더 이상 그 여자를 때리거나 욕을 할 수 없었다. 소녀는 눈을 크게 뜨고 말했다. "기도의 능력을 가르쳐 주시는 군요."

"그렇단다. 네가 어려움을 당할 때 나에게 와라. 내가 너의 기도를 듣고 응답하리라."

"왜 그 여자는 맨발로 기도하고 있었어요?"

"그 여자는 내가 항상 같이함을 아는 여자다. 거룩한 성전에 내가 그녀와 함께 있다는 것을 알고 그렇게 한거야. 내가 그녀에게 신발을 벗으라고 했다. 그러나 그 남자는 그녀가 기도할 때 공격해도 맞대응하지 않을 것을 알고 그것을 이용해서 그녀를 공격하고 상처를 준 것이야."

"주님, 영적인 지도자들이 이렇게 어려움을 당하고 있는지 저는 몰랐어요."

"나를 위해서 일하는 자녀들이 천사들의 도움을 받도록 기도하라. 그들의 아픔이 곧 나의 아픔이다."

"주님, 제가 영적인 지도자들을 위해서 더 많이 기도하지 못한 것을 용서해 주세요. 그들에게 천사들을 보내셔서 도와주세요. 이 레슨을 감사드립니다."

"네가 전에 왜 영적 부흥이 일어나지 않느냐는 질문을 많이 했어. 나의 많은 일꾼들이 공격을 당한후 상처투성이가 된채 땅을 갈아 복음의 씨를 심어야 하는 시간이 많지 않기 때문이다. 나의 일꾼들이 공격에 시달려서 지쳐있어."

"주님의 일꾼들이 성령의 능력으로 상처를 치유받고 나가서 복음의 씨를 더 많이 뿌릴 수 있게 해주세요."

"딸아, 너도 어떤 공격이 오더라도 나의 힘으로 치유받고 실망하지 말고 나의 일을 계속하길 원한다. 슬픈 일은 나를 위해서 일한다 하는 사람들이 영적인 지도자들을 더 공격하는 사람들이 있으니 그런 사람들을 조심하라."

"주님, 경고를 감사드립니다. 주님의 영적인 분별력으로 모든 일에 승리하는 삶이 되게 인도해 주세요."

"자, 이제 가자. 또 다른 것을 너에게 보여 주겠다."

12. 배낭

주님이 이번에 소녀를 데려간 곳은 피난민 같은 수 없이 많은 사람들의 끝없는 행렬이었다. 가까이 가보니 모든 사람들이 등에 배낭을 지고 걸어가는데 앞에서 빨리 걸어가는 사람들은 작은 배낭을 지고, 뒤에서 쳐져 힘들게 걷는 사람들은 무거운 배낭을 지고 걸어 가고 있었다.

소녀는 의아하다는 표정으로 물었다. "주님, 왜 어떤 사람들은 작은 배낭을, 어떤 이들은 큰 배낭을 등에 지고 걸어가나요? 그리고 이 사람들은 어디로 가고 있는 건가요?"

"이 사람들은 나의 하나님 아버지의 집을 향해 걸어가고 있단다. 너는 그들의 영적인 여정을 보고 있는 것이다. 많은 사람들이 무거운 배낭을 지고 움직이기가 힘들어 나의 아버지의 집에 도착하지 못해. 어떤 사람들은 작은 배낭을 지고 가는데 무거운 배낭을 어떻게 작은 배낭으로 바꾸는 것을 배운 사람들이란다."

"어떻게 작은 것으로 바꾸나요?"

"나의 말을 기억하니? 수고하고 무거운 짐 진 자들아 다 내

게로 오라. 내가 너희를 쉬게 하리라. 나는 마음이 온유하고 겸손하니 나의 멍에를 메고 내게 배우라. 그리하면 너희 마음이 쉼을 얻으리니 이는 내 멍에는 쉽고 내 짐은 가벼움이라 (마태복음 11:28~30). 배낭은 인생의 멍에다. 따라오렴."

조금 더 길을 가다 보니 길가에서 예수님을 위해서 일하는 자녀들이 작은 배낭과 성경을 가지고 외치고 있었다. "회개하고 복음을 믿으세요. 예수님을 영접하고 무거운 배낭을 작은 배낭으로 바꾸세요. 우리가 겸손하게 예수님을 믿고 의지하면 우리의 짐이 무겁지 않습니다. 가벼운 배낭을 가지고 걸어가면 하나님의 나라에 도착할 것입니다. 예수님께서 곧 오실 것입니다. 예수님은 당신의 죄를 용서하기 위해서 십자가에 돌아가셨어요. 회개하고 예수님을 믿고 구원을 받으세요."

무거운 배낭을 진 한 남자가 그말을 듣고 무릎꿇고 기도했다. "하나님, 저는 죄인입니다. 예수님, 당신이 나의 죄를 위해

서 십자가에 돌아가신 것을 믿습니다. 나에게 오셔서 이 무거운 죄의 짐을 가져가 주시고 나를 용서해 주세요. 당신을 따르겠습니다."

그 남자는 무거운 배낭을 내려놓자 한 예수님의 일꾼이 그 남자에게 작은 배낭을 주었다. 그 배낭안에는 성경책이 들어 있었다. 성경을 집어들고 가벼운 발길로 하나님의 천국을 향해서 걸어가면서 그 남자는 말했다. "예수님, 저를 용서하시고 구원해 주셔서 감사합니다. 또 나에게 어떻게 천국에 가는 길을 제시해주는 성경을 주셔서 감사합니다."

예수님은 소녀를 바라보시며 만면에 웃음이 가득하셨다. "나의 일꾼들이 이 남자를 도와줘서 작은 배낭을 가지고 천국을 향해 가고 있어."

"주님, 당신은 정말 놀라우신 분이에요. 제가 항상 주님이 주신 작은 배낭을 가지고 걸어가게 인도해 주세요."

"너의 삶에서 어려운 일이 많아도 네가 노력하는 것을 알고 있다. 작은 배낭을 지고 가는 자들은 나와 시간을 더 많이 보내는 사람들이야. 그래서 세상보다는 나의 마음을 이해하고 내가 원하는 일을 하지."

"주님, 무거운 배낭에는 무엇이 들어있어요?"

"사람들의 아이디어와 죄성과 잘못된 습관이지. 세상과 자신을 사랑하는 아이디어로 가득찬 배낭이야. 그러나 나의 복음을 전하는 이들로 인해서 무거운 배낭을 나에게 와서 작은 배낭으로 바꾸면 가볍게 걸을 수 있게 되지."

"이제 저는 복음을 전파하는 것이 얼마나 중요한 가를 더 배웠어요. 주님은 우리의 짐을 가볍게 해 주시는 분이세요. 작은 배낭을 가지고 걸어가는 사람들이 더 행복해 보이네요."

주님은 자상한 음성으로 말씀하셨다. "얘야, 내가 그래서 너를 복음을 전하라고 불렀다. 계속 복음을 전하라. 그래서 많은 사람들이 하나님 아버지의 집에서 살수 있도록."

"주님, 당신을 위해서 복음을 전하겠어요. 당신을 위해서 저는 존재합니다."

"나의 사랑하는 딸아, 내가 너의 순종을 기뻐한다."

13. 쇠로 만든 배낭

예수님을 따라가면서 그녀는 많은 사람들이 예수님의 작은 배낭을 지고 가는 사람들과 걸어갔다. 가다가 한 여자가 길가에 앉아서 눈물을 흘리고 있는 것을 보았다. 가까이 가서보니 그 여자의 배낭은 아주 크고 쇠로 만들어져 있었다. 예수님의 배낭은 하얀색인데 그 여자의 배낭은 검정색이었다. 그 여자는 그 배낭을 어깨에서 벗으려 애를 쓰고 있었으나 쇠로 만들어져서 벗어지지 않는 것이었다.

소녀는 놀라서 주님께 여쭈어 보았다. "쇠로된 배낭이 있는 줄 몰랐어요. 얼마전에 이 여자가 예수님의 배낭을 받고 기뻐하면서 주님을 따르는 것을 보았는데 무슨 일이 있었어요?"

"네 말이 맞다. 얼마전에 내가 준 배낭을 검정 배낭으로 바꿨단다."

"어떻게 그런일이 있을 수 있어요?"

"이여자는 나를 위해서 일을 잘 했고 복음도 전해서 많은 사람들이 구원을 받았지. 문제는 성령께서 사람들의 마음의 문을

연 것을 생각지 않고 모든 영광을 자신에게 돌렸지. 나의 사역을 하면서 다른 사람들의 사랑과 인정을 받으려 하고 교만한 생각이 들어가자 마귀는 그녀에게 나를 위해서 일할 필요가 없다고 속삭였지. 그후 그녀는 나에게서 더 멀어지고 마귀의 쇠로된 배낭을 가지게 되어 너무 무거워 걷지도 못하는 상태까지 갔어."

"주님의 일을 하다가 교만에 빠진 사람들을 용서해 주세요."

"나는 자기의 영광을 위해서 일하는 사람들과 일을 할 수 없단다. 그녀가 쇠로된 배낭을 가지게 된 이유는 나를 섬기지 않고 자기를 섬기기로 선택했기 때문이다."

"예수님, 이 여자를 도와주세요. 어떻게 하면 쇠로된 배낭에서 벗어날 수 있을까요?"

"모든 것이 가능하다. 회개하면 내가 나의 가벼운 배낭을 다시 줄거야."

"주님, 이 여자에게 회개하는 마음을 주시고 용서를 받게 해주세요."

쇠로된 배낭을 벗으려 노력하던 여자는 자기의 힘으로는 도저히 거기에서 해방될 수 없다는 것을 느꼈는지 포기하는 것 같았다. 땅에 누워있던 여자는 갑자기 흐느끼기 시작했다. "주님, 용서하세요. 주님을 버리고 잘못된 길로 들어선 저를 불쌍히 보시고 이 무거운 배낭에서 해방시켜주세요."

그녀는 쇠로된 배낭에서 자기 팔을 조금씩 빼기 시작했다. 시간이 걸렸지만 결국 그녀는 그것을 벗었다. 그녀는 일어나서 하나님을 찬양했다. "주님, 용서해 주셔서 감사합니다."

그러자 주님을 위해서 일하는 다른 남자가 그녀에게 예수님의 작은 배낭을 주었다. 그녀는 그 배낭을 들고 기쁨에 찬 얼굴로 성경을 읽으면서 하나님의 나라로 발을 옮기기 시작했다.

주님의 얼굴은 빛이 났다. "회개만 하면 그들은 나의 가벼운 배낭을 가지고 하나님의 나라로 향해 갈 수 있다."

"예수님은 정말 긍휼이 많으셔요."

"나를 따라오렴. 네가 더 배워야 할 것들이 있다."

14. 검은 점

소녀는 작은 배낭을 등에 지고 걸어가는 사람들과 함께 예수님을 따라 걸어갔다. 한 여자가 걸어가는데 얼굴과 몸 전체에 큰 검은 점의 피부병이 있었다. 그녀의 눈은 슬픔으로 가득 차 있었고 한숨을 내쉬며 걷고 있었다.

"예수님, 왜 이 여자는 온몸에 검은 점이 있어요?"

"이 여자의 영적인 상태를 보고 있는 것이란다. 이 여자는 자라면서 상처를 많이 받아서 사람들을 믿지않아. 그리고 사람들을 공격하고 상처를 준다. 다른 사람에게 상처를 주고도 조금도 그들의 아픔을 못느끼는 여자다. 자신의 아픔이 크니까 다른 사람들에게 아픔을 줘도 괜찮다고 생각하고 있어."

"어떻게 그녀가 치유를 받을 수 있을까요?"

"네가 알아야 할 것은 상처 투성이인 사람들이 많단다. 하지만 하나님의 말씀은 상처를 치유한단다. 이 여자는 성경을 읽지만 지식으로만 받아들일뿐 나와 맘을 열어 대화하지 않는단다."

"주님, 그러면 어떻게 이 여자가 성경을 치유의 말씀으로 받아들일 수 있을까요?"

"그녀가 나의 임재안에서 나의 음성을 듣기 시작하면 마음의 상처를 치유받을 수 있다. 또 성령께서 그녀에게 성경을 이해 할 수 있는 지혜도 주실 것이다. 나와 시간을 보내는 사람들이 치유를 체험하고 성경말씀이 살아 있다는 것을 체험하게 된다."

"아, 주님께서 침묵기도를 말씀하시는 군요."

"그렇지. 성경 말씀을 잘 이해 못하는 사람들은 기도로 영적인 지혜를 구해야 해. 침묵기도가 나의 임재를 알게 해주는 길이야. 그런데 많은 사람들이 기도의 시간을 많이 갖지 않고 자기들의 지혜로 성경을 이해하려 하니 알 수가 없지. 성령께서 이 여자에게 기도를 더 많이 하라고 하셨어. 그리고 침묵기도를 하도록 인도하실 거야. 이 여자가 기도하면서 나의 음성을 듣는 것을 배우면 나의 사랑과 격려의 음성을 듣고 상처가 치유가 될 것이다."

그 여자는 지친 얼굴로 길가에 앉아서 기도하기 시작했다. "주님, 당신의 치유의 손길로 나의 피부병을 치유해 주세요. 다른 사람들이 하나님의 음성을 들었다는데 저에게도 당신의 사랑의 음성을 들려주세요." 오랫동안 그녀는 조용히 하나님의 음성을 침묵속에서 기다리고 있었다.

예수님은 그여자에게 가셔서 손을 머리에 얹고 말씀하셨다. "나의 사랑하는 딸아, 내가 너의 아픔을 안다. 이제 나의 사랑을 알고 모든 아픔과 병에서 치유를 받아라."

그 여자는 땅에 엎드려 울면서 말했다. "주님, 저는 다른 사람들이 나를 사랑하지 않았다고 상처를 주었는데 이제는 그것이 중요한 것이 아니란 것을 알게 되었어요. 당신의 사랑만이 나에게 필요합니다. 나에게 잘못한 모든 사람들을 용서합니다. 저의 잘못도 용서해 주세요. 나의 모든 상처를 치유해 주세요."

그녀가 울면서 기도하는데 그녀의 피부에 있던 검은 점들이 사라지기 시작하더니 끝내 그녀의 피부는 언제 그랬느냐는 듯이 깨끗하게 되었다. 그녀는 자기의 피부를 보더니 예수님께서 치료해 주셨다고 소리지르면서 다른 사람들과 하나님 아버지의 나라를 향해서 찬송하며 가기 시작했다.

소녀는 주님을 바라보았다. "예수님, 당신의 사랑과 능력은 정말 놀라와요."

"나의 아이야, 네가 이것 한가지만 보고 그런말을 하니? 많은 이들이 나의 사랑과 능력으로 이 시간에 전세계적으로 기적이 일어나고 있다."

"아, 주님의 말씀을 믿어요."
"나를 따라와라."

15. 탄 과자

예수님과 걷던 길에서 어떤 사람들은 과자가 먹고 싶다고 하면서 길가에 앉아서 작은 불에 과자를 굽기 시작했다. 불에 둘러앉은 사람들은 과자가 타는 것도 모르고 계속 얘기만 하고 있었다. 과자에서 연기가 나자 그때야 사람들은 깜짝 놀라서 과자를 꺼냈지만 이미 숯같이 까맣게 타버려서 버릴 수 밖에 없었다. 그러나 더 이상 과자 만들 재료가 없었으므로 그들은 일어나서 걸어가기 시작했다.

예수님은 안타까운 눈으로 소녀를 보시면서 말씀하셨다. "내 딸아, 많은 나의 자녀들이 교회안에서만 복음 이야기를 하고 세상에 나가서 복음을 전할 생각을 전혀 하지 않는 사람이 많아. 너무 때가 늦어 과자가 타서 먹을 수 없는 것같이 언젠가는 복음전할 시간이 전혀 없는 시간이 모든 사람들에게 올거야. 내가 준 시간을 많은 사람들이 자기들이 하고 싶어하는 일에만 열중하느라고 시간을 낭비하고 복음을 전하지 않고 있어. 많은 사람들이 영원히 꺼지지 않는 불타는 지옥으로 걸어가고 있다는 것을 경고하고 복음을 전해야 하는데 하지 않고 있어."

"주님, 용서하세요. 제가 그렇게 오랫동안 살아왔어요."

"너도 계속 복음을 전파하고 다른 사람들에게도 복음을 전파하라고 말하라. 나는 교회에서 복음이 전파될 뿐만 아니라 온 세상에도 전파되기를 원한다. 선교에 더 많은 일꾼들이 필요하단다."

"주님, 당신이 원하는 것을 하게 도와주세요."

"나는 네가 사역에 부르심을 받을 사람들을 돕는 것을 원한다."

"당신께 순종하게 인도해 주세요."

"내가 너를 인도하겠다."

16. 소금

이번에는 예수님은 소녀를 한 동네로 데려가셨다. 그곳에서 한 음식점으로 인도를 하셨는데 식탁에 앉아서 이상한 것은 소금병에는 소금이 하나도 없고 구멍에서 김이 무럭무럭 나오고 있었다.

"주님, 이 소금병에 소금이 하나도 없어요?"

예수님은 실망한 얼굴로 말씀하셨다. "나의 딸아, 이것은 나를 믿는다고 하면서도 행함이 없는 사람들을 상징한다. 내가 내 자녀들에게 세상의 빛과 소금이 되라고 했어. 그러나 많은 사람들이 그말을 실천하지 않아."

소녀는 다른 식탁을 보았더니 모든 소금병들이 다 같이 소금이 없고 김이 새나오고 있었다.

"다른 식탁에 있는 병들도 소금이 하나도 없어요."

"그것이 많은 교

회들의 실정이야. 교회가 세상에서 필요한 소금이 되야 하는데 소금이 되지못하고 빛을 비추어야 하는데 빛이 되지 못하고 있어."

"왜 아무것도 없는데 김이 나오죠?"

"나의 아이야, 김은 사람들의 말을 상징한다. 사람들이 복음의 중요성에 대해서 말만하고 세상에 죽어가고 있는 영혼들에게 나누어야 하는데 하지 않고 있어."

"주님, 제가 어떻게 세상에서 소금이 될 수 있을까요?"

"복음을 전하라. 네가 교도소에서 마음이 아픈자들을 위해서 책을 보내고 있지 않느냐. 그렇게 하면 복음의 씨를 뿌리는 것이 된다. 그리고 네가 세상에서 나의 사랑을 전하기 원한다. 많은 사람들이 자기들이 원하는 것만 생각하고 죽어가는 영혼들에 대해서 생각하지 않고 있다. 너는 내가 너에게 준 비전을 가지고 세상에서 영적으로 죽어가는 영혼들에게 구원과 소망의 메시지를 전하라."

"예수님, 제가 당신이 원하는 것을 할 수 있게 도와 주세요."

주님은 안타까운 얼굴로 소녀를 쳐다 보았다. "많은 사람들이 지금도 고통속에서 살고 있고 죽어서 지옥의 불속에서 영원히 고통속에 살거란 것은 네가 알아야한다. 나는 그들의 눈물을 보고 있다. 그러나 많은 나의 자녀들이 내가 보는 것을 보지 못하고 있다. 그들은 나를 위해서 일하지 않고 자신들의 죄된 욕망과 욕심을 위해서 일하고 있다. 그들이 내가 보는 것을 볼 수만 있다면 얼마나 좋을까…"

"예수님, 제가 어떻게 해야 할까요?"

"내가 너를 부른 중의 하나가 자기가 가진 것에 만족하고 나를 따르지 않는 자들에게 경고하라고 불렀다. 그러나 그들이 삶에서 가장 중요한 것을 잊어버린 것이 있다. 사람이 만일 온 천하를 얻고도 자기 목숨을 잃으면 무엇이 유익하겠느냐? 세상에서 자기가 만족하는 모든 것을 가졌어도 영혼이 구원받지 못하면 무엇이 유익하겠느냐? 그것이 많은 사람들의 영적인 상태다."

소녀는 마음이 무거웠다. "주님, 그것이 저의 상태였어요. 오랫동안 저는 저의 행복만 생각하고 다른 사람들이 구원을 받지 못하면 지옥에 간다는 것에 대한 생각을 별로하지 않았어요. 어떻게 당신처럼 죽어가는 영혼들에 대한 사랑을 가질 수 있을까요?"

"나의 사랑하는 딸아, 네가 나의 마음을 이해하기 시작했다. 매일 나의 영광을 위해서 일해라. 나와 함께 걸으면서 나의 음성을 듣고 성령께 순종하렴. 그러면 내가 나의 마음을 너에게 더 알게 해 주겠다."

"주님, 감사합니다. 당신의 마음을 알고 당신의 마음을 갖기를 원합니다."

"너의 말이 나를 기쁘게 한다. 나를 따라오너라. 너에게 더 보여줄 것이 있다."

17. 호박

예수님은 소녀를 조용하고 아름다운 동네로 데려가셨다. 그 동네는 잔디가 많은 동네였다. 그런데 한집은 잔디가 호박으로 덮혀 있었다. 호박이 오랫동안 잔디위에 있어서 썩은 것들이 많았고 잔디는 죽어있었다.

소녀는 이상한 광경을 보고 물었다. "예수님, 왜 이집은 잔디를 호박으로 덮어서 잔디를 죽였나요?"

"아이야, 그것이 나의 많은 자녀들의 영적인 상태란다. 그들의 마음은 나에게 있지않고 세상에 대한 사랑과 걱정과 근심으로 가득차 있단다. 그래서 그들이 영적으로 자라지 못하고 죽어가고 있단다. 나를 따라오지 않고 세상을 사랑하여 죄속에 사는 사람들은 무거운 짐을 지고 사망의 골짜기에서 헤메다 죽는다."

"호박은 무엇을 의미하나요?"

"세상사랑을 의미한다. 나를 사랑하지 않는 사람들은 세상을 사랑한다."

"어떻게 주님을 세상보다 더 사랑할 수 있는지요? 잔디가 호박을 옮긴다는 것은 불가능하잖아요."

"나의 아버지 안에서 모든 것이 가능하다. 성령께서 하실 수 있다. 누구든지 회개하면 성령께서 오셔서 도와주실 수 있다. 너의 할일은 사람들에게 회개하고 나를 믿으라하는 것이다. 그들이 회개하면 내가 성령을 그들에게 선물로 주고 성령께서 그들의 무거운 짐을 벗어주시고 정결한 삶을 살도록 인도하신다. 그러면 그들이 영적으로 성장할 수 있다."

"당신의 레슨에 감사드립니다. 저의 마음을 정결하게 도와주시고 세상을 사랑하는 죄에 빠지지 않게 도와주세요. 나의 주 하나님을 내 마음과 뜻과 정성을 다하고 목숨을 다하여 사랑하게 도와주세요. 제가 배운 것은 주님을 사랑하는 것도 성령님의 도움이 필요하다는 것을 배웠어요."

예수님은 입가에 웃음이 가득하셨다. "내가 너를 도와주겠다. 성령께서 너를 도와주실 것이다. 우리의 하나님 아버지께서도 너를 도와줄 것이다. 그래서 네가 무엇이 옳고 그른 것을 알게끔. 자, 이제 가자. 내가 너에게 보여줄 것이 있다."

18. 꽃

이번에 예수님께서 소녀를 사막으로 데려가셨다. 오랫동안 햇빛이 쨍쨍찌는 모래위를 걸어도 아무것도 보이지 않았다. 전에 보았던 산과 나무들과 그늘이 소녀는 그리웠다. 얼마나 오래 걸었을까 하는 생각을 하고 있는데 소녀는 말라 빠진 앙상한 가지만 있는 나무가 멀리 보였다. 소녀는 그 나무가 죽은 나무라고 생각했다. 물이 없는 사막에서 어떻게 나무가 살아있을까 하는 마음에서였다. 그러나 가까이 가보니 그것은 죽은 나무가 아니었고 하나의 노란 꽃이 달려있었다.

소녀는 환성을 질렀다.

"예수님, 이 나무가 죽은 나무인줄 알았더니 여기에 아름다운 꽃이 피어있어요. 믿기 어려워요."

"나의 사랑하는 딸아, 이꽃은 너에게 주는 교훈이 있다. 내가 너를 위해서 준비해 놓은 일이 있다. 네가 더 많은 사람들에게 복음을 전하는 일을 하게 할 것이다."

"주님, 무슨 말씀을 하시려는 거예요. 저에게 이미 주신 많은 일들이 있잖아요."

"내가 더 많은 문들을 너에게 열어주겠다."

"무슨 말씀을 하시려고 하는 거예요? 주님께서 이 꽃을 통해서 해주시려는 말씀이 무엇인지요?"

"이것을 명심하라. 네가 상상하지도 생각하지도 못한 곳들에서 선교의 꽃들이 피어나는 것을 볼 것이다."

"오, 주님, 당신은 놀라우신 분이예요. 당신의 뜻이 나의 삶에서 이루어 지기를 기도합니다."

"내가 너의 기도를 응답하겠다."

"어떤 기도를 말씀하시는 거예요? 여러가지를 간구했잖아요."

"네가 교도소 선교를 위한 책 배포를 위해서 한 기도다. 너

의 책들이 네가 생각지 못한곳 상상하지 못한 곳들에 가게 될
것이다. 내가 너의 책들을 죽어가는 영혼들이 배고파하는 곳으
로 보낼 것이다. 네가 이 프로젝트를 통해서 많은 축복을 받게
될 것이다."

"주님, 저는 이미 주님의 은혜와 축복을 넘치게 받았어요.
당신께서 재소자들에 대한 사랑과 그들에게 책을 보내고 싶다
는 마음을 주셨잖아요."

"네가 생각하고 상상한 것 이상으로 너를 축복하겠다. 이제
부터는 재소자뿐이 아니라 나를 알기를 원하는 사람들을 위해
서 배포하도록 성령께서 인도하실 것이다. 내가 너에게 하는
말들이 너에게 힘과 용기와 격려를 주지않니?"

"주님의 말씀이 맞아요. 이 책을 처음에 쓰기 시작하라고 하
시기전에 제가 너무 힘이 들었어요. 여러가지 마음 쓰게 하는
많은 일들과 학교 숙제로 너무 지쳐있었어요. 그런데 주님께서
이책을 쓰라고 하셔서 시작한 후에 저의 영이 힘을 얻었어요.
당신이 제가 문제를 바라보지 말고 쉬게 하시려고 이 책을 쓰
게 하셨군요."

"나의 아이야, 내가 너를 지금 안고 걸어가고 있다. 내가 너
에게 힘을 주겠다."

"감사합니다. 얼마전에 제가 영적으로 너무 지쳐서 죽어가
는 것 같다는 느낌까지든 때가 있어요. 당신께서 저에게 쉬라
고 부르시는 줄로 알았어요. 그러나 너무 많은 숙제와 일들이
밀려서 쉬기가 어려웠어요. 그러나 주님께서 불러주시고 모든
일에서 쉬게 하시고 이 책을 쓰게 하셔서 저의 영이 힘을 얻었
어요."

"내가 네가 쉬는 것이 필요하다는 것을 알았다. 네가 너무나
많은 짐을 지고 있었어. 그러나 모든 것이 나와 걸으면 가벼운
짐으로 바꾸어지지. 자 내가 더 많은 꽃들을 보여주겠다. 따라
와라."

'어떻게 이런 사막에 많은 꽃이 있을까?'하고 소녀는 생각했
다. 그런데 생각지도 않은 일이 앞에서 펼쳐지고 있었다. 그 사

막에 아름답게 지어진 꽃을 기르는 도시가 있었다. '어떻게 이런 사막에 이런 곳이 있을까?' 소녀는 경의감에 가득찼다. 한 큰 정원에 들어가보니 전에 본 것과 같은 죽은 가지와 같은 나무들에 하나가 아닌 많은 아름다운 꽃들이 향기를 품으며 자라고 있었다. 그안에서 몇 사람이 열심히 나무에 물을 주며 부지런하게 움직이고 있었다.

소녀는 예수님을 쳐다보고 말했다. "주님, 이런 사막에 꽃들이 많이 핀 이런 정원들이 있다는 것이 믿어지지 않아요."

"나를 믿고 순종하는 자들은 내가 한일보다 더 많은 일들을 할 수 있다. 이곳에 있는 정원사들은 믿음과 순종함으로 그런 기적을 만든 사람들이다."

"이곳에는 몇 사람밖에 없는데도 정말 많은 꽃들이 피어있네요."

"내가 하는 말이 그말이다. 많은 사람들이 가지 않는 사막에 가서 선교로서 희생하면서 나를 순종하는 자녀들이 있다. 그들은 사막에서 물을 나오게 하고 병든자들을 고치며 배고픈 자들

을 먹이며 나의 복음을 전하는 자들이다. 왜 사막에 많은 아름다운 꽃들이 피었는지 너는 이제 알겠느냐? 나를 사랑하는 자녀들이 다른 사람들이 가지 않는 곳으로 가서 죽은 영혼들을 구원하는 일에 희생하고 삶을 바쳤기 때문이다."

"왜 오직 몇 사람만 이곳에 있을까요?"

"많은 사람들이 나와 복음을 위해서 사막에서 독사와 싸우고 아플 수도 있고 죽을 수도 있으므로 자기들의 생명을 희생하고 싶은 마음이 없기 때문이다. 그러나 나의 음성을 듣고 순종하는 자녀들이 나의 영광을 위해서 복음을 전하므로 죽은 영혼들이 살아나는 역사가 많이 나고 기적이 일어난단다. 네가 본 꽃들은 구원을 받고 새 생명을 얻은 자들을 상징한다. 너도 책 프로젝트를 통해서 기적을 볼 수 있다."

"주님, 당신은 정말 놀라우신 분이에요. 저도 이 사막에서 일하는 사람들 같은 마음을 주세요. 당신이 원하시는 것을 할 수 있는 믿음과 용기와 비전을 가지고 순종할 수 있게 도와주세요."

"나의 딸아, 네가 계속하고 있는 책 배포를 하고 재소자들을 도와라. 그리하면 네가 언젠가는 이세상에서 못본다면 미래에 그 열매를 보게 될 것이다."

"저는 이미 받을 것을 다 받았어요. 준것도 없는데 더 많이 받았어요. 주님께서 문서 선교로서 축복을 너무 많이 하셔서 오늘 저를 부르신다해도 기쁘게 가겠어요."

"너는 내가 너에 대한 비전과 꿈을 아직도 잘 이해하지 못하고 있다. 너의 비전이 너무 작아. 내가 너에게 더 큰 비전을 가진 사람들을 보낼 것이다. 그래서 네가 더 많은 사람들을 영적으로 도울 수 있는 길을 열어주겠다."

"주님의 비전을 가진 사람들을 저에게 보내주세요. 그래서 제가 성령님의 도움으로 주님께서 원하시는 사람들을 도울 수 있게 해 주세요."

"네가 나와 계속 걸을 때 내가 조금씩 나의 비전을 가르쳐 주겠다. 내가 너에게 나의 비전을 다 이야기하면 네가 믿지 못할 테니 조금씩 알려주겠다."

소녀는 노래를 부르면서 예수님의 손을 잡고 따라갔다. 주님과 걷는 길은 기쁨의 길이었다. 예수님의 눈은 사랑으로 넘쳤다. 소녀는 예수님에 대한 사랑으로 넘쳐서 노래를 불렀다.

"주님의 사랑, 놀라운 사랑, 말로 다할 수 없네. 그 사랑 이야기하다 죽어도 나는 한이 없겠네. 주님의 사랑을 나에게 가르치소서."

주님의 얼굴은 빛났다. "나의 사랑하는 딸아, 너의 사랑이 모든 세상의 꽃들보다 더 아름답구나. 내가 너에게 사랑을 가르치겠다. 성경말씀을 읽어라. 고린도전서 13장에서 나의 사랑을 배우려무나."

소녀는 성경을 읽었다. "사랑은 오래참고 사랑은 온유하며 시기하지 아니하며 사랑은 자랑하지 아니하며 교만하지 아니하며 무례히 행하지 아니하며 자기의 유익을 구하지 아니하며 성내지 아니하며 악한 것을 생각하지 아니하며 불의를 기뻐하지 아니하며 진리와 함께 기뻐하고 모든 것을 참으며 모든 것을 믿으며 모든 것을 바라며 모든 것을 견디느니라" (고린도전서 13:4~7).

19. 가운

소녀는 주님을 따라가면서 물었다. "예수님, 제가 주님의 일을 시작하기도 전에 5,000번도 넘는 설교를 들었는데도 주님에게 저의 삶을 완전히 드리지 않고 제 멋대로 살았어요. 당신과 걸으면서 저의 죄를 알게 되고 죽어가는 영혼들에 대한 당신의 사랑을 알게 된 후 주님의 일을 한다고 결정했어요. 왜 다른 사람들의 설교에서는 제가 변화가 되지않고 당신을 따라가면서 변화가 되었을까요? 그런 것을 생각하면 설교하고픈 마음이 전혀 없어요. 제가 다른 사람들에게 변화를 줄 수 있는 사역을 하고 싶어요. 어떻게 해야 베드로 같이 설교를 할 때 성령께서 역사하는 것을 볼 수 있을까요?"

"네가 좋은 질문을 했다. 내가 너에게 하라는 것만 하면 성령께서 인도하시며 기적을 보여줄 것이다. 가장 중요한 레슨은 너의 힘으로 나의 일을 하는 것이 아니라는 것이다. 성령을 따라서 순종하고 결과는 성령에게 맡겨야한다. 모든 사람들이 베드로와 바울의 설교를 듣고 나를 믿은 것은 아니야. 그중에 마음이 열린 사람들이 복음을 받아들였지. 내가 너를 위해서 준비하고 있는 것이 있단다."

"무엇인데요?"

"네가 준비가 될 때 주려고 내가 가지고 있다." 예수님은 손을 뒤로하고 무엇인가를 감추고 계셨다.

"제가 어떤 준비를 해야 하는 가요?"

"네가 나를 위해서 일할 때 배워야 할 중요한 레슨이다. 딸아, 네가 5,000번의 설교가 너를 변화 시키지 못했을 때 사람들에게서 실망을 하지 않았니?"

"네, 맞아요. 저는 다른 사람들을 실망시키지 않기 위해서 절대 목사가 되지 않으려고 했어요. 그런데 이제는 성령님께서 모든 것을 하시고 저는 그냥 순종만 하면 된다는 것을 배우게 되었어요. 전에 다른 목사님들에게 실망한 것은 저 자신이 이해가 부족했기 때문이었던 것 같아요. 물론 5,000번의 설교가 하나님을 아는 것을 도와 주었다고 생각해요. 그러나 나의 삶을 변화 시켜서 주님을 따르게 한 것은 오직 주님이었고 성령의 능력이었다는 것을 알게 된 것이지요."

"내 사랑하는 딸아, 네가 준비가 되어가고 있다. 모든 것은 성령께서 하신다는 것을 네가 믿고 나의 일을 하면 너 자신의 지혜를 의지하지 않을 것이다. 네게는 사람들을 변화 시킬 수 있는 능력이 전혀없다. 그러나 성령께서 하실 수 있다. 이것을 네가 확실히 알면 나의 영광을 조금이라도 가로채려고 하지 않을 것이다."

"이제는 주님의 말씀에 순종하려고 사역을 하는 목사님들과 선교사님들에게 더욱 더 존경이 생겼어요. 자신들은 다른 사람들을 변화시킬 아무런 능력이 없고 성령만을 의지 해야 한다는 것을 알고 순종한 사람들로 인해서 복음이 세상에 전파되고 있다는 것을 알게 해주신 주님께 감사드립니다."

"네가 나를 섬기는 사람들에 대한 존경이 나를 기쁘게 하는구나. 나를 진심으로 따르는 자들은 성령께서 함께 일하신다. 자, 이제 내가 너를 위해서 준비한 것을 주겠다."

예수님은 하얀 가운을 보여주셨다. "자, 이것은 자신의 능력으로 다른 사람들을 변화 시킬 수 없다는 것을 아는 겸손한 자녀들에게 주는 것이란다."

예수님은 그것을 소녀에게 둘러 입혀 주셨다.

"나의 일을 하면서 성령의 역사가 일어날 때 절대로 자신에게 영광을 돌리지마라. 그리하면 내가 너를 사용할 수 있다."

소녀는 감격하여 기쁨이 넘쳤다. "주님, 당신의 은혜로 제가 겸손을 배우고 있습니다. 내가 가진 것이 없고 오직 모든 것은 주님의 것이며 기적이 일어나는 이유도 성령께서 사람들의 마음을 열어주셔서 일어나는 것이라는 것을 믿고 주님께 모든 영광을 드립니다."

"나의 사랑하는 딸아, 이제 너는 내가 더 가르쳐 줄 것이 있을 때까지 쉬거라. 내가 너를 민들레 꽃밭으로 다시 데려가겠다."

"정말요? 저 쉬고 싶어요."

"그래, 네가 오랫동안 걸었으니 이제 쉬거라."

주님을 따라간 소녀는 얼마가지 않아서 민들레 꽃밭에 다다랐다. 어쩌면 주님은 소녀가 좋아하는 것을 그렇게도 잘 아실까? 소녀는 아름다운 꽃밭에서 뒹굴면서 나비들을 구경했다.

소녀는 잠시 생각에 잠겼다. 주님께서 500 교회를 방문해서 교도소 안에서 어떻게 성령께서 부흥을 일으키고 계신가를 전하라는 말을 기억한 것이다. 꽃밭에서 놀다보면 주님께서 하라고 하신 일을 도저히 하지 못할 것 같았다.

"예수님을 따라가면 가벼운 짐을 진다고 했는데 주님께서 저에게 주신 짐은 무거운 짐같이 느껴져요."

"내가 너에게 준 짐은 사랑의 짐이다. 사랑의 짐은 너의 짐이 아니고 나의 짐이다. 내가 너에게 그것을 느끼게 해준거지."

"그런데 제가 이곳에서 계속 꽃만 즐기다보면 어떻게 그 많은 교회들을 방문을 해요?"

"그것은 네가 걱정할 것이 아니다. 나의 일은 네가 하는 것이 아니라 내가 하는 것이다. 다만 네가 해야 할일은 매일 성령을 음성을 듣고 순종하는 것이다. 그러다보면 너도 모르는 사이에 성령께서 네가 가야할 길로 인도하시고 너는 내가 원하는 일을 할 수 있을 것이다."

"아, 나의 짐은 사랑의 짐이라고요? 그것에 대해서 더 말씀해 주세요."

"나의 사랑하는 딸아, 내가 사역을 하라고 부른 자녀들은 사랑의 짐을 많이 지고 걸어가고 있단다. 사랑의 짐을 가진 사람들은 나의 마음을 이해하고 고통속에 있는 죽어가는 영혼들을 구원해야 한다는 마음의 강박감을 가진 사람들이란다. 그리고 죽어가는 영혼을 위해서 안타까워하는 눈물이 곧 사랑의 짐이다. 또 고통당하는 사람들의 아픔을 느끼고 그들을 위해서 눈물로 기도하는 사람들이 사랑의 짐을 지고 가는 사람들이다. 그러나 그 짐은 내가 지워주었으므로 내가 그들을 돕는단다. 네가 침묵기도의 시간을 더 보내다 보면 나의 사랑의 짐을 더 이해 할 수 있게 된단다. 지금은 네가 오랫동안 걸었으니 쉴 시간이다. 자, 좀 쉬렴. 때가 되면 네가 사랑의 짐을 더 알게되고 너의 힘으로 그 짐을 지고 가는 것이 아니라는 것을 더 이해하게 될 것이다. 그러나 지금 너의 할일은 나의 사랑과 임재를 느끼고 나를 사랑하는 것을 배우는 것이다."

주님은 소녀를 사랑의 눈으로 보고 계셨다.

주님께서 더 이상 말씀을 하지 않으시므로 소녀는 민들레 꽃을 호호 불면서 노래를 불렀다. "사랑이 많으신 주님, 당신을 사랑합니다. 주님을 더욱더 사랑하기 원합니다."

예수님의 얼굴은 환하게 세상을 비추고 있었다. 소녀는 그분의 인자하신 얼굴에 미소를 볼 수 있었다. 소녀는 기쁨으로 가득차서 주님을 찬양했다. 그곳에는 오직 기쁨과 웃음소리만이 있었다. 주님이 있는 곳에는 사랑뿐이었다.

부록

<예수님께로 초대>

여러분은 삶이 너무 어렵고, 고통스러우며, 무의미하다는 생각을 한 번이라도 해보셨습니까?

사실 인간의 삶이 그렇습니다. 우리가 예수님을 마음에 영접하고 그분의 사랑을 이해하며 하나님께 용서를 받고 주님을 위해서 살려고 하기 전까지는 우리의 마음에 참된 평안이나 기쁨을 맛볼 수가 없습니다. 예수님을 믿고 그분의 사랑을 맛보고 어려운 삶 가운데에도 하나님을 위해서 복음을 전하는 사람이 되라고 권고하고 싶습니다.

예수님께서는 우리를 위해서 십자가에 죽으시고 부활하셔서 우리를 위해 기도하고 계십니다. 예수님을 아직도 영접하지 않으셨다면 이 시간에 기도로 그분을 영접하시고 구원을 받으십시오.

"예수님, 저는 죄인입니다. 저는 이 시간 주님을 영접하기 원합니다. 저에게 오셔서 저의 모든 죄를 용서하시고 저의 삶을 주관하시고 성령님의 인도하심으로 복음을 전할 수 있는 주님의 제자가 되기 원합니다. 제 마음의 모든 상처도 치유해 주시고 주님의 평안과 기쁨을 저에게 주시옵소서. 예수님의 이름으로 기도드립니다. 아멘."

교회를 안 다니신다면 믿음의 성도들과 교제할 수 있고 성경을 잘 가르치는 교회를 찾으시길 바랍니다.

성경을 매일 읽으시고 기도하시며 주님을 알려고 노력하십시오. 어떤 성경을 읽어야 좋을지 모르신다면 신약 복음서 (마태, 마가, 누가, 요한)를 읽고 예수님이 누구신지를 배우시기 바랍니다. 예수님의 사랑을 이해하고 예수님과 더 가까운 관계를 가지시려면 그분을 성경을 통해서 아는 것이 매우 중요합니다. 마음이 아플 때는 예수님께 상처를 치유해 달라고 기도하시고 또 어려움이 있을 때는 찬송을 부르며 주님에게서 위로를 받으며 승리하는 삶이 되시기를 바랍니다. 이 세상이 아무리 험하고 어려워도 주님께서 도와주시면 승리하시는 삶을 살 수 있습니다. 주님을 위해서 살며 열매 맺는 삶을 살아야겠다는 목표를 가지고 사시기를 바라며 또 영적 성장을 위해서 기도하시기를 바랍니다.

"예수님, 저에게 당신의 지혜를 주셔서 성경을 이해할 수 있게 해주시고 아직 용서 못한 사람이 있다면 다 용서할 수 있도록 당신의 사랑을 저의 마음에 부어주세요. 어떻게 살아야 하나님께 영광을 돌릴 수 있는지도 가르쳐 주시고 저에게 주님을 가르쳐 줄 수 있는 믿음의 사람들도 만날 수 있게 도와 주세요. 주님께서 저의 죄를 대속해서 십자가에 돌아가신 사랑도 더 알 수 있도록 저의 마음의 문을 열어주세요. 성령님, 저의 하루하루를 하나님께로 인도해 주시고 당신의 뜻에 순종 할 수 있게 해주세요. 예수님의 이름으로 기도드립니다. 아멘."

"하나님이 세상을 이처럼 사랑하사 독생자를 주셨으니 이는 그를 믿는 자마다 멸망하지 않고 영생을 얻게 하려 하심이라" (요한복음 3:16).

변화 프로젝트 교도소 문서 선교
(Transformation Project Prison Ministry)

2005년에 설립된 변화 프로젝트는 감옥 문서 선교 비영리 단체로서 20만권도 넘는 책들과 비디오들이 미국과 한국에서 교도소, 형무소 그리고 노숙자 보호소에 무료로 배포되고 있습니다. 아담스카운티 교도소 수감자들의 신앙간증을 엮은 책이 영어로 6권, 스페인어로 2권이 출판 되었고, 비디오 영화가 4편이 제작되었습니다. 변화 프로젝트는 예수님의 복음을 땅끝까지 전하여 영혼 구원과 영적 성장을 초점으로 하는 소망의 문서 선교입니다.

변화 프로젝트 교도소 문서 선교를 후원하기 원하시는 분들은 수표를 Transformation Project Prison Ministry로 쓰시고 아래 주소로 보내주시면 됩니다.

Transformation Project Prison Ministry
P.O. Box 220, Brighton, CO 80601

홈페이지: www.tppmonline.org
         http//blog.daum.net/hanulmoon24
이메일: tppm.ministry@gmail.com

2013년에 한국에서 변화 프로젝트가 설립되었습니다.
한국 연락처: 이 본 목사, 변화 프로젝트 부장
         하늘문교회, 인천시 남동구 구월3동
         1388-15, 우편번호 405-840
Cell: 010-2210-2504, 교회전화: 070-8278-2504
이메일: leeborn777@hanmail.net

교정선교 변화 프로젝트

교정선교 변화 프로젝트는 이 본 목사님이 한국에서 시작한 지극히 작은자에게 사랑과 소망의 가교 역할을 하는 교정선교 단체입니다. 미국에서 추방된 교포형제, 자매들, 미국교도소에서 이송된 형제, 교도소접견, 교도소집회간증, 문서 선교를 통한 신앙치유 사역을 하고 있습니다.

후원계좌: 국민은행 048-401-04-062403

<예금주 이 본>

이 본 목사, 교정선교 변화 프로젝트 회장

인천시 남동구 구월3동 1388-15, 우편번호 405-840

Cell: 010-2210-2504, 교회전화: 070-8278-2504

이메일: leeborn777@hanmail.net

홈페이지: http//blog.daum.net/hanulmoon24

홈페이지: http//blog.daum.net/leeborn777

이 본 목사는 미국에서 무기수로서 22년 형을 살고 한국에서 목사가 되신 분입니다. 그분의 저서로는 『회색벽에 쓴 독백』이 있습니다.

2013년에 변화 프로젝트 교도소 문서 선교에서 출판한 이 본 목사의 무기수가 주의 종이되기까지』는 미국에서 워싱턴주와 콜로라도주에서 기독교 신문에 연재되고 있고 한국과 미국에서 재소자들에게 무료로 배포가 되고 있습니다. 이 본 목사는 법무부 교정위원, 교도소 인성교육강사, 등단 시인이며, 그분의 신앙간증을 듣기 원하시는 분들이나 집회 초청하실 교회는 010-2210-2504 (한국 휴대폰)로 연락 주시면 감사하겠습니다.

재향 군인회 재단
(Veterans Twofish Foundation)

2011년 재향 군인회라는 비영리단체가 설립되어서 군인들과 군인 가족들의 신앙간증 책을 출판하여 미국 전역으로 교도소, 형무소, 노숙자 보호소 그리고 군인들에게 목사님들을 통해서 무료로 배포되고 있습니다.

재향 군인회를 후원하기 원하시는 분들은 수표를 Veterans Twofish Foundation으로 쓰시고 아래 주소로 보내주시면 됩니다.

Veterans Twofish Foundation
P.O. Box 220, Brighton, CO 80601
홈페이지: veteranstwofish.org

사마리아 교정선교회

고봉준목사/ 연락전화번호 / 010-4243-0288
연락주소/ 서울특별시 영등포구 여의도동 11번지
여의도 순복음교회 교정복지 선교회
고봉준목사

고봉준목사 교도소사역 후원계좌/
국민은행 511325 01 003156 [고봉준]
후원금은 교도소 사역에 필요한 재소자 영치금과 간식비
등으로 쓰여집니다.

집회 초청하실 교회는 010-4243-0288 (한국 휴대폰 고봉준목사) 로 연락 주시면 간증집회나 부흥회로 만난 예수님 체험한 예수님과 받은 은혜와 사랑을 전하기 위해 세계 어느곳에라도 부르시기만 하면 달려가겠습니다.
고봉준 목사의 저서로는 『꼴통목사의 전도 행전』『꼴통목사의 전도행전 2』와 『꼴통목사의 전도행전 (종결편)』이 출판이 되었습니다.
2015년에 변화 프로젝트 교도소 문서 선교에서 출판된 고봉준 목사님의 책 『결코 포기하지 않으시는 하나님』은 한국과 미국에서 재소자들에게 무료로 배포가 되고 있고, 콜로라도 주 한인 기독교 신문에 연재가 될 계획입니다.

저자 소개

-이영희-
(Yong Hui V. McDonald also known as Vescinda McDonald)

- 수원장로교 신학교 졸업 (1979년)
- Multnomah University, Portland, Oregon 졸업 (1984년 못노마 대학, 오레건주 학사학위 이수)
- Iliff School of Theology, Denver, Colorado, Master of Divinity 졸업 (2002년 아일맆 연합감리교 신학대학원, 석사 학위 이수)
- Asbury Theological Seminary (박사학위 과정)
- Denver Women's Correctional Facility Intern Chaplain (2000~2001년) (덴버 여자 감옥 목회자 인턴쉽)
- Iliff Student Senate and Prison Ministry Coordinator (1999~2002년) (사회활동 위원회에서 활동하였으며, 교도소 선교를 시작함)
- Smoky Hill United Methodist Church (2001~2002년) (한인연합감리교회 목사 인턴쉽)
- Memorial Hospital, Colorado Springs, Colorado, Chaplain Intern Ship (2002년) (병원 목사 인턴쉽)
- St. Joseph Hospital, Denver, Colorado (2002년~현재 병원에서 목사로 재직)
- Adams County Detention Facility Chaplain, Brighton, Colorado (2003~현재 아담스 카운티 교도소에서 목사로 재직)
- 2005년 감옥 문서 선교 비영리단체를 설립함. 변화 프로젝트 (Transformation Project Prison Ministry)를 설립하여 책들과 비디오들이 미국 전역에 교도소, 형무소 그리고 노숙자 보호소에 목사들을 통하여 무료로 배포하고 있습니다. 아담스카운티 교도소 재소자들의 신앙간증을 엮

은 책이 영어로 6권, 스페인어로 2권이 출판 되었고, 비디오 영화가 4편이 제작되었습니다.

- 2008년 남편이 교통사고로 소천한 후 하나님의 치유를 경험하고 영적성장과 영적 치유를 돕는 문서 선교 (Griefpathway Ventures LLC)를 2010년에 설립하여 그에 관한 책들이 영어와 스페인어 또 한국어로 출판 되었습니다.
  홈페이지: www.griefpathway.com
- 2011년 군인들과 군인 가족들의 신앙간증을 발행하는 재향 군인회 재단 (Veterans Twofish Foundation)라는 비영리단체를 설립하였습니다. 군인들과 군인 가족들의 신앙간증을 출판하고 미 전역으로 교도소, 형무소 그리고 노숙자 보호소에 무료로 배포하고 있습니다.

About The Author

Yong Hui V. McDonald, also known as Vescinda McDonald, is a United Methodist minister, chaplain at Adams County Detention Facility (ACDF) in Brighton, Colorado. She is a certified American Correctional Chaplain, spiritual director and on-call hospital chaplain.

She is the founder of the following:

- Transformation Project Prison Ministry (TPPM), a 501 (c)(3) non-profit, in 2005. TPPM produces Maximum Saints books and DVDs of ACDF saints stories of transformation and they are distributed freely to prisons, and homeless shelters.
- GriefPathway Ventures LLC, in 2010, to produce books, DVDs, and audio books to help others to process grief and healing.
- Veterans Twofish Foundation, a 501(c)(3) non-profit, in 2011, to reach out to produce books written by veterans and veterans' families to reach out to other veterans and their families.

Education:

- Suwon Presbyterian Seminary, Christian Education (1976~1979)
- Multnomah University, B.A.B.E. (1980~1984)
- Iliff School of Theology, Master of Divinity (1999~2002)
- Asbury Theological Seminary, student of Doctor of Ministry (2013~present)

Books and Audio Books by Yong Hui:

- *Journey With Jesus, Visions, Dreams, Meditations & Reflections*
- *Dancing In The Sky, A Story of Hope for Grieving Hearts*
- *Twisted Logic, The Shadow of Suicide*
- *Twisted Logic, The Window of Depression*
- *Dreams & Interpretations, Healing from Nightmares*
- *I Was The Mountain, In Search of Faith & Revival*
- *The Ultimate Parenting Guide, How to Enjoy Peaceful Parenting and Joyful Children*
- *Prisoners Victory Parade, Extraordinary Stories of Maximum Saints & Former Prisoners*
- *Four Voices, How They Affect Our Mind: How to Overcome Self-Destructive Voices and Hear the Nurturing Voice of God*
- *Tornadoes, Grief, Loss, Trauma, and PTSD: Tornadoes, Lessons and Teachings—The TLT Model for Healing*
- *Prayer and Meditations, 12 Prayer Projects for Spiritual Growth and Healing*
- *Invisible Counselor, Amazing Stories of the Holy Spirit*
- *Tornadoes of Accidents, Finding Peace in Tragic Accidents*
- *Tornadoes of Spiritual Warfare, How to Recognize & Defend Yourself From Negative Forces*
- *Lost but not Forgotten, Life Behind Prison Walls*
- *Loving God, 100 Daily Meditations and Prayers*
- *Journey With Jesus Two, Silent Prayer and Meditation*
- *Women Who Lead, Stories about Women Who Are Making A Difference*
- *Loving God Volume 2, 100 Daily Meditations and Prayers*

- *Journey With Jesus Three, How to Avoid the Pitfalls of Spiritual Leadership*
- *Loving God Volume 3, 100 Daily Meditations and Prayers*
- *Journey With Jesus Four, The Power of The Gospel*
- Complied and published *Tornadoes of War, Inspirational Stories of Veterans and Veteran's Families* under the Veterans Twofish Foundation.
- Compiled and published five *Maximum Saints* books under the Transformation Project Prison Ministry.

DVDs:
- *Dancing In The Sky, Mismatched Shoes*
- *Tears of The Dragonfly, Suicide and Suicide Prevention (Audio CD is also available)*

Books translated into Spanish books:
- *Twisted Logic, The Shadow of Suicide*
- *Journey With Jesus, Visions, Dreams, Meditations and Reflections*
- *Maximum Saints Forgive*

Books translated into Korean books (한국어로 번역된 책들):
- 『예수님과 걷는 길, 비전, 꿈, 묵상과 회상』
  (*Journey With Jesus, Visions, Dreams, Meditations & Reflections*)
- 『치유, 사랑하는 이들을 잃은 사람들을 위하여』
  (*Dancing In The Sky, A Story of Hope for Grieving Hearts*)
- 『꿈과 해석, 악몽으로부터 치유를 위하여』
  (*Dreams & Interpretations, Healing from Nightmares*)
- 『나는 산이었다, 믿음과 영적 부흥을 찾아서』
  (*I Was The Mountain, In Search of Faith & Revival*)

298

- 『하나님의 치유를 구하라, 자살의 돌풍에서 치유를 위하여』
  (*Twisted Logic, The Shadow of Suicide*)
- 『승리의 행진, 미국 교도소와 문서 선교 회상록』
  (*Prisoners Victory Parade, Extraordinary Stories of Maximum Saints & Former Prisoners*)
- 『네가지 음성, 악한 음성을 저지하고 하나님의 음성을 듣는 영적 훈련』 (Four *Voices, How They Affect Our Mind*)
- 『하나님 사랑합니다, 100일 묵상과 기도』
  (*Loving God, 100 Daily Meditations and Prayers*)
- 『영적 전쟁에서의 승리의 길』 (*Tornadoes of Spiritual Warfare, How to Recognize & Defend Yourself From Negative Forces*)
- 『예수님과 걷는 길 2편, 침묵기도와 묵상』
  (*Journey With Jesus Two, Silent Prayer and Meditation*)
- 우울증과 영적 치유의 길』
  (*Twisted Logic, The Window of Depression*)
- 『하나님 사랑합니다 2편, 100일 묵상과 기도』
  (*Loving God Volume 2, 100 Daily Meditations and Prayers*)
- 『예수님과 걷는 길 3편, 영적인 여정에서 위험한 함정들』
  (*Journey With Jesus Three, How to Avoid the Pitfalls of Spiritual Leadership*)
- 『자녀들의 영적 성장을 위한 지침서』
  (*The Ultimate Parenting Guide*)
- 『멀고도 험한 길의 회상집, 미 육군 유격대 리키의 이야기』
  (*The Long Hard Road, U.S. Army Ranger Ricky's Story with Reflections*) 리키 라마와 이영회 지음 (Ricky Lamar and Yong Hui V. McDonald)
- 『전쟁의 폭풍속에서, 퇴역 군인들과 그 가족들의 회상록』
  (*Tornadoes of War, Inspirational Stories of Veterans and Veteran's Families*)
- 『용서의 기쁨』
  (*Maximum Saints Forgive*)
- 『예수님과 걷는 길 4편, 복음의 능력』
  (*Journey With Jesus Four, The Power of The Gospel*)

그린이 소개

-박영득-

박영득 (Holly Weipz)은 콜로라도 주 브라이튼시에 있는 성 어거스틴교회를 섬기고 있으며 특히 성체조배와 그림, 일러스 트레이터를 통하여 주님께 영광을 드리는 자원봉사자 입니다.

Holly Weipz, a resident of Brighton Colorado, is a participant in the City of Brighton's Artist on Eye of Art Program. She is a member of St. Augustine Catholic Church and enjoys drawing and painting.

그린이 소개

-Mario Muñoz-

"영희 맥도날드 목사님이 예배 중에 하나님과의 관계에 대해서 기도 중에 있을 때, 삽화를 목사님을 위해서 그려야 한다는 생각이 강하게 들어왔다. 나는 목사님이 이 책을 쓰고 있었다는 것도 전혀 모르고 있었다. 그림을 그리면서 『예수님과 걷는 길 2편』을 읽을 수 있었던 귀하고 멋진 기회를 통하여 나의 삶은 주님으로 인하여 바뀌었으며, 이제 내가 왜 하나님께 순종해야 하는지를 깨닫게 되었다. 이 책은 하나님의 음성을 마음을 다하여 경청해야 한다는 것을 배우는 영혼의 옹달샘과 같은 책이다."

-마리오 뮤네즈, 삽화가

"I was listening to Chaplain McDonald during a Chaplains Worship Services. She was praying about our relationship with God. I immediately felt compelled to create illustrations for her, all the while having no knowledge of this book or it's contents. When I finally had the awesome opportunity to read *Journey With Jesus Two*, it transformed my life. I now understand the great need of listening to and obeying God. This book is certain to drive home the importance of listening to what God wants to tell you!"

-Mario Muñoz, Illustrator

그린이 소개

-Anthony Perez-
"나는 내 생애를 화가로 지내왔다. 예수님께서 보여 주신 길을 따라 올 수 있도록 하시고, 특별히 수감되어 있는 사람들에게 그분의 영광을 위해 나의 재능을 쓰도록 축복을 주셨다. 로마서 12장 21절에, '악에게 지지 말고, 선으로 악을 이기라'는 나의 삶의 목표를 말해 주는 구절이다. 맥도날드 목사님의 책들은 진정한 축복이다. 『예수님과 걷는 길 4편』책 준비 과정에서 목사님과 같이 일하며 예수님의 영광을 위해 삽화를 그리는 일을 할 기회가 주어졌다는 것은 기도의 응답이었다. 할렐루야."
-안토니 "아투스" 퍼레즈, 그라픽 디자이너, 시인, 삽화가, 화가

Anthony /Atus explains⋯

"I have been an artist all of my life. I am blessed to be able to follow the path the Lord Jesus has showed me and to use my talents to glorify His name, especially behind these walls. Roman 12:21 explains my goals. Chaplain McDonald's books are a true blessing. To have the opportunity to work with her for the glory of Jesus Christ is an answered prayer. Halleluiah."
-Anthony "Atus" Perez, graphic designer, poet, illustrator, and painter

Atuscadabo.wix.com/atuscadabra

　"나는 심었고 아볼로는 물을 주었으되 오직 하나님께서 자라나게 하셨나니 그런즉 심는 이나 물 주는 이는 아무것도 아니로되 오직 자라게 하시는 이는 하나님뿐이니라 심는 이와 물 주는 이는 한가지이나 각각 자기가 일한 대로 자기의 상을 받으리라 우리는 하나님의 동역자들이요 너희는 하나님의 밭이요 하나님의 집이니라" (고린도전서 3:6~9).

Made in the USA
Charleston, SC
01 October 2015